A psique adolescente

Dados Internacionais de Catalogação na Publicação (CIP)
(Câmara Brasileira do Livro, SP, Brasil)

Frankel, Richard
  A psique adolescente : perspectivas junguianas e winnicottianas / Richard Frankel ; tradução de Claudia Oliveira Dornelles. – Petrópolis, RJ : Vozes, 2021.

  Título original: The adolescent psyche

  Bibliografia.

  3ª reimpressão, 2025.

  ISBN 978-65-5713-385-9

  1. Psicanálise 2. Psicologia do adolescente 3. Psicoterapia do adolescente I. Título.

21-77323   CDD-155.5

Índices para catálogo sistemático:
1. Adolescência : Psicologia 155.5

Cibele Maria Dias – Bibliotecária – CRB-8/9427

Richard Frankel

A psique adolescente

Perspectivas junguianas e winnicottianas

Tradução de Claudia Oliveira Dornelles

EDITORA VOZES

Petrópolis

© 1998 Richard Frankel.

Tradução do original em inglês intitulado
The Adolescent Psyque – Jungian and Winnicottian Perspectives,
publicado por Routledge, membro do Grupo Taylor & Francis.

Direitos de publicação em língua portuguesa – Brasil:
2021, Editora Vozes Ltda.
Rua Frei Luís, 100
25689-900 Petrópolis, RJ
www.vozes.com.br
Brasil

Todos os direitos reservados. Nenhuma parte desta obra poderá ser reproduzida ou transmitida por qualquer forma e/ou quaisquer meios (eletrônico ou mecânico, incluindo fotocópia e gravação) ou arquivada em qualquer sistema ou banco de dados sem permissão escrita da editora.

CONSELHO EDITORIAL

Diretor
Volney J. Berkenbrock

Editores
Aline dos Santos Carneiro
Edrian Josué Pasini
Marilac Loraine Oleniki
Welder Lancieri Marchini

Conselheiros
Elói Dionísio Piva
Francisco Morás
Teobaldo Heidemann
Thiago Alexandre Hayakawa

Secretário executivo
Leonardo A.R.T. dos Santos

PRODUÇÃO EDITORIAL

Anna Catharina Miranda
Eric Parrot
Jailson Scota
Marcelo Telles
Mirela de Oliveira
Natália França
Priscilla A.F. Alves
Rafael de Oliveira
Samuel Rezende
Verônica M. Guedes

Editoração: Maria da Conceição B. de Sousa
Diagramação: Raquel Nascimento
Revisão gráfica: Lorena Delduca Herédias
Capa: Felipe Souza | Aspectos
Ilustração de capa: Moopsi | Shutterstock

ISBN 978-65-5713-385-9 (Brasil)
ISBN 978-0-415-16799-4 (Reino Unido)

Este livro foi composto e impresso pela Editora Vozes Ltda.

Para Lisa, por acolher o que ainda não tem forma em mim.

Sumário

Lista de figuras, 9
Prefácio, 11
Agradecimentos, 15
Lista de abreviações, 17
Introdução, 19

Parte I – Perspectivas teóricas da adolescência, 33
1 Abordagens psicanalíticas, 35
2 Psicologia analítica do desenvolvimento, 67

Parte II – Adolescência, iniciação e o processo de morrer, 87
3 O arquétipo da iniciação, 89
4 Imagens de vida e morte na adolescência, 107
5 O despertar corporal, idealista e ideacional, 137

Parte III – Jung e a adolescência: uma nova síntese, 161
6 As tarefas de individuação da adolescência, 163
7 *Persona* e sombra na adolescência, 191
8 O desenvolvimento da consciência, 228

Parte IV – Psicoterapia com adolescentes: mudando o paradigma, 251

9 A contratransferência no tratamento da adolescência, 256

10 Proibição e inibição: considerações clínicas, 287

11 Proibição e inibição: dimensões culturais, 303

Epílogo, 319

Notas, 325

Referências, 329

Índice remissivo, 337

Lista de figuras

4.1 Calmaria, 126

5.1 Lobisomem, 144

7.1 *Persona*, 195

10.1 Depois de uma noite de festa, 298

10.2 O mundo inteiro em suas mãos, 299

Prefácio

A adolescente que se corta em rituais secretos, o jovem que se filia a uma gangue violenta, a menina de 15 anos que se enfurece com os pais quando momentos antes expressara sua ternura, os jovens atraídos por seitas religiosas, os que são consumidos por ideias de morte e suicídio, os que se vestem de modo bizarro e carregam *piercings* estranhos, o adolescente isolado no quarto, assistindo a horas intermináveis de televisão. O que a teoria psicológica tem a oferecer para nos ajudar a entender e conviver com as manifestações preocupantes da adolescência? Com sua formação em fenomenologia e psicologia profunda, Richard Frankel expõe de modo brilhante como a maioria das nossas teorias reduz a adolescência a um retorno das dinâmicas da primeira infância. Neste livro, ele nos liberta dessa regressão reducionista como única explicação, buscando em vez disso desnudar a paisagem arquetípica própria da adolescência.

Seguindo os passos de Jung, ele indaga sobre a teleologia dessa parte do ciclo da vida. Qual é o objetivo da adolescência? Existe algo a respeitar, compreender e estimular em seus próprios termos no comportamento muitas vezes estranho e perigoso, idealista e espiritualmente questionador dos adolescentes? Com o desgaste dos costumes, rituais e expectativas comuns em uma cultura americana tão heterogênea, podem os adolescentes criar seus próprios rituais e oferendas de transição, ainda que sob disfarces muitas vezes difíceis de reconhecer? Frankel afirma que grande parte do que observamos entre adolescentes são tentativas muitas vezes desesperadas de autoiniciação, esforços para destruir a inocência através da mutilação, para desenvolver a capacidade de suportar as perdas de traições, separações e mortes simbólicas, para expressar a pureza da sua visão idealista do possível. Ele argumenta que os extremos da adolescência são intrínsecos a ela e devem ser compreendidos em seus próprios termos, e não pelas lentes da infância ou da vida adulta.

Os leitores familiarizados com a psicologia junguiana sabem que Jung e os pós-junguianos têm pouco a oferecer aos terapeutas no que diz respeito à adolescência. O interesse de Jung no desenvolvimento limitou-se em grande parte à meia-idade e à velhice. Ainda assim, através de uma pesquisa meticulosa dos *insights* sobre a adolescência dispersos nos escritos de Jung, Hillman, Guggenbühl-Craig, Bosnak, Wickes e Allan, Frankel apresenta uma alternativa coerente e persuasiva às perspectivas psicanalíticas que dominam o pensamento clínico. Com sua longa experiência clínica com adolescentes e profundo conhecimento da psicologia junguiana, Frankel expõe e articula aquilo que no pensamento de Jung nos ajuda a abordar a adolescência; por exemplo, a ênfase no telos, o encontro com a sombra, o engajamento no processo de individuação, a necessidade dos rituais em uma cultura que proporciona pouca coerência ritual, a experimentação com diversas personas em busca de um *self* individual. Ele resgata a adolescência da negligência imposta pela psicologia junguiana e pós-junguiana, demonstrando que este pode ser um tempo fértil para a aplicação da teoria e da prática junguianas.

Winnicott também figura como um teórico perspicaz da psique adolescente. Seu reconhecimento do valor da não conformidade para o desabrochar da personalidade tem voz ao longo deste livro. Apesar do menosprezo explícito de Jung por Winnicott, muitos psicólogos trabalham com profunda apreciação por ambos. Frankel é hábil ao mesclar a sensibilidade aguda de Winnicott no que diz respeito à adolescência e as abordagens junguianas, expondo sua compatibilidade e a possibilidade de enriquecimento mútuo.

As propostas de Frankel têm um efeito terapêutico no leitor, ajudando a discernir nossas reações de contratransferência e orientando os que querem compreender a adolescência a se reconectarem com sua própria passagem por esse período tumultuado. Os sonhos adultos nos direcionam repetidamente à adolescência e ao nosso aspecto *puer*, e Frankel nos pergunta: o que nasceu lá que precisa ser relembrado? Ele também nos faz refletir sobre as reações emocionais "adultas" que se apressam em negar, ridicularizar, patologizar e julgar de forma condescendente as expressões da adolescência e a reconhecer nelas reações do *senex* profundamente alienadas do espírito *puer* da juventude. Promovendo o respeito pelo trabalho psicológico da adolescência e explicitando a barreira criada por nossa própria inveja da energia da juventude, Frankel ajuda o leitor a se aproximar do que inicialmente lhe parecia inadequado, bizarro e abominável no desenvolvimento.

Tenho um especial apreço pela valorização de Frankel da terapia com adolescentes e o cuidado com que ele delineia as funções da relação terapêutica na adolescência, como a internalização da voz reflexiva do terapeuta, o reconhecimento e o interesse ativo nos muitos aspectos da personalidade do adolescente e em como dialogar e refletir sobre eles, o suporte para que o cliente vivencie crises de modo significativo para que seu potencial inerente de transformação se possa revelar, o testemunho da graça, da beleza e do poder do engajamento do adolescente com o espírito da juventude. Por meio de vinhetas clínicas relevantes e detalhadas, ele nos conduz ao tipo de *insight* e presença terapêutica que podem fazer a verdadeira diferença para os adolescentes com quem trabalhamos.

O trabalho de Frankel ilustra os frutos de uma abordagem desconstrutivista da teoria e prática psicológica. Além do foco manifesto na adolescência, ele nos ensina a trabalhar com as teorias como processo criativo da cultura, em que cada uma revela certos aspectos do fenômeno estudado enquanto oculta outros e traz em si um conjunto próprio de valores implícitos. Frankel nos mostra que contemplar a adolescência desde diferentes pontos de vista (como os de Freud, Jones, Anna Freud, Blos, Hillman e outros) nos permite acolher o jovem que a atravessa, e somente assim nossas teorias podem beneficiar os adolescentes e suas experiências, em vez de subjugá-las a uma visão única. Em sua dedicação ao estudo da adolescência, Frankel não sucumbe ao impulso de separar a teoria da prática, o imaginal da vivência, o causal do teleológico, a desconstrução da teoria de sua construção. É com satisfação que convido o leitor a mergulhar nessa obra, certa de que sua influência se fará sentir nas relações tão necessárias que formamos com adolescentes.

Mary Watkins, Ph.D.
Pacifica Graduate Institute
Santa Bárbara, Califórnia

Agradecimentos

Este livro tomou forma ao longo de muitos anos e com a contribuição de muitas vozes. Quero expressar minha gratidão às muitas pessoas que foram fontes valiosas de apoio. Charles Scott foi o primeiro a me apontar o valor de aliar a fenomenologia à psicologia arquetípica e um dos primeiros leitores de meu manuscrito, e muitos *insights* seus foram incorporados ao texto final. As apresentações eloquentes de Thomas Moore no Grupo de Estudos da Psicologia Arquetípica me estimularam a pensar e me levaram a descobrir as conexões entre a psicologia do arquétipo do *puer-senex* e o trabalho com adolescentes. Robert Bosnak e Andrew Samuels leram meu trabalho e me incentivaram a publicá-lo. Meu querido amigo Gregory Shaw esteve sempre disponível para conversar e trocar ideias quando eu me deparava com um impasse. Agradeço também à minha editora, Roseann Cain, e a Mary Watkins, por insistir que essa obra deveria ganhar o mundo antes que eu iniciasse outros projetos. Mary é minha mentora de longa data como pensadora, escritora e praticante da psicologia, generosamente estimulando e inspirando o desenvolvimento dos meus próprios conceitos. Por fim, agradeço à minha esposa, Lisa Bloom, a quem dedico este livro. Além de seu apoio incansável, ela revisou cada palavra, frase e ideia nele contida. Sua criatividade e inteligência estão presentes em todas as páginas, pois ela é a verdadeira *sine qua non* do meu trabalho.

Trecho de *Rule of The Bone*, de Russell Banks. ©1995 by Russell Banks. Reproduzido com permissão de HarperCollins Publishers, Inc.

Trechos de *On Adolescence: A Psychoanalytic Interpretation*, de Peter Blos. © 1962 by The Free Press, divisão de Simon & Schuster. Reproduzidos com permissão da editora.

Trechos de *The Adolescent*, de Fyodor Dostoevsky, traduzido por Andrew MacAndrew. Reproduzidos com permissão de Doubleday, divisão de Bantam Doubleday Dell Publishing Group, Inc.

Trechos de *Anne Frank: The Diary of a Young Girl*, de Anne Frank, traduzido por B.M. Mooyaart. Reproduzido com permissão de Doubleday, divisão de Bantam Doubleday Dell Publishing Group, Inc.

Trechos de *Insearch: Psychology and Religion, Loose Ends, Puer Papers*, "The Great Mother, Her Son, Her Hero, and the Puer" e "Pink Madness, or, why does Aphrodite Drive Men Crazy with Pornography", todos de James Hillman. Reproduzidos com permissão de Spring Publications.

Trechos de *Annie John*, de Jamaica Kincaid. © 1985 by Jamaica Kincaid. Reproduzidos com permissão de Farrar, Straus & Giroux, Inc.

Trecho de *The Collected Poems by Czeslaw Milosz*. © 1988 by Czeslaw Milosz Royalties, Inc. Publicado originalmente por The Ecco Press em 1988.

Trecho de *The Notebooks of Malte Laurids Brigge*, de Rainer Maria Rilke. Traduzido por M.D. Herter Norton; © da tradução 1949 by W.W. Norton & Company, Inc., renovado © 1977 by M.D. Herter Norton Crena de Iongh. Reproduzido com permissão de W.W. Norton & Company, Inc.

Trechos de *Deprivation and Delinquency* e *Playing and Reality*, ambos de D.W. Winnicott. Reproduzidos com permissão de Tavistock Publishers.

Lista de abreviações

As referências a C.G. Jung encontram-se em JUNG, C.G. *Obra Completa* (OC), por volume e número de parágrafo. Petrópolis: Vozes.

Introdução

A teoria e a prática da psicologia do adolescente formam o alicerce deste livro. Reunindo-as em um mesmo volume, enfatizo sua íntima relação para demonstrar como as teorias contemporâneas sobre a adolescência têm restringido nossa visão e, assim, limitado nossa prática. As teorias psicológicas têm uma influência tremenda na prática da psicoterapia. São como lanternas que nos orientam em meio à natureza obscura da psique, pautando o modo como ordenamos e damos sentido às suas complexidades. Nossos modos de ver, nossas lentes teóricas, determinam quais aspectos de um caso vão ocupar o primeiro plano como "fatos" clínicos e quais serão ignorados. Se a fonte luminosa se desloca, surgem novos contornos e padrões que até então passavam despercebidos. Minha intenção é usar os *insights* das teorias junguiana e winnicottiana como faróis para iluminar o fenômeno da adolescência. Dessa forma, espero trazer um novo olhar à prática da terapia com adolescentes, para que esta não ceda às pressões da conformidade social e se torne um exercício essencialmente higiênico. Para tanto, apresento uma abordagem teórica em sintonia com uma prática baseada na realidade da psique adolescente e na qual profundidade, sentido e integridade pessoal podem ser mobilizados no encontro clínico.

A posição da adolescência no ponto médio do desenvolvimento humano sugere três direções básicas para a formulação de um entendimento teórico desse período da vida. A primeira e mais óbvia é o passado como origem do que ocorre no presente. Essa concepção é exemplificada pela teoria do desenvolvimento, a qual considera os eventos de etapas anteriores na evolução do indivíduo como a causa de problemas posteriores. Assim, é na primeira infância que devemos buscar a origem das aflições do adolescente. Ao passo que essa orientação forma a base da psicologia moderna desde Freud, na parte I deste livro ofereço uma crítica que aponta suas limitações para a compreensão da psicologia da adolescência.

Os pais de adolescentes também se encontram presos no pensamento causal. Quando chegam à adolescência, seus filhos podem mudar tão drasticamente e tornarem-se tão irreconhecíveis que os pais se desesperam para encontrar a raiz da perturbação que desestabiliza a vida familiar. No entanto, em vez de buscá-la na primeira infância, os pais instintivamente se voltam para o grupo de pares de seus adolescentes como causa de todos os problemas. Tomando-os como influências negativas e corruptoras, evitam aceitar o fato de que uma transformação está acontecendo dentro de seus próprios filhos e que não podem mais recorrer aos padrões anteriores de relacionamento e comunicação. Culpar o grupo de pares é uma das principais defesas que os pais utilizam para evitar o enfrentamento da "alteridade" que se apresenta na adolescência. Alguns pais materializam a alteridade como um vírus oculto na corrente sanguínea. Nesse caso, a adolescência é vista como uma doença, e os pais recorrem à medicina, levando seus filhos a médicos, neurologistas e psiquiatras que possam identificar a causa biomédica e aliviar os sintomas.

Em contrapartida, procuro explorar as implicações de contemplarmos a adolescência fora do campo da psicologia do desenvolvimento. Com clientes adolescentes com histórico de trauma, nossa atenção naturalmente se dirige ao passado, pois a história da infância anuncia sua relevância no curso do tratamento. Mas e quanto aos adolescentes que vivenciam as transformações da puberdade de forma tempestuosa e tumultuada após uma infância sem maiores dramas? Olhar para o passado seria a única posição de onde abordar o estado atual de sofrimento?

A segunda direção é nos situarmos tanto quanto possível no mundo real da adolescência. Nós, adultos, há muito esquecemos esse território, mas, ao esquecermos que esquecemos, tendemos a projetar nossas próprias imagens da adolescência nos adolescentes que encontramos. Projetar a própria psicologia em um cliente é um perigo inerente a qualquer encontro terapêutico, mas ao qual estamos especialmente vulneráveis na prática com adolescentes. Ao longo deste livro articulo as situações em que tais projeções tendem a ocorrer. Superar nossas projeções e observar com maior clareza o universo que o adolescente habita requer disposição para refletirmos sobre a indeterminação entre as formas adultas de percepção, tidas como óbvias, e o mundo tal como vivenciado pelo adolescente.

A fenomenologia oferece uma metodologia filosófica para realizarmos essa inflexão difícil, porém necessária, em nosso entendimento. A fenomenologia é um método descritivo e vivencial que requer que deixemos de lado nossas categorias ontológicas de julgamento para estarmos receptivos aos fenômenos tais como se apresentam. Por exemplo, pode-se argumentar que, ao nos atermos às origens ou causas do comportamento, ficamos impossibilitados de ver e escutar o que acontece com o adolescente no contexto de seu próprio mundo. Ao suspendermos temporariamente a busca por uma causa ou qualquer outra predisposição, incluindo concepções prescritivas do que um adolescente deve fazer, bem como nossa intenção de curá-lo ou corrigi-lo, posicionamo-nos melhor para compreender o imediatismo de seu mundo. O adolescente como outro é acolhido em nossa consciência quando deixamos de lado as convicções a respeito de como ele deve ser. Visto que a arte da ocultação tem um papel tão natural na adolescência, talvez este tipo de encontro "Eu-Tu"* seja uma tarefa mais extraordinária com um adolescente do que com crianças ou adultos. Paciência e tolerância são requisitos para sustentarmos um olhar fenomenologicamente rico. A natureza da revelação e ocultação inerentes à adolescência é discutida no capítulo 7.

Uma forma de ilustrar a potência do olhar fenomenológico é refletir sobre o que acontece quando ouvimos os detalhes de um "caso" antes de conhecermos o indivíduo em questão; por exemplo, ao participarmos da discussão de caso de um novo cliente (digamos, uma adolescente de 15 anos). O colega responsável pela triagem faz sua apresentação, que leva em conta os principais acontecimentos e circunstâncias da vida de nossa futura cliente e os associa aos problemas que ela apresenta no contexto de uma formulação psicodinâmica bem integrada. Deixamos a reunião com uma vaga noção de quem essa adolescente é, que ao longo dos próximos dois ou três dias vai solidificar-se em uma imagem concreta do que podemos esperar quando ela chegar à nossa porta. Nos primeiros momentos do efetivo encontro, ao iniciarmos a conversa, ficamos

---

* O conceito do Eu-Tu para descrever a relação sujeito-a-sujeito foi proposto pelo filósofo Martin Buber na obra *Ich und Du*, publicada originalmente em 1923 [N.T.].

perplexos com a discrepância entre como imaginávamos que essa adolescente fosse, a partir da discussão de caso, e a presença viva da jovem em nosso consultório. Essa disparidade aponta para a realidade fenomenológica que uma pessoa manifesta no encontro terapêutico. À medida que a conversa se desenvolve, a lacuna entre o "caso" que formulamos na nossa cabeça e a compreensão da jovem sentada à nossa frente se alarga. Abandonar as preconcepções (e sempre temos muitas antes de realmente conhecermos um cliente adolescente, baseadas nos laudos e telefonemas de professores, assistentes sociais, outros terapeutas etc.) e permanecer abertos à singularidade do outro nos permite um olhar fenomenológico.

O desenvolvimento desse olhar também tem um papel crucial no processo terapêutico. Os adolescentes anseiam por se tornarem visíveis, e o tratamento lhes oferece a oportunidade de se revelarem no contexto de uma relação genuína. Assim, eles respondem à contenção da terapia expressando partes do *self* que normalmente permanecem em suspenso. Quando abrimos espaço e damos atenção ao que foi rejeitado, as estruturas psíquicas se flexibilizam e se deslocam. Uma das profundas transformações que ocorrem ao longo de uma relação individual de longo prazo (entre 3 meses e 3 anos, no meu entendimento) com um cliente adolescente é o movimento desde a ocultação até níveis progressivamente mais significativos de autorrevelação.

Minha abordagem da psicoterapia com adolescentes pressupõe o estabelecimento ativo de ligações entre os dois lados do *self*, para que o cliente aprenda a viver em uma relação menos cindida com ambos. Examino as atitudes e posturas que adotamos como terapeutas (muitas vezes inconscientemente) e que favorecem ou interferem na tarefa árdua de acolhermos a multiplicidade desconcertante das facetas da psique adolescente que se revelam no curso de um tratamento. No capítulo 8, elucido os efeitos dessa abordagem no que geralmente chamamos de *acting out* da adolescência. A ideia de entrar em uma relação terapêutica com a diversidade do *self* adolescente é enfatizada em diferentes partes do livro, com a nomenclatura própria da escola de pensamento apresentada. Assim, interpreto a discussão dos impulsos do *id* na escola psicanalítica como representações dos lados essenciais da psique que devem ser reconhecidos na adolescência. Na perspectiva da psicologia junguiana/arquetípica, esse mesmo fenômeno é analisado em termos de inibições e, por fim, na abordagem da psicologia imaginal, a investigação dos desejos mais íntimos dá acesso à riqueza do *self*.

Em muitas passagens, faço referência à técnica da personificação como método para dar voz e expressão à psique adolescente. A personificação é uma ferramenta terapêutica desenvolvida por Jung que facilita o estabelecimento de um diálogo relacional ao tratar os diferentes lados do *self* como "pessoas psíquicas". Ao atribuir consciência e autonomia às emoções e comportamentos do adolescente no nível imaginal, temos acesso às imagens que orientam e dão forma à sua experiência do mundo. Para isso, a personificação se vale das artes (pintar, contar histórias, modelar em argila, escrever poemas) como forma não discursiva de permitir que essas imagens se revelem.

A terceira direção que podemos seguir para obter *insights* sobre a adolescência é olhar à frente, interrogando aonde um determinado sintoma ou padrão de comportamento pode estar conduzindo. Aqui, faço uso do método pioneiro de Jung de investigação da função teleológica da psique (da palavra grega *telos*, que significa objetivo ou finalidade), no qual os sintomas são lidos não apenas causalmente, mas também como dotados de um objetivo ou alvo. Os sentimentos e fantasias contidos em um sintoma específico podem simbolizar um futuro em formação. Por isso, questionamos por que um sintoma aflora, para que serve e aonde pode conduzir (SAMUELS, 1991, p. 17). A visão de Jung da natureza humana e seu entendimento da psique como um sistema autorregulador apontam para a necessidade de olharmos para o fenômeno psicológico desde uma perspectiva teleológica que complemente e amplie a leitura causal da psicanálise e da psicologia moderna (RYCHLAK, 1991). Isso é crucial na abordagem da adolescência, por ser uma época extremamente paradoxal e dialética da vida. Preso entre os polos da dependência e da responsabilidade, não mais criança, mas ainda não adulto, o adolescente suporta a tensão dos opostos de maneira dramática. Para Jung, sintetizar a dialética dos opostos dá origem à abordagem teleológica (ibid., p. 43) e, como veremos, o engajamento terapêutico com adolescentes envolve contemplar dialeticamente as diferentes forças a que estão submetidos. Por isso, o teleológico, também referido como a função prospectiva da adolescência, é um dos temas principais deste livro.

Uma das batalhas inevitáveis da adolescência se dá entre o impulso regressivo, de retorno ao que é conhecido, familiar e seguro, e o movimento à frente, em direção ao mundo, e seus indícios podem ser vistos na sintomatologia clínica de adolescentes em crise. A análise da infância revela apenas um dos lados do conflito, enquanto a visão teleológica completa o quadro, oferecendo a perspectiva da intenção que propele a energia. Portanto, quero abrir a conceitualização do quadro clínico, que tende a olhar para trás, e incluir uma leitura prospectiva, que leve em consideração os fins para os quais apontam os comportamentos desconcertantes e perturbadores dos adolescentes. Os sintomas podem ser entendidos prospectivamente como forças que impulsionam sutilmente o adolescente em uma direção em vez de outra. Identificar o *telos* do sintoma requer imaginação, uma interpretação astuta e a disposição a considerar os "fatos" clínicos de um caso à luz de seus possíveis significados simbólicos. Nesse sentido, o objeto específico que um adolescente rouba de uma loja pode ser tão revelador para o caso quanto o fato de que ele o roubou, e as mensagens e imagens expressas nas suas pichações são tão importantes quanto o fato de que ele violou a lei pintando as fachadas de edifícios públicos. Os detalhes singulares sugerem a ordem de sentido subjacente. A visão prospectiva assegura que levemos em conta a individualidade e a idiossincrasia de cada caso e nos impede de ver o quadro clínico do adolescente como mais um relato de caso, uma repetição da mesma velha história.

Olhar para um caso teleologicamente nos permite manter uma certa equanimidade em resposta aos sentimentos de desespero que frequentemente surgem no encontro aprofundado com um adolescente em dificuldades. Não é fácil escapar do enredamento na visão trágica da vida que certos clientes expressam durante o tratamento: nada nunca vai dar certo, não há esperança para o futuro e qualquer tentativa de fazer alguma coisa é perda de tempo. Em face de tal angústia, perdemos a objetividade e sentimos que, se não intercedermos, algo terrível vai acontecer. Está em nossas mãos salvar o adolescente da ruína inevitável e somente nossas intervenções bem--intencionadas podem evitar uma tragédia, seja um acidente de carro, uma overdose de drogas ou ser expulso de casa e obrigado a viver nas ruas. A terapia entra em modo de salvação. A visão teleológica serve como antídoto à armadilha do fatalismo literal, lembrando-nos que existem forças maiores e imperceptíveis em ação que podem, ao final, servir ao progresso do desenvolvimento. Se não acreditarmos que as experiências complicadas e dolorosas de nossos clientes adolescentes têm algum objetivo, podemos inadvertidamente nos envolver demais e roubar deles a capacidade de explorar seus próprios recursos internos de sobrevivência durante esses anos difíceis. Nossa tendência natural a intervir e assumir o comando acaba por fragilizá-los.

Quando nos identificamos demasiadamente com a visão trágica de si mesmo do adolescente, perdemos de vista uma perspectiva mais ampla da vida, proporcionada por nossa idade, experiência e posição no mundo. Tendo passado por este estágio do desenvolvimento, não nos deixamos deter da mesma forma pelos obstáculos que criam tantas dificuldades para o adolescente. A compreensão dos sofrimentos da nossa própria adolescência e uma certa familiaridade com nossa própria sombra denotam a "autoridade" à qual aludo em vários momentos. Essa autoridade nos dá perspectiva, aumentando nossa capacidade de suportar os afetos voláteis que se manifestam quando um adolescente confronta as armadilhas e ciladas que podem levá-lo a fins desastrosos. Examino o fenômeno do adolescente que desafia nossa autoridade, indagando o que isso desperta inconscientemente em nós e o que o adolescente pretende quando nos provoca. Outro tema central recorrente nesse livro é como usar a autoridade com adolescentes de uma forma inspiradora e não opressiva.

Independentemente das circunstâncias, o contato com adolescentes que estão realmente no limite é assustador. Seu potencial para autodestruição é palpável e, nesses momentos, se estiverem sob nossos cuidados, devemos utilizar quaisquer recursos disponíveis para preservar suas vidas. Ao propor uma teoria que pede que respeitemos o espírito complexo e difícil (a que denomino *puer*) que surge nesse período do desenvolvimento, foi essencial, para mim, ter em mente a realidade de imenso sofrimento e dor que se manifesta durante a adolescência. Portanto, quando afirmo que abrir espaço às manifestações do *puer* é inerentemente significativo e potencialmente fortalecedor, estou muito ciente de seu potencial explosivo e dos estragos que pode causar. A maioria das teorias psicológicas sobre a adolescência adota uma abordagem distante e excessivamente objetiva, que parece ser um modo de proteger-se da sua volatilidade. As abstrações da teoria são usadas defensivamente para erguer barricadas contra o potencial destrutivo inerente a esse estágio da vida. O resultado, no entanto, é que as imagens e sentimentos urgentes no limite interno da experiência adolescente não tem espaço na teoria. Caracterizando a adolescência como realidade fenomenológica, em que a teoria leva em conta seu espírito volátil e suas emoções complexas, tento preencher uma lacuna, apresentando um lado da adolescência que é em grande parte omitido da bibliografia psicológica. Para isso, busco na literatura e no cinema imagens que captem visceralmente a experiência subjetiva de ser adolescente.

 Refletindo sobre a adolescência no contexto histórico dos Estados Unidos no fim do século XX, procuro desvendar os modos como a psique adolescente se manifesta em nosso meio cultural atual. Olhar para a psique desde uma perspectiva cultural pressupõe uma conjunção inseparável entre o indivíduo e o mundo. A psique não está sob a pele nem se limita ao que acontece no consultório, mas se encontra no design de nossos prédios, na organização de nossas escolas e no planejamento de nossas comunidades. Embora essa questão permeie o livro todo, abordo criticamente a inter-relação entre a adolescência e a cultura no capítulo 11 e no epílogo. Ao tentar capturar o espírito da adolescência e compreendê-la como um todo, vejo meu trabalho como preliminar, abrindo espaço para mais investigações sobre o interesse atual nas influências de gênero, raça, classe e orientação sexual no desenvolvimento. Embora eu tenha tentado ser sensível a essas distinções quando possível, esta obra não reflete adequadamente a importância de tais fatores nas vivências dos adolescentes. Permitindo que a adolescência se revele fenomenologicamente, espero que nos posicionemos melhor para examinar suas particularidades com base nessas categorias.

Minha intenção é conciliar o engajamento reflexivo com a adolescência como fenômeno teleológico, com sentido relevante, e a realidade clínica do dia a dia dos terapeutas cuja prática inclui clientes adolescentes. Uma teoria da adolescência que não se conecte de alguma forma com o espírito do tempo é seca e acadêmica, enquanto a que se deixa fascinar pela simbologia e espiritualidade desse período não oferece recursos ao terapeuta que se depara com os problemas enormemente complexos de seus clientes adolescentes. A questão para mim sempre foi como uni-las em uma abordagem imaginativa e não patologizante da natureza transformadora da adolescência, que, ao mesmo tempo, tenha implicações diretas e relevantes para a prática. A acusação feita com frequência à psicologia arquetípica de James Hillman é que suas ideias são excessivamente abstratas e conceituais, sem nada a contribuir para a prática cotidiana da terapia. Espero demonstrar a falsidade dessas acusações, ilustrando a relevância dos *insights* de Hillman para o trabalho com pacientes adolescentes (que muito provavelmente não fossem seu grupo-alvo). Suas ideias ganham vida na sessão de terapia, não necessariamente como intervenções práticas, mas como incentivo a deslocarmos nossa escuta e dirigir nossa atenção a uma ordem diferente de sentido do material clínico, à qual as teorias tradicionais da adolescência geralmente não dão acesso.

Em contraste com a perspectiva do desenvolvimento que fundamenta tanto da literatura sobre a adolescência, o pensamento de Hillman nos oferece uma abordagem não linear à questão da juventude. Por exemplo, seus ensaios sobre o *puer* o descrevem como um fenômeno arquetípico, com origem em si mesmo e dotado de uma fenomenologia própria, e não como resultado de algo que veio antes. Escapar, ainda que momentaneamente, das limitações da visão do desenvolvimento nos permite outras formas de pensar e compreender. Notavelmente, os escritos de Winnicott sobre a adolescência também não se alinham a uma perspectiva estritamente evolutiva. Embora firmemente alicerçado na tradição psicanalítica, Winnicott não teoriza sobre a adolescência como recapitulação. Em contraste com seus outros trabalhos, que enfatizam fortemente a conexão entre o funcionamento adulto e as experiências da primeira infância, algo se abre para Winnicott quando ele reflete sobre a adolescência. Evocativamente, ele a concebe como um mundo em si mesmo, com uma dinâmica singular e produtiva. Por isso, sua maior ênfase está em reconhecer a autenticidade dos estados psicológicos perturbadores e incômodos que surgem durante esse período da vida.

Um dos objetivos principais deste livro é trazer para a adolescência um pouco do foco e da energia dedicados ao estudo da infância. A adolescência como fenômeno psicológico clama por uma atenção renovada. Resguardada na fantasia da infância, talvez nossa psicologia tenha se mantido distante demais para ouvir seu chamado. Existe algo intrinsicamente embaraçoso e vergonhoso em evocar o adolescente como figura interna ou realidade externa. Podemos falar de nossa infância incessantemente, analisá-la e investigá-la, pois nos sentimos confortáveis com sua linguagem e seu modo discursivo. Algo muda, no entanto, quando somos chamados a refletir sobre a adolescência: as recordações inevitavelmente evocam momentos constrangedores, sentimentos dolorosos, atitudes de retraimento e timidez. Ninguém anseia por voltar à adolescência. Ela não é tão doce, não nos acolhe e contém como a fantasia da inocência infantil. Não há oficinas dedicadas a amar e proteger nosso adolescente interior. É uma época turbulenta, cujo modo de reflexão não nos seduz com tanta facilidade. É muito dolorosa, distante, outra. Estamos apartados dela.

Curiosamente, porém, nos sonhos, nos deparamos mais, e de forma mais imediata, com o adolescente do que com a criança. O adolescente do sonho é um personagem acessível; seus sentimentos de constrangimento, exposição e isolamento estão tão próximos que podemos facilmente fazer a transição e nos identificarmos com esse elemento do *self*. A consciência de nós mesmos como crianças nos sonhos, em contraste, é mais difusa, distante, menos acessível, uma lembrança tênue. Como realidade imaginal, o adolescente está mais perto do que pensamos.

O adolescente do sonho nos convoca a lembrar. No sentido junguiano, pode funcionar como uma compensação dos nossos pensamentos grandiosos sobre o quanto evoluímos, quem nos tornamos e o que deixamos para trás. Somos lembrados abruptamente da nossa fraqueza, timidez, introversão e fracassos. O adolescente do sonho pode aparecer como inseguro, sem saber aonde ir, que passos dar. Somos forçados a recordar nossa vulnerabilidade esquecida, a sensação de estarmos expostos e à mercê do mundo. Essa figura também nos convida a retornar a ideias ousadas, sonhos esquecidos, ambições reprimidas e desejos de um futuro diferente. Ela nos lembra de um estado anterior de potência e realização.

Encontrar nosso adolescente interior, com sua vulnerabilidade e seus sonhos grandiosos, é tão precário quanto tolerar essas emoções em nossas experiências reais com adolescentes. Seus fracassos nos lembram dos nossos. Sua fraqueza e vulnerabilidade ecoam lembranças distantes desses estados em nós mesmos, e seu potencial infinito (no dizer de Winnicott) escancara nossa própria perda de potência e possibilidade, o quanto, ao longo dos anos, sem percebermos, nosso mundo se estreitou. O que chamamos de crise da meia-idade representa um retorno a essas energias da juventude. Mas, como em tudo associado à adolescência, há um laivo de vergonha. Nós nos julgamos ridículos, tentando desajeitadamente reviver as fantasias da juventude. Por isso, este livro é, acima de tudo, uma tentativa de despertar mais uma vez as emoções da adolescência, para que, ao reencontrá-las na vida adulta, tenhamos menos receio e mais disposição para escutá-las.

PARTE I
Perspectivas teóricas da adolescência

1
Abordagens psicanalíticas

> *O cosmo no qual posicionamos a juventude e através do qual a entendemos vai influenciar o padrão do seu devir*.
>
> James Hillman

Introdução

Kaplan (1986) atribui a invenção da adolescência como fase distinta da vida a duas fontes: o romance alegórico *Emílio, ou da educação*, de Jean-Jacques Rousseau, escrito em meados do século XVIII, e G. Stanley Hall (o psicólogo americano responsável por trazer Freud e Jung para os Estados Unidos), que, pela primeira vez em 1904, fez do processo biológico do amadurecimento, a puberdade, a base para a definição de toda uma faixa etária (KETT, 1997). Ao explorarmos as teorias psicológicas que tentam explicar e compreender o estado de espírito adolescente, é importante lembrar que o conceito contemporâneo da adolescência como período específico do desenvolvimento é um fenômeno relativamente recente, "condicionado por forças sociais... refletindo as condições demo-

---

* Todas as citações de textos de outras obras foram traduzidas, salvo informação específica em contrário [N.T.].

gráficas e industriais do fim do século XIX e início do século XX" (ibid., p. 6).

Nossas ideias teóricas sobre a psicologia da adolescência influenciam fortemente o que valorizamos e consideramos significativo durante esse período do desenvolvimento. As diferentes perspectivas teóricas se baseiam em premissas implícitas a respeito do curso e da direção do desenvolvimento humano, da natureza da psique e das implicações psicológicas de um processo biológico.

Escolhi revisar as perspectivas psicanalíticas neste capítulo e a teoria junguiana do desenvolvimento no próximo porque estas oferecem dois dos sistemas de pensamento mais bem articulados sobre a psicologia da adolescência na tradição da psicologia profunda, discorrendo de forma especialmente robusta sobre elementos essenciais do processo de amadurecimento do adolescente. Ao explorá-las, vou demonstrar o que permanece oculto pelas lentes teóricas usadas para explicá-lo e oferecer meios alternativos de trazer à luz esse material velado.

As transformações da puberdade: Sigmund Freud

É inevitável que uma obra que pretende repensar a compreensão da psicologia do adolescente deva começar por Freud. Muito do que dizemos e pensamos atualmente sobre o desenvolvimento do adolescente tem origem nas ideias freudianas, desenvolvidas no início do século XX. Freud escreveu somente um ensaio importante dedicado exclusivamente a esse tópico, *As transformações da puberdade*, na parte final de seus *Três ensaios sobre a teoria da sexualidade* (1905). A maior parte das outras referências à adolescência em seus escritos expressa uma definição negativa da puberdade. Freud repetidamente sustenta que a puberdade não é, como se supunha ingenuamente, o primeiro despertar do instinto sexual na vida humana. Segundo ele, o desenvolvimento sexual se dá em duas fases, iniciando na infância e ressurgindo na puberdade após um período de latência. Portanto, a adolescência é vista por Freud como uma parada no caminho ao seu verdadeiro destino, a teoria da sexualidade na infância. Essa definição negativa é claramente expressa e afirma que o despertar do instinto sexual não tem origem na puberdade. Porém, como vou demonstrar, Freud não oferece uma definição substancial da puberdade em si mesma, fora da relação com a infância.

Consequentemente, quanto mais nos aprofundamos nas vicissitudes do instinto sexual na puberdade, mais se revela sobre a primeira infância, criando uma estrutura de investigação baseada na teoria da recapitulação que permeia a análise da adolescência em Freud e é adotada, de diferentes formas, pelos principais autores psicanalíticos depois dele. A teoria da recapitulação afirma que uma parte do desenvolvimento infantil se repete durante a adolescência, e uma análise mais detalhada demonstra como a teoria de Freud está intimamente ligada a essa noção.

Freud abre seu ensaio sobre a adolescência com as seguintes palavras: "Com a chegada da puberdade, têm início as mudanças destinadas a dar à vida sexual infantil sua forma normal definitiva". Os processos psicológicos da puberdade têm raiz no amadurecimento do instinto sexual. Ao descrever a natureza da transformação na puberdade, Freud afirma:

> O instinto sexual até então era predominantemente autoerótico; agora, encontra um objeto sexual. Sua atividade até então era derivada de diversos instintos e zonas erógenas separa-

das que, independentemente umas das outras, buscavam um certo tipo de prazer como único alvo sexual. Agora, porém, surge um novo alvo sexual e todos os instintos componentes se combinam para atingi-lo, enquanto as zonas erógenas se subordinam ao primado da zona genital (ibid.).

A vida sexual da criança, em vista do complexo de Édipo ou de Electra, culmina pela primeira vez entre o terceiro e o quinto anos de vida. Freud descreve essa fase como a organização pré-genital da libido, em que cada instinto busca separadamente sua própria aquisição de prazer. Aqui, Freud se debate com um enigma teórico: como a criança perversa polimorfa se transforma em um adulto com identidade sexual fixa e estável, no qual os genitais passam a ter primazia entre as outras zonas como fonte de prazer, assegurando assim que o instinto sexual esteja a serviço da reprodução? A adolescência se torna crucial nesse enquadre, pois uma de suas principais finalidades como período específico do desenvolvimento é alcançar seu novo objetivo sexual, que Freud descreve como

> a estimulação apropriada de uma zona erógena (a própria zona genital, na glande do pênis) pelo objeto apropriado (a mucosa da vagina) e do prazer gerado por essa excitação é obtida, dessa vez por via reflexa, a energia motora necessária para a descarga da substância sexual. Esse último prazer é o de intensidade mais elevada, e seu mecanismo difere daquele das fases anteriores (ibid., p. 210).

Freud denomina esse prazer de alta intensidade, que chamamos de orgasmo, "prazer final", o qual resulta na extinção temporária da tensão da libido. Ele o distingue do "pré-prazer", que ocorre na primeira infância e na latência e surge da estimulação de uma zona erógena (p. ex., quando a mãe acaricia a pele do bebê). Ele afirma:

> Se, em algum ponto do processo sexual, o pré-prazer se mostra grande demais e o elemento da tensão, pequeno demais, o motivo para prosseguir com o ato sexual é abandonado (ibid., p. 211).

Ele continua:

> A experiência demonstra que a precondição para esse evento nocivo é que a zona erógena em questão ou o instinto componente correspondente tenham contribuído com uma quantidade incomum de prazer já durante a infância (ibid.).

Segundo essa lógica, quando as transformações da puberdade se tornam estáticas ou fixas, deve-se buscar a causa da fixação na infância. O exemplo mais notório desse raciocínio se encontra na descrição de Freud dos processos da puberdade em mulheres. Muitas autoras feministas fizeram críticas contundentes e persuasivas às concepções errôneas que Freud perpetua em seu entendimento do desenvolvimento sexual e emocional da mulher durante a puberdade[1]. À luz dessas críticas, retorno aqui à teoria com o único propósito de demonstrar como ideia da adolescência como recapitulação é dominante em Freud.

De acordo com ele, as meninas vivenciam o pré-prazer através da descarga da excitação sexual nos espasmos do clitóris. Durante a puberdade, essa excitação é severamente reprimida e a jovem passa por um período de anestesia em que refreia e nega sua sexualidade. A excitabilidade do clitóris, à qual Freud se refere como "masculinidade infantil", é temporariamente suprimida. Esse período de latência permite que a principal zona erógena se transfira do clitóris para a vagina, uma passagem que culmina quando a sexualidade da jovem se localiza na passividade do orifício vaginal. Somente então Freud a considera sexualmente madura. Ele afirma:

> Essa anestesia pode tornar-se permanente se a zona clitoridiana se recusa a abrir mão de sua excitabilidade, um evento para o qual o caminho é preparado justamente por uma intensa atividade daquela zona na infância (ibid., p. 221).

Tanto para meninos como para meninas, o excesso de estimulação e prazer derivado de uma zona erógena durante a infância resulta na fixação do desenvolvimento durante a puberdade. A recusa a abandonar os prazeres infantis leva ao fracasso do amadurecimento do instinto sexual no adolescente. Freud reitera que a maturação sexual na puberdade é determinada pela sexualidade da primeira infância quando diz que: "Somente na puberdade é que os instintos sexuais alcançam sua intensidade total, mas a direção desse desenvolvimento, bem como todas as predisposições a ele, já foram determinadas pela eflorescência anterior da sexualidade durante a infância que o precedeu" (1923, p. 246).

Quando o erotismo passa a estar a serviço da reprodução, Freud vê a segunda mais importante transformação da puberdade, no aspecto psicológico, como o processo de encontrar um objeto sexual apropriado para alcançar a meta da maturidade genital. Freud associa a satisfação sexual do bebê à alimentação, afirmando que seu instinto sexual tem um objeto fora dele mesmo, ou seja, o seio da mãe. À medida que o bebê começa a reconhecer que é separado da mãe, a busca de um objeto se volta para dentro, tornando-se autoerótica. Na puberdade, essa busca inicial por um objeto fora de si mesmo toma forma no anseio do adolescente por uma relação amorosa heterossexual. A criança sugando o seio da mãe é o protótipo de Freud para todas as relações amorosas subsequentes.

Embora uma barreira contra o incesto se forme na latência, as transformações físicas e psicológicas da puberdade reanimam os impulsos incestuosos do indivíduo, desta vez na forma de fantasias. Nessas fantasias inconscientes, tendências infantis afloram em combinação com o corpo em maturação sexual e o adolescente é atraído pelo genitor do sexo oposto, de acordo com suas propensões edípicas. Mesmo contidas pelo tabu do incesto, essas fantasias se tornam a base da "corrente afetiva" da vida sexual na adolescência.

A recapitulação se confirma mais uma vez. As fantasias do período púbere se originam nas explorações sexuais abandonadas na infância; isto é, as tentativas iniciais da criança de descobrir a natureza da sexualidade e de sua própria constituição sexual. Freud escreve:

> Entre as fantasias sexuais do período púbere, algumas são especialmente proeminentes e se distinguem por sua ocorrência muito generalizada e por serem, em grande medida, independentes da experiência individual. São as fantasias do adolescente de escutar os pais durante o ato sexual, de ter sido seduzido por uma pessoa amada em uma idade precoce, da ser ameaçado de castração, são também as fantasias de estar no útero e até mesmo ter experiências ali, e o dito "romance familiar", em que ele reage à diferença entre sua atitude para com os pais agora e na infância (1905, p. 226).

Embora tenha seu auge na sexualidade infantil, o complexo de Édipo mesmo assim desempenha um papel decisivo na sexualidade do adulto através de suas consequências, oriundas da intensidade com que se manifesta na puberdade. Para Freud, o repúdio às fantasias incestuosas é a conquista psicológica mais difícil, dolorosa e significativa desse momento da vida e a essência do processo da puberdade.

O afeto de uma criança por seus pais é o traço infantil mais importante revivido na puberdade. Ao se apaixonar pela primeira vez, o jovem busca uma pessoa que reavive a imagem do pai ou da mãe, pois a escolha de objeto na puberdade se baseia nesses protótipos da infância. Freud afirma inequivocamente:

> As inúmeras peculiaridades da vida erótica dos seres humanos, bem como o caráter compulsivo do processo do apaixonamento em si, são bastante ininteligíveis, exceto por uma referência retrospectiva à infância e como efeitos residuais desta (ibid., p. 229).

As ideias seminais de Freud sobre a natureza da adolescência como recapitulação tiveram frutos nas teorias de quatro importantes psicanalistas.

A ontogenia recapitula a filogenia: a contribuição de Ernest Jones ao entendimento psicanalítico da adolescência

Em seu artigo "Alguns problemas da adolescência", Jones aborda temas diretamente ligados à teoria freudiana da recapitulação. Ele inicia examinando as diferenças entre crianças e adultos e refletindo sobre as mudanças notáveis que acontecem entre esses dois períodos do desenvolvimento. Depois, volta sua atenção para a adolescência, afirmando:

Antes que essas mudanças importantes possam ocorrer, deve-se passar pelo estágio transicional da adolescência, o que se dá de maneira altamente interessante. Na puberdade, há uma regressão em direção à primeira infância e o indivíduo revive, ainda que em outro plano, o desenvolvimento pelo qual passou nos primeiros cinco anos de vida... Dito de outra forma, isso significa que, na segunda década de vida, o indivíduo recapitula e expande o desenvolvimento pelo qual passou nos primeiros cinco anos, bem como recapitula, durante esses primeiros cinco anos, as experiências de milhares de anos de seus ancestrais e, durante o período pré-natal, as de milhões de anos (ibid., p. 39-40).

Para Jones, portanto, existe algo incrivelmente semelhante entre os primeiros cinco anos de vida (aos quais ele se refere como primeira infância) e a adolescência. Experiências emocionais extraordinárias distinguem esses dois períodos, o que leva Jones a caracterizá-los como as etapas mais passionais do ser humano e delinear com grande especificidade as analogias que identifica entre essas duas fases do desenvolvimento.

Tanto a primeira infância quanto a adolescência dependem de uma capacidade elevada de tolerar estímulos e inibir respostas. Por exemplo, uma tarefa central da primeira infância é a obtenção do controle sobre os atos de excreção. Analogamente, uma tarefa central da adolescência é o desenvolvimento do autocontrole. A repressão também é crucial nos dois períodos. Na primeira infância, a psique é preparada para o esquecimento gradual de eventos importantes desses primeiros cinco anos. Para os adolescentes, ideias toleráveis antes da puberdade (p. ex., o desejo do prazer das carícias dos pais) passam a ser reprimidas.

Tanto para as crianças pequenas quanto para os adolescentes, o altruísmo e o interesse no mundo exterior surgem à medida que os vínculos libidinais se estendem do *self* para objetos externos. Assim como a primeira infância, a adolescência tem essa qualidade de uma absorção inicial no *self*, que mais tarde se transforma em interesse e engajamento no mundo.

Por fim, a dependência do adolescente é análoga à necessidade de amor característica da fase edípica da primeira infância. Por exemplo, o sentimento de rivalidade de um jovem para com seu pai na adolescência é explicado por uma regressão à relação edípica anterior. A natureza defensiva de sua constante rejeição à proximidade e às carícias da mãe é explicada como resistência à atração regressiva de um período anterior de intimidade.

O que Jones quer dizer quando postula que um adolescente revive, em outro plano, o desenvolvimento pelo qual passou nos cinco primeiros anos de vida? Como ele concebe a natureza da recapitulação? Aqui, vemos uma interpretação literal da ideia de Freud de que o indivíduo na puberdade vai fixar-se em um certo estágio psicossexual, tanto em termos de escolha de objeto quanto de desenvolvimento fisiológico, dependendo de como o vivenciou quando criança.

Jones afirma:
> É bem-sabido que as fases autoeróticas pertencem ao estágio inicial da adolescência, e não ao seu final, marcado pela tendência à introversão e por uma vida de fantasia mais rica, assim como por uma intensa absorção pelo *self* e os vários graus de timidez e inibição que são características salientes da adolescência. A fase anal-sádica varia em intensidade, mas é bastante comum que o doce menino de 10 anos

> se transforme em um jovem bruto e desleixado de 13, para grande consternação das mulheres da família. Extravagância, procrastinação, teimosia, paixão por colecionar e outros traços de origem anal-erótica podem ficar especialmente evidentes nessa idade. O narcisismo pode revelar-se de forma positiva ou negativa: a prepotência e o excesso de confiança da juventude são características tão bem reconhecidas desse estágio do desenvolvimento quanto seus opostos, a incerteza, a falta de confiança e a autodepreciação... A fase homossexual com frequência é mais positiva do que negativa e muito mais comum durante a adolescência do que em qualquer idade posterior... O impulso heterossexual... rompe as barreiras da proibição e alcança um objetivo diretamente sexual (ibid., p. 41-42).

Nesse sentido, Jones argumenta que os cinco estágios do desenvolvimento psicossexual que levam à resolução do complexo de Édipo na primeira infância (autoerótico, anal-erótico, narcisista, homossexual e heterossexual, nessa ordem) se repetem na adolescência. Assim, se uma pessoa teve dificuldade em passar pela fase masturbatória da adolescência, pode-se afirmar que houve uma dificuldade significativa nesse respeito na infância. Se a homossexualidade for um problema na adolescência, vai-se constatar uma fixação semelhante naquele período anterior do desenvolvimento.

Em suma, a interpretação de Jones da recapitulação é altamente determinista. Ele diz que:

> a adolescência recapitula a primeira infância e que a forma exata como um dado indivíduo vai passar pelos estágios necessários do desenvolvimento na adolescência é, na maior parte, deter-

minada pelo seu desenvolvimento na primeira infância (ibid., p. 41).

A adolescência e a defesa contra o id: Anna Freud

Anna Freud (1966) critica a premissa da psicologia acadêmica de que a adolescência tenha extrema importância no desenvolvimento do indivíduo, contendo a raiz da vida sexual, da formação do caráter e da capacidade de amar. A psicanálise corrigiu essa ideia, segundo ela, demonstrando que a vida sexual na verdade tem início nos primeiros anos de vida. A capacidade do indivíduo de amar tem suas origens não na puberdade, mas no período sexual da primeira infância, durante o qual são vivenciadas fases pré-genitais importantes da organização sexual (como delineado por Sigmund Freud). Assim como Freud pai e Jones, Anna Freud vê a adolescência como a primeira recapitulação do período sexual infantil. Uma segunda recapitulação tem lugar durante o climatério, geralmente referido como "mudança de vida".

Do ponto de vista estrutural, Anna Freud identifica as semelhanças e diferenças entre a infância, a adolescência e o climatério. Nos três casos, um *id* relativamente forte confronta um ego relativamente fraco. Os desejos sexuais, catexias de objeto e fantasias que formam o *id* permanecem basicamente as mesmas durante esses períodos do desenvolvimento, e a capacidade de transformação do ego explica as diferenças. Por exemplo, o ego da primeira infância e o da puberdade são distintos em direção, conteúdo, conhecimento e capacidade, assim como nos mecanismos de defesa que empregam. A contribuição de Anna Freud ao entendimento psicanalítico da adolescência está em sua articulação do modo específico como o ego se transforma na puberdade, distinto das outras fases da vida.

Uma vez que o desenvolvimento posterior do ego só pode ser entendido em termos do que veio antes, Anna Freud descreve o desenvolvimento do ego na primeira infância e na latência para jogar luz sobre os transtornos aos quais ele está vulnerável durante a puberdade. Para as crianças pequenas, as demandas de gratificação instintiva, oriundas dos desejos característicos das fases oral, anal e fálica, são extremamente urgentes. O ego que confronta essas demandas ainda está em formação e, portanto, muito fraco. A criança, porém, não é subjugada por instintos desenfreados. As promessas e ameaças de outros (p. ex., pais e professores) se manifestam na sua esperança de ser amada e na expectativa de ser punida e, assim, inibem a gratificação dos desejos instintivos. O mundo externo logo estabelece um representante na psique da criança, que Anna Freud denomina ansiedade de objeto, a precursora do superego. O ego deve manter-se em equilíbrio entre a urgência dos instintos e as pressões exteriores. O período infantil termina quando o ego assume uma posição sólida na batalha contra o *id* e se torna capaz de decidir quais instintos podem ser gratificados e quais devem ser repudiados.

Durante a latência, a força dos instintos declina, resultando em uma trégua na guerra defensiva do ego contra o *id,* e a criança tem oportunidade de se dedicar a outras atividades no mundo externo. O superego, que simboliza as exigências dos responsáveis pela criança, agora está instalado permanentemente dentro do ego.

A trégua, no entanto, não dura muito. As mudanças fisiológicas que acompanham as transformações físicas da puberdade desencadeiam um influxo de libido. O equilíbrio entre o ego e o *id* alcançado na latência é destruído, e os conflitos internos ressurgem. Com a puberdade, uma quantidade maior de libido fica à disposição do *id*, permitindo ao ego catexizar qualquer impulso deste que possa surgir. Durante esse período, o *id* é concebido como idêntico ao da primeira infância e seus desejos latentes permanecem os mesmos. A seguinte descrição dos impulsos do *id* na puberdade deixa isso muito claro e revela onde a recapitulação é mais significativa na teoria de Anna Freud. Ela afirma:

> Os impulsos agressivos se intensificam ao ponto da total rebeldia, a fome se torna voracidade, a molecagem do período da latência se transforma no comportamento delinquente da adolescência. Interesses orais e anais há muito submersos voltam à superfície. Hábitos de limpeza adquiridos a duras penas durante o período da latência dão lugar ao prazer com a sujeira e a desordem, e, no lugar da modéstia e da compaixão, encontramos tendências exibicionistas, brutalidade e crueldade com animais. As formações reativas, que pareciam firmemente estabelecidas na estrutura do ego, ameaçam despedaçar-se, ao mesmo tempo em que antigas tendências que haviam desaparecido retornam à consciência. Os desejos edípicos são realizados na forma de fantasias e devaneios, os quais sofrem pouca distorção: as ideias de castração nos meninos e a inveja do pênis nas meninas novamente se tornam o centro de interesse. *Há muito poucos elementos novos nas forças invasoras.* Sua investida meramente traz à superfície, mais uma vez, o conteúdo bem conhecido da sexualidade da primeira infância (1966, p. 146; grifo meu).

Nessa citação, Anna Freud explicita um entendimento da recapitulação na adolescência distinto da concepção de Sigmund Freud e Ernest Jones, que localizam a fonte da recapitulação na resolução de conflitos intrapsíquicos na passagem pelos estágios psicossexuais da infância. Para ela, a fonte da recapitulação é a natureza imutável dos desejos e fantasias do *id* da primeira infância em diante. Nada ocorre de novo ou original, exceto a capacidade do ego de modificar suas respostas a estas poderosas forças instintivas.

Durante a puberdade, a sexualidade infantil, agora ressuscitada, se depara com novas condições. O ego infantil era capaz de se rebelar contra as pressões do mundo externo e se aliar ao *id* para obter gratificação instintiva (o pré-prazer de Sigmund Freud). Se o ego adolescente repetir essa manobra, entrará em conflito com o superego. Nesse período, o ego deseja preservar o equilíbrio atingido durante a latência e, para isso, deve defender-se das demandas instintivas com esforço redobrado, utilizando mecanismos de defesa como regressão, deslocamento e negação.

O perigo, para o adolescente, está não apenas nos impulsos e fantasias do *id*, mas também na própria existência das catexias libidinais dos objetos amorosos do passado edípico e pré-edípico do indivíduo. Embora essas tenham sido atenuadas ou completamente inibidas na latência, a adolescência as põe novamente em relevo e há risco de que os antigos impulsos pré-genitais ou os novos impulsos genitais façam contato com essas fantasias. O adolescente vivencia uma ansiedade tremenda ao tentar eliminar as ligações com seus objetos infantis.

No artigo *Adolescência* (1958), Anna Freud enumera os quatro tipos de defesas que o adolescente emprega contra a ansiedade que surge em resposta às ligações de objeto infantis:

1) *Defesa por deslocamento da libido*: nesse caso, a libido é subitamente retirada dos pais e transferida para seus substitutos, líderes ou pares, geralmente com êxito. Os pais perdem importância, e os impulsos pré-genitais e genitais deixam de representar uma ameaça. A culpa e a ansiedade diminuem, e os desejos sexuais e agressivos encontram expressão no ambiente mais amplo.

2) *Defesa por inversão do afeto*: Aqui, os adolescentes se defendem contra as emoções incestuosas dirigidas aos pais transformando-as em seus opostos. Amor, dependência e respeito se transformam em ódio, desprezo e independência feroz, uma inversão que os liberta dos laços parentais. Segundo Anna Freud, essa defesa tem menos sucesso do que as outras porque não vai além do nível consciente e o adolescente permanece firmemente enraizado na família.

3) *Defesa por direcionamento da libido para o self*: Se um adolescente retira a libido dos pais e não a direciona a um novo objeto fora da família, ela permanece retida no *self*, e o ego e o superego tendem a se tornar inflacionados. Clinicamente, a predileção dos adolescentes por ideias de grandeza, fantasias de poder ilimitado e idealismo fervoroso é explicada como uma manifestação dessa defesa.

4) *Defesa por regressão*: Se a ansiedade despertada por ligações de objeto infantis for forte demais, a defesa mais primitiva empregada pelo adolescente será a "identificação primária", na qual o ego entra em um estado de identificação direta com os objetos da primeira infância. Isso resulta em mudanças regressivas em todas as partes da personalidade, incluindo falhas no funcionamento do ego e na distinção entre o mundo interno e o externo.

Face aos impulsos irredutíveis do id, o adolescente emprega defesas antigas e cria defesas novas para se proteger da investida de forças instintivas extraordinárias. Essa abordagem descreve a adolescência como um período essencialmente defensivo do desenvolvimento e oferece uma interpretação persuasiva para a compreensão de grande parte do que se passa na adolescência como defesa contra a atração regressiva ao passado.

A adolescência como o segundo processo de individuação: Peter Blos

Como foi demonstrado, Anna Freud explica as dificuldades emocionais e os abalos estruturais da adolescência em termos da luta do ego para dominar as tensões e pressões oriundas dos impulsos. Para ela, a ameaça à integridade do ego é derivada tanto da força dos impulsos da puberdade quanto da atração regressiva aos objetos da infância. A teoria de Anna Freud está centrada na concepção das defesas adolescentes que protegem o ego de ser subjugado pela ansiedade causada pelos impulsos do *id* e objetos amorosos do passado edípico e pré-edípico do indivíduo.

Peter Blos (1962; 1967) também tenta explicar o sentido dos comportamentos desconcertantes e da turbulência emocional da adolescência. A diferença básica entre sua explicação psicanalítica e a de Anna Freud está no entendimento da regressão do ego, que ela considera uma defesa primária. Em contraste, Blos vê a regressão do ego na adolescência como um componente essencial do desenvolvimento progressivo do ser humano. Mais uma vez, ao explorarmos a dinâmica dessa perspectiva, fica evidente que Blos, assim como Sigmund

Freud, Jones e Anna Freud, usa as lentes da recapitulação para focar seu entendimento da adolescência.

Blos se refere à adolescência como o segundo processo de individuação. Seu uso do termo individuação tem origem na teoria do processo de separação-individuação de Margaret Mahler (1963), no qual o bebê deixa progressivamente o estado de simbiose com a mãe durante os primeiros três anos de vida até se tornar uma criança individuada. Paralelamente, o adolescente abandona a dependência da família e as ligações de objeto infantis para se tornar um membro adulto individuado da sociedade. Ambos os processos englobam uma série de manobras alternadamente progressivas e regressivas.

Blos (1967, p. 159) amplia um tema de Anna Freud ao enfatizar a maneira como o adolescente se distancia dos objetos internalizados de amor e ódio da infância de modo a encontrar objetos de amor e ódio no mundo externo, fora da família. O desenvolvimento dos impulsos e o amadurecimento do ego exercem uma influência mútua contínua durante esse processo. À medida que as ligações de objeto infantis perdem força e o ego adolescente tem a possibilidade de estabelecer relações mais maduras fora da família, este se depara com a gratificação dos impulsos e os estados do ego ultrapassados e parcialmente abandonados da infância. O adolescente anseia pelo conforto da gratificação dos impulsos, mas teme envolver-se novamente em relações de objeto infantis. Essa é a questão paradoxal em que Blos baseia sua noção da adolescência como o segundo processo de individuação.

É somente através do contato com os estados inferiores do ego que as estruturas psíquicas da adolescência têm chance de se transformar, permitindo ao adolescente individuar-se.

Blos defende que o que inicialmente parece ser uma regressão na verdade tem um objetivo evolutivo. Por exemplo, ele entende os devaneios como um fenômeno regressivo que, ao possibilitar que o adolescente experimente uma ação na fantasia, lhe permite assimilar em pequenas doses a experiência afetiva em cuja direção progride o desenvolvimento. Nesse sentido, Blos cita o aforismo de Nietzsche: "Dizem que ele está recuando, e realmente está, pois se prepara para dar um grande salto" (BLOS, 1962, p. 92). A regressão dos impulsos e do ego nesse momento da vida constitui um componente obrigatório do desenvolvimento humano. Isso pode ser mais bem articulado com uma exploração do conceito de Blos de regressão do ego.

A regressão do ego significa reviver estados abandonados ou parcialmente abandonados do ego que serviram de abrigo contra o estresse durante a infância, não afetando, porém, o ego como um todo. A parte deste vinculada à realidade, com função de auto-observação, normalmente se mantém intacta durante a regressão. Blos identifica a idealização e a adoração de pessoas famosas como exemplo de um estado regressivo do ego análogo aos pais idealizados da infância. Os estados de ego infantis também são reconhecíveis nos estados emocionais semelhantes à fusão vistos com frequência na fascinação do adolescente por ideias filosóficas abstratas e no envolvimento político ou religioso passional. Blos acredita que esses estados próximos da fusão através de representações simbólicas proporcionam um alívio temporário da dor e do caos da regressão do ego. Em outras palavras, ideias e ideologias maduras são acessadas pelo adolescente como defesa contra a fusão total com objetos infantis internalizados. O funcionamento do ego crítico e observador evita que a regressão se deteriore ao ponto de uma fusão total. Blos afirma:

A regressão limitada do ego, típica da adolescência, somente pode ocorrer em um ego relativamente intacto. Não há dúvida de que a regressão põe o ego adolescente à prova de forma severa. Como já foi dito, até a adolescência, o ego parental está disponível para dar estrutura e organização ao ego da criança como entidade funcional. A adolescência rompe essa aliança, e a regressão expõe a integridade ou a deficiência da organização inicial do ego, com suas qualidades positivas e negativas decisivas geradas na passagem pela primeira fase de separação-individuação, no segundo e terceiro anos de vida (BLOS, 1967, p. 167).

Não há dúvida de que a ideia da recapitulação é um dos alicerces da teoria de Blos. A organização inicial do ego, da primeira infância em diante, determina a capacidade do adolescente de enfrentar a crise regressiva posterior. Assim como Sigmund Freud e Jones, que interpretam os impasses individuais da adolescência como fixações nos estágios psicossexuais do bebê, Blos indica que a regressão do ego durante a adolescência é uma repetição real dos estados traumáticos da infância. As encenações e experimentações adolescentes, bem como grande parte do que é considerado "delinquência patológica", são vistos por Blos como edições em miniatura de estados traumáticos anteriores, empregadas para elaborar situações perigosas remanescentes da infância. De acordo com ele, a adolescência oferece uma segunda chance para corrigir as reações traumáticas da criança, que não tinha controle algum sobre suas experiências. Agora, a parte do ego vinculada à realidade, com função de auto-observação, é mobilizada para lidar com os resíduos dos traumas, conflitos ou fixações infantis, que serão modificados à medida que os recursos do ego amadurecem e se expandem.

O adolescente reencontra emocionalmente as paixões da primeira infância, e o modo como confronta suas experiências iniciais e força a memória desses eventos a abandonar as catexias originais é o que Blos considera a essência do processo de individuação. As mudanças internas que acompanham esse processo causam uma reestruturação psíquica, e a descatexização das representações de objeto parentais produz uma instabilidade geral do ego. Blos afirma:

> No esforço de proteger a integridade da organização do ego, diversas manobras defensivas, restitutivas, adaptativas e mal-adaptativas são postas em ação antes que um novo equilíbrio psíquico seja estabelecido (ibid., p. 173).

Blos enfatiza a natureza restitutiva e adaptativa dessas manobras, enquanto Anna Freud menciona somente sua capacidade defensiva. Com respeito ao reencontro com as emoções da primeira infância e a reestruturação psíquica resultante, o pensamento de Blos é dialético. Ele transita entre a ideia de Anna Freud da defesa como deslocamento da libido, em que o adolescente luta contra a regressão, e a defesa pela regressão, em que o adolescente entra em um estado de identificação direta com os objetos infantis. Para Blos, um certo grau de regressão é necessário para que o distanciamento das relações de objeto iniciais e dos estados infantis do ego possa ocorrer, permitindo a reorganização das estruturas psíquicas. Ele procura um ponto médio, em que a regressão não seja mais defensiva, mas progressiva e essencial para a tarefa de reestruturação psíquica, que é o cerne do processo de individuação do adolescente.

Na psicanálise, as defesas primitivas geralmente são vistas como grandes obstáculos ao desenvolvimento normal. De modo geral, a regressão é considerada um processo psíquico oposto ao desenvolvimento, ao amadurecimento dos impulsos e à diferenciação do ego. Blos repensa esse princípio psicanalítico tradicional à luz da individuação do adolescente.

No entanto, ele é cauteloso em suas observações e certamente não supervaloriza nem idealiza os estados regressivos que levam à individuação, ressaltando que podem ter consequências desastrosas para o adolescente, o que Laufer e Laufer descrevem como uma ruptura do desenvolvimento, como veremos a seguir. Blos afirma:

> Em uma estrutura de ego deficiente, a regressão adolescente submerge o ego em sua condição anormal anterior. A distinção entre a natureza normal ou patognomônica da regressão do ego ao estado indiferenciado está em ser aproximada ou consumada, podendo ser comparada à distinção entre um sonho e uma alucinação. A regressão a um ego gravemente deficiente da primeira infância transforma um impasse do desenvolvimento, tão típico da adolescência, em um transtorno psicótico temporário ou permanente. O grau de inadequação do ego muitas vezes não se torna aparente até a adolescência, quando a regressão deixa de servir ao desenvolvimento progressivo, impede a individuação e fecha a porta ao amadurecimento do ego e dos impulsos (ibid., p. 167).

Adolescência e ruptura do desenvolvimento: Laufer e Laufer

Na introdução à obra *Adolescence and Developmental Breakdown: A Psychoanalytical View* (1984) (Adolescência e ruptura do desenvolvimento: uma visão psicanalítica, em tradução livre), Moses Laufer e M. Egle Laufer afirmam não retornar ao desenvolvimento infantil para compreender a psicopatologia da adolescência. Desde o início, declaram que "nos limitamos a uma análise do período da adolescência em si mesma" (1984, p. xi) e a veem como um fenômeno progressivo, ou seja, pressupõem que o desenvolvimento durante a adolescência faz uma contribuição importante à normalidade ou anormalidade do adulto.

Laufer e Laufer baseiam sua teoria do desenvolvimento adolescente no enunciado de Sigmund Freud de que os processos da puberdade dão a forma normal final à vida sexual do bebê. Ao contrário de Anna Freud, que vê a adolescência em termos da ansiedade criada pela luta do ego contra os impulsos do *id*, e de Blos, que define a adolescência como o segundo processo de individuação, envolvendo uma regressão do ego, Laufer e Laufer seguem rigorosamente a concepção freudiana original da puberdade, em que a função evolutiva da adolescência é "o estabelecimento da organização sexual final que, do ponto de vista do corpo, deve incluir os genitais fisicamente maduros" (ibid., p. 5).

A teoria de Laufer e Laufer trata da maneira como os adolescentes se adaptam psicologicamente ao amadurecimento genital físico. Durante esse período, o conteúdo dos desejos sexuais e as identificações edípicas se integram em uma identidade sexual irreversível. Os desejos edípicos são testados no contexto de um adolescente sexualmente maduro, que deve alcançar um meio-termo entre o que deseja e o que é permitido e, assim, definir sua identidade sexual. Para Laufer e Laufer, o estabelecimento da organização sexual final é a tarefa essencial da adolescência e a lente através da qual devemos contemplar todos os outros processos dessa etapa, incluindo mudanças em relação aos objetos edípicos, o grupo de pares e o próprio corpo.

Uma das chaves para entender o valor e a importância que Laufer e Laufer atribuem a essa tarefa está em seu conceito da fantasia central da masturbação. De acordo com a teoria freudiana, eles pressupõem que, como parte do desenvolvimento normal desde a primeira infância, o indivíduo satisfaz as demandas instintivas usando o próprio corpo ou um objeto. A criança pré-edípica tem uma ampla gama de atividades, brincadeiras e fantasias autoeróticas, que ajudam a recriar a relação com a mãe gratificadora. Após a resolução do complexo de Édipo, o superego surge em cena para julgar se uma satisfação regressiva é aceitável ou não. Laufer e Laufer definem a fantasia central da masturbação como uma fantasia que contém as várias satisfações regressivas e as principais identificações sexuais permissíveis ao ego no momento da resolução do complexo de Édipo.

Durante a infância e a latência, essa fantasia é inconsciente. Com o amadurecimento físico dos genitais na adolescência, ela assume um novo sentido e faz exigências ao ego que colocam sua estrutura defensiva sob grande pressão. Anna Freud faz observações semelhantes sobre os riscos do contato entre os novos impulsos genitais e as fantasias infantis reprimidas durante a latência, uma vez que o adolescente agora pode concretizar literalmente essas fantasias com seus genitais maduros. Laufer e Laufer sustentam que existe uma fantasia central, encenada durante a masturbação, que o adolescente agora quer realizar em suas relações de objeto e na vida sexual. Tal fantasia é assustadora para o adolescente devido ao seu potencial destrutivo.

O adolescente tenta integrar a fantasia central da masturbação através da experimentação, e o desenvolvimento normal prossegue quando a fantasia inclui a busca ativa de um objeto amoroso, resultando na sensação de controle sobre a própria sexualidade e na capacidade de fazer escolhas. O desenvolvimento patológico se dá quando a organização defensiva não consegue resistir à força regressiva dos desejos pré-genitais. Laufer e Laufer citam as fantasias de um grupo de adolescentes que foram hospitalizados após a primeira ejaculação ou logo após começarem a menstruar e que afirmavam que certas fantasias os tinham enlouquecido. "Por vezes, mais especificamente, diziam que ou desejavam ter relações sexuais com o genitor do sexo oposto ou se afligiam com a ideia de que matariam um dos pais" (ibid., p. 39). Por isso, Laufer e Laufer definem a ruptura do desenvolvimento na adolescência como

> ...a rejeição inconsciente do corpo sexual e um sentimento associado de passividade face às exigências do próprio corpo, com o resultado de que os genitais são ignorados, rejeitados ou diferentes de como se desejaria que fossem... Ocorre uma ruptura no processo de integração da imagem corporal sexualmente madura à representação de si mesmo (ibid., p. 22).

Freud considera o corpo e a primeira relação com ele através da mãe o alicerce das futuras estruturas psíquicas: o ego corporal como precursor da organização do ego. Laufer e Laufer retomam essa ideia de que a relação com o próprio corpo é central durante toda a vida, observando:

> Acreditamos que, desde a puberdade até o final da adolescência – isto é, em torno dos 21 anos, a relação com o corpo sexualmente maduro engloba a história pregressa do indivíduo e reati-

va conflitos e ansiedades que repetem soluções do passado, mas dentro de um contexto novo e muito mais perigoso (ibid., p. xiv).

Mais adiante, descrevem a adolescência como:
> um processo de vivenciar, reorganizar e integrar o desenvolvimento psicológico anterior dentro de um novo contexto de maturidade sexual (ibid., p. 4).

Essas passagens demonstram o papel central da recapitulação na posição teórica de Laufer e Laufer, na qual está implícito que a vida sexual e as relações de objeto de um adolescente devem ser compreendidas no contexto de sua sexualidade infantil, autoerotismo, primeiras relações com objetos gratificadores e fantasias pré-edípicas.

A forma e o conteúdo da fantasia central da masturbação são solidificados pela resolução do complexo de Édipo, que ocorre durante a fase fálico-edípica entre os 3 e os 5 anos de idade. A resolução do complexo de Édipo implica um meio-termo inconsciente que satisfaça o *id* e a realidade externa e seja compatível com a consciência da própria impotência frente aos pais edípicos. Nesse momento, a criança se dá conta de que seu corpo é separado do corpo dos pais. Dizem Laufer e Laufer:
> Mas a "resolução edípica" também implica a catexia narcisista da imagem do corpo sexual, o que significa que as relações e internalizações pré-edípicas agora são vivenciadas emocionalmente como amor ou ódio pelo próprio corpo, fálico ou castrado. Em outras palavras, os sentimentos anteriores de amor e ódio dos pais se tornam parte do amor e ódio da criança em relação ao seu próprio corpo, agora vivenciado como fálico ou castrado (ibid., p. 28).

A fantasia central da masturbação renova o contato com os impulsos e desejos pré-genitais incestuosos. Laufer e Laufer postulam que isso permite ao adolescente reagir à experiência de ser sexualmente masculino ou feminino em termos de sua reação original à experiência do próprio corpo como fálico ou castrado. Assim, o estabelecimento da organização sexual final na adolescência, a imagem de si mesmo como homem ou mulher, é a recapitulação de uma experiência ocorrida no fim do período fálico-edípico. A fixação na adolescência, segundo essa teoria, implica necessariamente uma fixação edípica anterior.

Revisão dos teóricos psicanalíticos

Como vimos, cada um dos cinco teóricos psicanalíticos se vale de uma forma ou outra da teoria da recapitulação em sua análise da adolescência. Minha posição é que a ideia da adolescência como recapitulação impede a visão fenomenológica do processo adolescente, pois pressupõe que o que ocorre no presente pode ser mais bem compreendido olhando-se para trás, para um período anterior do desenvolvimento. Uma teoria que obriga o terapeuta a retornar à primeira infância para explicar o humor e o comportamento de um adolescente não dificulta o trabalho de acolhê-lo, escutá-lo e compreendê-lo no momento presente?

No livro *The Evolving Self* (O *self* em evolução, em tradução livre), Kegan apresenta uma crítica esclarecedora do investimento psicanalítico na adolescência como recapitulação. Com uma abordagem construtivista do desenvolvimento na tradição piagetiana, Kegan vê na primeira infância o início da atividade de produção de sentido pelo bebê, o que ele chama de sentido psicológico da evolução: a prática, que vai estender-se por toda a vida, de diferenciar e integrar o que é entendido como *self* e o que é tomado como outro. "Embora a primeira infância tenha grande importância na visão neopiagetiana, ela não é, no seu aspecto mais fundamental, qualitativamente diferente de qualquer outro momento da vida" (1982, p. 77).

Portanto, quando características distintivas do processo de diferenciação e integração reaparecem em novas configurações em um período posterior do desenvolvimento, não são vistas como manifestações tardias de uma ocorrência da primeira infância, mas como "manifestações contemporâneas de produção de sentido" (ibid., p. 78). Por conta disso, Kegan aponta que a noção psicanalítica da recapitulação na adolescência – que interpreta, por exemplo, as dificuldades que um adolescente vivencia ao se separar da família à luz do que se passou durante a fase de separação-individuação da primeira infância – é enganosa. A relação entre as duas é categórica, e não causal, ou seja, ambas evocam aspectos e problemas semelhantes do desenvolvimento, revelando a continuidade dos temas centrais da vida. Ele afirma:

> Embora menos favorável à ideia de uma identidade perfeita entre fenômenos da infância e de períodos posteriores, a teoria construtivista do desenvolvimento está mais disposta do que a teoria psicanalítica a ver a unidade e a continuidade de tais fenômenos. O modelo evolutivo nos permite observar fenômenos recorrentes ao longo da vida sem termos que, ao mesmo tempo, conceber suas semelhanças como regressões ou recapitulações... esses fenômenos posteriores, ainda que semelhantes na superfície, também são muito mais complexos e variados do que seus antecedentes (ibid., p. 188).

Nesse sentido, Kegan critica a posição psicanalítica por não perceber a importância do estágio da latência, no qual ocorrem grandes mudanças e um desenvolvimento acentuado, especialmente em termos dos impulsos. "Por não ter um modelo evolutivo moderno, a psicanálise deixa de considerar a possibilidade de que o desenvolvimento intelectual e a autossuficiência da infância intermediária (os quais reconhece) sejam, em parte, os mesmos impulsos integrados em uma organização mais complexa" (ibid.). Assim, para Kegan, há uma enorme diferença entre a capacidade recém-adquirida da criança edípica de resistir ao ímpeto de atacar outra pessoa em um momento de raiva e a capacidade cada vez maior do adolescente de se autodirigir na ausência de expectativas externas. Em contraste com a concepção de Anna Freud, em que o *id* permanece essencialmente o mesmo da infância à adolescência, Kegan afirma: "Do ponto de vista construtivista do desenvolvimento, o impulso não é um fenômeno imutável por toda a vida que apenas é controlado de forma diversa por defesas mais complexas à medida que uma pessoa se desenvolve" (ibid., p. 189).

As mudanças cognitivas contribuem para o tipo de diferença a que Kegan está se referindo. O raciocínio abstrato, que Piaget chama de operações formais, surge na adolescência a partir do estágio das operações concretas. Agora, o adolescente tem a capacidade de "desarticular o mundo concreto, pois 'o que é' passa a ser meramente um exemplo de 'o que pode ser'. O real se torna apenas um aspecto (muitas vezes pouco interessante) do leque infinito do possível" (ibid., p. 38). Esse deslocamento cognitivo traz consigo um modelo inteiramente novo de produção de sentido.

Isso tem consequências terapêuticas consideráveis, pois quando nos libertamos da ideia de recapitulação, que não leva em conta diferenças importantes entre crianças e adolescentes, podemos ver que o que Kegan chama de emergência do pensamento abstrato, e que eu prefiro chamar de desenvolvimento da capacidade de imaginar e fantasiar, são meios naturais de engajar um adolescente na terapia. Por exemplo, a capacidade de imaginar futuras possibilidades lhe permite usar a imaginação como veículo para conter e dar expressão aos impulsos corporais que irrompem na consciência, instigando a transformação súbita de pensamentos e sentimentos em ação.

O espaço reflexivo e silencioso de um diário pode ser importante nesse momento. Só precisamos recordar o incrível presente que Anne Frank deu ao mundo com seu diário, onde encontrou contenção para a capacidade mais profunda de imaginar e brincar com as possibilidades da vida, juntamente com suas transformações físicas e sua sexualidade emergente. As artes plásticas e literárias – pintura, desenho, escultura, escrita e poesia – são ferramentas importantes que o terapeuta pode utilizar para ajudar o paciente a conter as emoções profundamente enraizadas no corpo que começam a brotar na adolescência[2]. No espaço protegido da relação terapêutica, essa forma de autoexpressão pode ganhar valor e legitimidade.

A ideia da recapitulação, em contraste, pressupõe que a essência do processo adolescente seja sexual, dada a natureza da sexualidade infantil da qual é uma repetição. Os princípios teóricos de Freud asseguram que a adolescência produz uma identidade heterossexual estável e permanente. Com um foco tão estreito na sexualidade como um impulso instintual heterossexual fixo, as implicações mais profundas da sexualidade emergente, bem como de outros aspectos de natureza não sexual do processo da adolescência, são negligenciadas. A releitura de Jung da teoria freudiana da libido, discutida no capítulo 5, traz um olhar contrastante. Vamos examinar como, na adolescência, a energia psíquica transita entre impulsos instintuais e expressões do espírito, como as inclinações religiosas e a capacidade de reflexão e consciência de si mesmo.

Outro tema que permeia todas as teorias psicanalíticas, mas que está mais explícito no trabalho de Anna Freud, é a natureza defensiva da adolescência. Ela aponta a posição paradoxal do ego adolescente, preso entre as energias intensas do id e do superego. Nessa perspectiva, as crises e perturbações da adolescência podem ser interpretadas como defesas contra as poderosas forças internas que assolam a mente do adolescente, um entendimento que obscurece a natureza singular e revelatória de seus pensamentos, sentimentos e comportamentos.

Winnicott (1963b) apresenta uma alternativa interessante, que fala da necessidade do adolescente de ocultar dos outros os humores e sentimentos que chegam com a puberdade. Para ele, as defesas oferecem um casulo protetor, resguardando os processos internos da interferência do mundo exterior. A defesa seria uma forma de incubação, e Winnicott alerta para o perigo de analisar prematuramente um adolescente quando o processo de formação do *self* ainda precisa permanecer oculto.

Ambos os temas, recapitulação e defesa, sugerem que nada de novo ocorre na adolescência. Segundo Anna Freud, os desejos e fantasias do *id* não se transformam desde a infância, o que a leva a dizer sobre o retorno desses impulsos na adolescência: "Há muito poucos elementos novos nas forças invasoras" (1966, p. 146). Esse tipo de determinismo, embora seja conceitualmente persuasivo e esclarecedor, tende a nos cegar à função prospectiva da adolescência como época singular e fértil do desenvolvimento humano. É certo que forças da infância estão ativas e presentes na adolescência, mas não haverá algo mais? Esse "algo mais" é o tema principal dessa obra.

Outro meio de compreendermos a natureza profícua desse estágio é recordar, do ponto de vista adulto, nossa própria adolescência. As crises que marcaram aquele período muitas vezes tiveram implicações significativas para a direção que tomamos na vida. Como adultos, nossos sonhos ainda nos transportam de volta à escola e aos sentimentos desencadeados pelas primeiras amizades e romances passionais. Por que a psique retorna continuamente a esse período do desenvolvimento? O que nasceu lá que precisa ser resgatado e relembrado?

2
Psicologia analítica do desenvolvimento

Introdução

Um ramo da psicologia analítica, ao qual Andrew Samuels denomina Escola do Desenvolvimento, utiliza uma abordagem junguiana à teoria e prática da psicoterapia de adolescentes e é delineado em uma recente coleção de ensaios organizada por Mara Sidoli e Gustav Bovenspien (1995), *Incest Fantasies and Self Destructive Acts* (Fantasias de incesto e atos autodestrutivos, em tradução livre). Sidoli e Bovenspien se referem a essa abordagem como psicologia analítica do desenvolvimento. A diferença mais acentuada entre essa abordagem e as teorias psicanalíticas que discutimos até agora é um afastamento conceitual da proeminência do ego e seus mecanismos de defesa durante a adolescência, que dá lugar à ênfase na análise das transformações do que Jung chama de *self* (a totalidade da personalidade consciente e inconsciente na qual o ego está contido). Na visão junguiana, o *self* é a força que mantém a integridade do mundo interior do adolescente durante esse período conturbado e tem suas próprias defesas em contraposição às do ego.

Considero essa mudança de ênfase muito bem-vinda, pois possibilita uma gama maior de possibilidades interpretativas, uma vez que o âmbito do *self* é muito mais amplo do que o do ego. Quando os sintomas do adolescente são compreendidos em termos de suas implicações para a viabilidade do eixo ego-*self*, afetos e comportamentos que tendem a ser vistos como patologias ganham novo significado. Na parte III, focada na noção junguiana da individuação, vinculo os conceitos de Jung do *self* e da natureza autorreguladora da psique para demonstrar como essa combinação de ideias altera nossa visão do papel do terapeuta na clínica de adolescentes.

A psicologia analítica do desenvolvimento se baseia no trabalho de Michael Fordham, que operacionalizou o modelo teórico do *self* de Jung como construto evolutivo. Fordham postula a existência de um *self* original ou primário, presente desde o início da vida, que contém todo o leque de potenciais arquetípicos inatos que podem ser expressos por um indivíduo. O *self* primário do bebê

> é radicalmente desestabilizado pelo nascimento, quando o psicossoma é inundado por estímulos, tanto internos quanto externos, que geram a ansiedade prototípica. Depois disso, o estado de equilíbrio se restabelece, e a primeira sequência clara de uma perturbação seguida de um estado de repouso ou estabilidade é concluída. Tal sequência se repete muitas vezes durante o amadurecimento, e as forças que a motivam são denominadas deintegrativas e integrativas. De início, as sequências são rápidas, mas, à medida que a organização psíquica prossegue, expandem-se por períodos mais longos, até que uma estabilidade relativa seja mantida na maior parte do tempo (1994, p. 75).

O processo deintegrativo/integrativo corresponde ao sistema de abertura e fechamento do *self*, que permite o amadurecimento psicológico.

A Escola Analítica do Desenvolvimento aplica o processo de integração e deintegração de Fordham à adolescência para articular uma compreensão teórica da natureza fragmentada do estado mental nesse período. A puberdade é vista como o gatilho da deintegração do *self*, que abre o adolescente para experiências internas e externas. O estado deintegrado causa transtorno e confusão, mas, analogamente à ideia da regressão do ego de Blos, é necessário para o progresso do desenvolvimento.

Fordham faz uma distinção clara entre deintegração e desintegração, na qual o ego é sobrecarregado de forma tão intensa que se desorganiza irreversivelmente. A fronteira entre os estados deintegrativos e desintegrativos tem implicações terapêuticas significativas. Identificar a direção de uma série de eventos e decidir entre intervir ou não com base na capacidade do adolescente de se reintegrar é uma das principais distinções que um terapeuta deve fazer. Um erro comum em muitos tratamentos é o pânico prematuro frente a um processo natural de deintegração, que pode bloquear a reintegração natural e, com isso, impedir a continuação do amadurecimento. Essa é uma questão extremamente importante, à qual retorno na parte II ao explorar o trabalho de Robert Jay Lifton sobre as imagens de vida e morte na adolescência.

Sidoli faz uma excelente descrição dos processos deintegrativos que ocorrem na adolescência, dizendo:

> ...com o recrudescimento da sexualidade, o jovem deve passar por uma deintegração decisiva para ser capaz de integrar as mudanças funda-

mentais que ocorrem em seu corpo e em suas novas experiências de vida. Essa deintegração vai reativar os temas arquetípicos do inconsciente relacionados à difícil tarefa de adquirir capacidades sexuais e intelectuais, intensificada pelo ímpeto de vivenciá-las saindo de casa e cortando os laços infantis com os pais. É um momento de renegociação do estilo de vida e da identidade, que gera conflitos e fortes estados emocionais e de ansiedade. Fantasias inconscientes e temas arquetípicos coletivos primitivos são ativados, estabelecendo uma dicotomia de regressão-progressão que tipicamente vai manifestar-se como *acting out* em relação aos pais, aos professores e à sociedade (SIDOLI, 1989, p. 163).

A regressão à que Sidoli se refere (o recrudescimento da sexualidade que desencadeia a deintegração do self) é entendida como o retorno do ego adolescente à relação com os objetos da primeira infância. Assim sendo, a psicologia analítica do desenvolvimento se baseia em uma ideia de recapitulação tão dominante quanto à dos teóricos psicanalíticos. A regressão da libido, no entanto, não é ao passado edípico, mas ao período pré-edípico do desenvolvimento. Nesse ponto, podemos integrar o trabalho de Melanie Klein, especificamente sua descrição dos objetos parciais no estado pré-edípico entre a mãe e o bebê, utilizando as imagens arquetípicas de Jung para amplificá-los.

A Escola Analítica do Desenvolvimento faz uso da teoria inicial de Jung a respeito da progressão e regressão da libido, exposta principalmente na obra *Símbolos da transformação* (OC 5), para expandir o entendimento desse processo. A regressão da libido em Jung é tomada como um retorno a imagos parentais pré-genitais no inconsciente. Na perspectiva da Escola Analítica do Desenvolvimento, a separação na adolescência pressupõe um reavivamento emocional e afetivo da relação inicial do bebê com a mãe, especialmente com o corpo desta. Como na concepção de Blos, a adolescência enquanto fase do processo de individuação oferece uma segunda oportunidade para a integração das partes infantis que não puderam ser integradas durante o desenvolvimento inicial. Os conflitos da primeira infância são reativados, e a personalidade tem uma nova chance de se reorganizar.

Crítica da abordagem analítica do desenvolvimento

Como extensão de minha crítica geral à teoria da recapitulação dos autores psicanalíticos, apresento agora um comentário sobre a posição da Escola Analítica do Desenvolvimento quanto à reativação dos estados mentais pré-edípicos na adolescência. Samuels aborda o debate atual na psicologia pós-junguiana em torno da validade das descrições e teorias sobre a primeira infância, indagando se esta "...não seria antijunguiana, uma vez que, para Jung, 'de onde' é menos essencial do que 'para onde' (1985, p. 140). Além disso, ele salienta a discussão entre os pós-junguianos da Escola Analítica do Desenvolvimento sobre "os méritos relativos de um modelo da primeira infância derivado da observação de mães e bebês reais e de um modelo envolvendo o estudo empático de materiais obtidos na análise de adultos e crianças" (ibid., p. 144).

Seguindo a concepção de Fordham, a Escola Analítica do Desenvolvimento sustenta a ideia de que as imagens arquetípicas que surgem na adolescência remetem ao que foi efetivamente vivenciado e sentido na primeira infância. Concordo inteiramente que temas arquetípicos são ativados na adolescência, como Sidoli expressa com eloquência em citação acima. Porém, a Escola Analítica do Desenvolvimento situa esses temas diretamente no passado pré-edípico como resultado da relação concreta com a mãe. Isso leva a um questionamento da visão de Jung do incesto, que ele entende como a regressão da libido a um reencontro com o mundo interno e as raízes do indivíduo. Jung observou que esse processo é personificado na figura de um dos pais, mas estaria ele sempre se referindo aos pais literais? Qual o papel da relação concreta com a mãe na dinâmica dessa regressão? Em outras palavras, como isso corresponde a uma compreensão simbólica da natureza do incesto, na qual a fantasia incestuosa é uma metáfora para um caminho de crescimento e desenvolvimento psicológico?[3]

Quando um adolescente regride de forma incestuosa e se funde a uma grande figura parental, que relação isso tem com sua experiência pré-edípica literal com os pais e como se encaixa em nossa compreensão do incesto como tentativa de regeneração espiritual e psicológica? Por exemplo, podemos dizer que um estudante do ensino médio de 17 anos que se recusa a ir à escola e fica em casa fumando maconha o dia inteiro, em um estado onírico sereno, está identificado com o arquétipo da grande mãe e podemos apontar para uma regressão da libido, que parece estar bloqueada. Porém, quais são as implicações de interpretarmos esse estado como uma reativação de dificuldades com os primeiros vínculos? As "fantasias inconscientes e temas arquetípicos coletivos primitivos" que são ativados na adolescência teriam uma origem independente da experiência pessoal? (SIDOLI, 1989, p. 163).

Se tomarmos o encontro pré-edípico entre a mãe e a criança como fundamento literal para a explicação arquetípica dos estados de ser adolescentes, ficaremos presos a um determinismo psíquico baseado em uma noção reducionista de causalidade. Outro exemplo disso é a maneira como a Escola Analítica do Desenvolvimento explica o comportamento heroico na adolescência. Como já observamos, o sucesso na separação do adolescente pressupõe um reavivamento emocional e afetivo da relação do bebê com a mãe. Quando a ligação mãe-bebê é perturbada, um imago negativo da mãe é formado no mundo interno da criança. Na adolescência, esse trauma inicial ressurge, e o herói entra em cena para proteger o adolescente de seus "inimigos descomunais" (SIDOLI & BOVENSPIEN, 1995, p. 46). Os feitos heroicos são vistos como "uma defesa maníaca contra a cisão e a depressão severa do bebê, causadas pelo vínculo deficiente com a mãe" (ibid., p. 67). A postura heroica defende o adolescente da impotência, do desamparo e da dependência desse período anterior. O adolescente-como-herói procura separar-se da atração regressiva da mãe e suplantar os imagos parentais.

A ideia da necessidade do adolescente de se separar heroicamente da mãe para formar uma identidade distinta é criticada incisivamente pelos teóricos do The Stone Center. Seu trabalho demonstra como o desenvolvimento relacional – isto é, a capacidade de reconhecer e se relacionar com o outro – é desconsiderado pelos paradigmas atuais da psicanálise e da psicologia do desenvolvimento, que enfatizam a busca de independência, autossuficiência e autonomia pessoal. Em resposta, propõem um novo modelo do desenvolvimento feminino, ao qual denominam "*self*-em-relação"[4]. Surrey argumenta que uma adolescente "não quer necessariamente 'se separar' dos pais, mas mudar a forma e o conteúdo de sua relação de um modo que valide suas próprias mudanças e permita que novas relações se desenvolvam e tenham prioridade" (1984, p. 7). A ideia do *self*-em-relação sugere que, para meninas adolescentes, um outro caminho relacional é primordial. O desenvolvimento do *self* pode ocorrer no contexto das relações e, assim, a ligação entre mãe e filha continua forte durante a adolescência.

No ensaio *The Great Mother, Her Son, Her Hero, and the Puer* (1990) (A grande mãe, seu filho, seu herói e o *puer*, em tradução livre), Hillman propõe um outro olhar sobre a relação entre o adolescente e o esforço para se separar dos pais, invocando o arquétipo do *puer aeternus*, ou criança eterna, uma figura importante na psicologia junguiana. Von Franz (1970), que escreveu extensamente sobre esse tópico, via o *puer* como um reflexo da imaturidade geral, caracterizada pela incapacidade de comprometer-se. A origem do problema do *puer*, para Von Franz, está no apego à mãe e na incapacidade de separar-se dela. Hillman apresenta uma visão drasticamente diferente.

Antes de abordá-la, quero esclarecer que emprego o termo *puer* de modo ligeiramente diferente daquele usado na literatura junguiana consagrada. Para fins de argumentação, identifico o *puer* com os anseios espirituais do adolescente, muito embora a figura arquetípica do *puer aeternus* se apresente em qualquer estágio do desenvolvimento e o adolescente certamente não seja uma figura arquetípica (ainda que, como veremos, os adolescentes muitas vezes sejam os recipientes do *puer* em nossa cultura). Entrelaço os dois com o objetivo de elucidar como a psicologia do *puer* pode contribuir para nosso estudo da adolescência. O *puer aeternus* é uma figura masculina (a *puella* conota sua contrapartida feminina), e grande parte dos escritos de Hillman sobre o *puer* podem ser interpretados como pertinentes à psicologia masculina. Embora seja impossível tirar conclusões relacionadas ao gênero a partir do sexo biológico de uma figura arquetípica, menciono essa questão para lembrar que a discussão diz respeito a jovens de ambos os sexos. Dado o escopo deste livro, não vou abordar as importantes diferenças na manifestação do espírito do *puer* em meninos e meninas. Atualmente, o tópico da adolescência feminina está recebendo uma atenção significativa nos Estados Unidos, tanto na pesquisa em psicologia quanto na literatura e no cinema[5]. Há uma crescente receptividade às histórias e experiências das adolescentes, e podemos escutá-las tendo em mente a manifestação do espírito do *puer/puella*.

A Escola Analítica do Desenvolvimento mantém a psicologia do *puer* ligada à mãe, mas não a mãe freudiana de Édipo, e sim a mãe arquetípica pré-edípica, em suas manifestações aterrorizantes e também em seus aspectos positivos e inspiradores. O *puer* e suas extravagâncias são vistos como uma defesa contra o encontro inicial com a mãe e os fracassos resultantes dessa relação.

Hillman, por outro lado, distingue o *puer* do herói, observando que este está sempre preso à psicologia da mãe, quer seja cedendo ou rebelando-se contra ela. A mãe como vitoriosa mantém o herói vinculado a ela de forma compensatória. Em contraste, a visão de Hillman do *puer* se desvia da posição junguiana clássica, que conecta a fenomenologia espiritual do tema do *puer aeternus* ao arquétipo da mãe. Ele afirma:

> Ao contrário, como estamos vendo, esses eventos do *puer* dizem respeito à fenomenologia do espírito. Ao não percebermos como ele se manifesta nos jovens de hoje e nas figuras do *puer aeternus* de nossos sonhos e fantasias, ignoramos as epifanias do arquétipo do espírito, julgando-as "jovens demais", fracas demais, doentes ou lesadas, ou ainda imaturas. Assim,

> a perspectiva do arquétipo da mãe impede que as possibilidades do espírito surjam em nossas vidas (1975a, p. 51).

Faço uma crítica análoga à teoria da adolescência da Escola Analítica do Desenvolvimento. Sua insistência em que esse período se distingue fundamentalmente pelo reavivamento dos estados pré-edípicos mantém a percepção dos fenômenos da adolescência atada ao arquétipo da mãe. Isso não poderia limitar nossa visão?

Mais uma vez, Hillman:

> Pode-se atribuir erroneamente um evento crucial na vida de qualquer pessoa a uma constelação arquetípica inadequada. Dessa forma, o gênio não é visto autenticamente em termos do espírito e seu chamado inicial, mas atribuído às peculiaridades do destino da mãe (1990, p. 184).

O entendimento de Hillman do chamado é o tipo de fenômeno que permanece oculto quando a adolescência é vista pelas lentes do arquétipo da mãe. Ele apresenta uma forma alternativa de imaginar a vida do jovem, em que o passado é importante, mas igualmente importante é o futuro: a adolescência como devir. A que futuro um adolescente está sendo chamado? A análise prospectiva dos sintomas e comportamentos concebida por Jung se encaixa nesse modelo, pois indaga aonde um sintoma conduz e a que fins serve, em vez de buscar suas origens no complexo parental ou na mãe. Essa perspectiva modifica nossa compreensão da ação do adolescente no mundo.

A concepção de Hillman da juventude como *puer* não está em tensão com a mãe, e sim com seu oposto, a velhice, personificada no *senex*, o princípio ordenador da consciência que estabelece limites e ergue barreiras em torno do *puer*. A fenomenologia do *puer* de Hillman introduz um princípio paterno que é igualmente importante para adolescentes de ambos os sexos[6]. Nesse contexto, vem à mente o velho refrão: *o adolescente precisa é de limites firmes*, ou a exortação de Bob Dole* em resposta ao aumento do uso de drogas e álcool pelos jovens americanos: *Just Don't Do It* (Simplesmente não use drogas, em tradução livre). Esses conselhos poderiam conter um elemento do encontro *puer-senex*? Devemos estabelecer limites ou permitir ao adolescente a experiência dolorosa de enfrentar seu próprio senso de limitação?

A juventude é o surgimento do espírito na psique

Quero concluir esta seção expandindo uma citação de Hillman sobre o surgimento do espírito na juventude, com o intuito de preparar o terreno para as divergências entre meu trabalho e as teorias e ideias apresentadas até aqui, tanto dos teóricos psicanalíticos quanto da Escola Analítica do Desenvolvimento. Mas divergir não significa abandonar, e à medida que formulo meios alternativos de refletir sobre a psicologia da adolescência, a tensão entre as diferentes perspectivas vai revelar-se.

No ensaio The Great Mother, Her Son, Her Hero, and the Puer já citado, Hillman afirma:

> A juventude carrega o significado do devir, do crescimento autocorretivo, de estar além de si mesmo (os ideais), pois sua realidade está em *status nascendi*... A juventude é o surgimento do espírito na psique (ibid., p. 189-190).

---

* Candidato à presidência dos Estados Unidos pelo Partido Republicano em 1996 [N.T.].

...do crescimento autocorretivo

As ondas alternadas de deintegração e reintegração de Fordham podem ser entendidas como a capacidade do adolescente de ser ferido pela experiência e se recuperar dela. Allan (1988) faz um comentário sobre os temas simbólicos dos desenhos de crianças e adolescentes, observando como as imagens se modificam ao longo do tempo para refletir "um movimento do dano e da violação à reparação e ao funcionamento saudável" (p. 22). A ideia do crescimento autocorretivo implícita nesses exemplos tem implicações cruciais para nossa abordagem da psicoterapia com adolescentes.

As ideias inovadoras de Winnicott sobre a duração limitada da psicoterapia de crianças e adolescentes são relevantes nesse respeito[7]. Para Winnicott, a terapia deve ter início quando uma criança ou adolescente, por alguma razão, se desvia do caminho do desenvolvimento. A psicoterapia é vista como um leve empurrão para que a criança retorne ao estado de crescimento autocorretivo, em que a realidade de seu mundo pode reafirmar-se como ambiente adequado ao desenvolvimento emocional. Quando a vida não mais impede o progresso do desenvolvimento, o terapeuta deixa de ser necessário.

Formar uma ligação íntima com um cliente adolescente e ser abruptamente abandonado fere o narcisismo do terapeuta. Um jovem que atendi semanalmente por aproximadamente um ano começou interromper sua frequência, primeiro chegando atrasado, depois faltando às consultas. Quando o questionei sobre isso, ele respondeu: "No início, eu gostava de vir aqui conversar com você. Era muito importante para mim. Mas agora minha vida está corrida e cheia de outras coisas e tenho os meus amigos". Ele estava me dizendo, em essência, que a vida tinha assumido o controle e seu próprio processo de crescimento autocorretivo no mundo havia reiniciado. A necessidade de encerrar a terapia quando a vida se reafirma é especialmente relevante para os adolescentes, dada a natureza social desse período do desenvolvimento.

É fundamental que o terapeuta respeite essa dinâmica e não insista na continuação do tratamento em interesse próprio quando o adolescente está emocionalmente pronto para romper os laços. Devemos estar atentos ao que Racker (1968) chama de "contratransferência complementar", que ocorre quando começamos a perceber o paciente de forma paralela à dos pais. Em outras palavras, identificamo-nos com a imagem interna dos pais do adolescente, reagindo a ele como um pai introjetado. Por exemplo, podemos identificar-nos inconscientemente com a imagem de um pai superprotetor e pressionar o adolescente a permanecer no espaço seguro e protegido da terapia porque ele não está "realmente" pronto para voltar a um mundo perigoso sem nossa orientação. Tal fenômeno nos força a repensar a tendência a explicarmos qualquer oposição ao tratamento como resistência, quando o desejo de um adolescente de encerrar a terapia pode ter origem em um instinto saudável de retornar ao mundo.

Jung não concebe a terapia como uma cura definitiva. "Em última análise, é altamente improvável que haja uma terapia que elimine todas as dificuldades. O homem precisa de dificuldades, elas são necessárias para a saúde" (OC 8, § 143). Reconhecer que a terapia não leva ao fim de todo o sofrimento é especialmente importante na clínica de adolescentes. Existe uma expectativa coletiva insidiosa de que o paciente vá "se endireitar", de modo que, ao final, a terapia o terá transformado em um "jovem adulto" de bom funcionamento, capaz de enfrentar facilmente as dificuldades da vida. Ao contrário, é o enfrentamento permanente dessas dificuldades que permite ao adolescente continuar a crescer e amadurecer.

O crescimento autocorretivo pressupõe que a psique adolescente pode guiar o próprio processo terapêutico. A ideia de que a psique sabe curar a si mesma tem raiz na noção de Jung de sua natureza compensatória, que se esforça para manter-se em equilíbrio. As técnicas clínicas descritas na parte IV se baseiam nessa ideia de que a própria psique pode conduzir o indivíduo a um processo de crescimento e transformação.

...de estar além de si mesmo

A juventude está além de si mesma porque é capaz de sentir um chamado e tem o impulso de responder a ele de forma vital e profunda e, ainda assim, nesse processo, superestimar os próprios recursos. Os adolescentes têm uma capacidade impressionante de imaginar seu caminho no mundo, conjurando *insights* profundos sobre o sentido da vida. O que lhes falta são a experiência e as habilidades para colocar em prática o que parece tão vivo no plano ideacional. No passado, um período como aprendiz muitas vezes servia para ensinar ao jovem as habilidades necessárias para concretizar no nível prático sua visão para a vida. Um mentor que desperta talentos e potenciais únicos seria outro exemplo.

Terapeuticamente, pode haver muitas respostas equivocadas à "grandiosidade" da visão ou do chamado. O terapeuta é genuinamente desafiado pelos fracassos, percalços e decepções que expressam a disparidade entre o que um adolescente deseja e suas habilidades concretas. Uma psicoterapia fundamentalmente "voltada para a realidade" não poderia sacrificar o chamado em troca da segurança e do funcionamento do adolescente? Haveria um modo de incorporar ambas, no qual a visão ou chamado tem espaço para se expressar na sessão de terapia, ao mesmo tempo em que se contemplam questões práticas e realidades concretas?

A psicoterapia pode ser reimaginada como um lugar de escuta para diferentes tipos de chamado? A natureza única da terapia individual cria uma quietude que pode ajudar o adolescente a distinguir as muitas solicitações que lhe são feitas – o que os pais, professores e pares esperam e exigem – da expressão nascente de sua própria psique. A psicoterapia de grupo permite a intensificação dessa expressão em meio às vozes de outros pares. A terapia de família pode estimular o discernimento entre as demandas, expectativas e fantasias da família e a direção imaginada pelo próprio adolescente; isso vai ser negociado em termos dos limites e do entendimento gerados como parte da vida familiar.

Nesse âmbito, entra em jogo a capacidade do adolescente de imaginar profundamente o "infinito leque do possível" (KEGAN, 1982, p. 38), estimulado pelas perguntas do terapeuta. Por exemplo: que tipo de pessoa você acha que vai tornar-se? Que mudanças gostaria de ver em si mesmo? Como se imagina daqui a cinco, dez, 15 anos? O engenho está em permitir que a expressão nascente da fantasia e da imaginação se desenvolva simultaneamente à nossa disposição a abandonar a descrença cínica quanto à sua realidade factual. Na adolescência, a imaginação precisa ser estimulada. Essa abordagem é terapeuticamente eficaz porque permite ao adolescente estabelecer uma ligação imaginal positiva com suas próprias possibilidades.

Por exemplo, um jovem com quem trabalhei, que sofrera abuso físico e emocional severo por parte do pai, foi capaz de falar sobre como seria ter um filho. Pedi que ele se imaginasse como pai, em contraste à própria experiência; em outras palavras, como trataria seu filho quando ele fosse reprovado na escola? Como reagiria se ele chegasse em casa tarde, após o horário permitido? (Ambas as perguntas se referiam a situações reais em que o pai desse cliente reagira com violência). Após um longo momento de reflexão, em voz baixa e contida e com uma expressão triste no rosto, ele evocou a imagem de um pai bondoso e tolerante, e mesmo assim firme, que demonstrava uma forte capacidade de conexão empática. Naquele momento, meu cliente pode conectar-se à imagem de um pai "arquetípico" positivo e acolhedor e, quando mais tarde passou pelo período angustiante de sair de casa e se separar emocionalmente de seu pai real, essa figura intrapsíquica foi uma fonte importante de força e serenidade.

...(os ideais)

Considero extremamente desanimador o modo como as teorias psicanalíticas reduzem o idealismo adolescente a algo inferior, como os resquícios perdidos do passado infantil. Recordemos que Blos interpreta a idealização de figuras políticas na adolescência – por exemplo, um jovem negro que idolatra Malcolm X – como um estado de regressão do ego análogo à idealização dos pais na primeira infância. Esse tipo de interpretação, embora conceitualmente interessante, nos impede de escutar o outro lado do ideal; em outras palavras, o que uma figura política pode representar para a psique adolescente em termos de desenvolvimento futuro? Não seria igualmente válido perguntar o que na figura de Malcolm X pode provocar uma resposta tão passional, a ponto de atrair o adolescente ao ativismo político?

Os ideais engajam a imaginação moral, política e social: destrua os ideais da juventude, e a sociedade vai estagnar-se. Como educadores, pais e terapeutas, temos dificuldade em tolerar a postura "tudo ou nada" do idealismo adolescente. Ela nos perturba e nos aliena, leva-nos de volta aos momentos críticos em que nosso próprio idealismo foi destruído. Então, do alto de nossa sabedoria, declaramos cinicamente que é preciso proteger o adolescente para que ele "não se deixe levar demais". Essa atitude não poderia estar contribuindo para a apatia política e o niilismo que vemos na geração atual? Quem se beneficia quando reprimimos o idealismo fervente de um adolescente?

...sua realidade está em status nascendi

Aqui lembramos o lado incipiente, delicado e frágil do espírito adolescente. Ao dizer que sua realidade está em *status nascendi*, quero enfatizar o caráter reticente e temperamental desse momento e a necessidade de não o importunar. Winnicott (1963a) deixa isso muito claro quando diz: "O processo não pode ser acelerado, mas certamente pode ser interrompido e prejudicado por intervenções desastrosas" (p. 145).

É exaustivo cultivar pacientemente o que ainda não tem forma. A resposta imediata, especialmente para alguém com formação em técnicas terapêuticas ocidentais, é consertar, definir, transformar, ou seja, o oposto de acolher com um olhar sensível. É extraordinariamente difícil manter-se presente com adolescentes, porque eles estão em estado de devir. Não ser mais criança, mas ainda não ser adulto, significa essencialmente que algo ainda é amorfo. A teoria da recapitulação, ao acenar com a descoberta de origens fixas no passado do adolescente, não seria uma rendição ao nosso desejo de fugir dos movimentos desestabilizantes do devir?

Tolerar o estado de incompletude e indefinição, sem tratar o adolescente como criança nem forçar prematuramente sobre ele o fardo das responsabilidades adultas, é um dos aspectos mais desafiadores para pais e terapeutas e requer a capacidade de suportar um estado limítrofe. Nossa cultura rejeita a indeterminação. Forçamos precocemente a criança a assumir padrões adultos de comportamento e alimentamos a expectativa absurda de que um adolescente já tenha sua vida planejada e organizada ao iniciar o ensino médio. A teoria da recapitulação contribui para essa intolerância à indefinição, pois o mistério do devir é erradicado pela compreensão incontestável do passado distante.

...a emergência do espírito na psique

Assim como Hillman, acredito que algo que não foi gerado na infância nasce ou desperta na adolescência. Hillman se refere a isso como um tipo de espírito. O espírito da adolescência tem fome de experiências e busca estados extremos, sejam eles físicos, emocionais ou ideacionais. Para compreender isso, devemos observar como a imaginação do adolescente é atraída e alimentada pela música, o cinema, a televisão, a literatura e a poesia. De uma perspectiva arquetípica, podemos indagar como canções, poemas, danças e histórias refletem padrões pré-existentes na psique adolescente que exigem expressão ativa. Outra pergunta importante é: para que tipo de mundo o espírito desperta na adolescência? Essa questão nos compele a considerar as respostas culturais e coletivas ao espírito da juventude, pois o modo como este é recebido pela cultura tem impacto significativo no processo do devir, com consequências duradouras para toda a vida.

Quando pensamos sobre o desenvolvimento, temos dificuldade em contemplar o surgimento de qualquer coisa que não coincida com o nascimento biológico ou as experiências da primeira infância. Mas algo tem origem na adolescência que a distingue como experiência única, e é essa singularidade que quero destacar, explorando a fenomenologia do espírito adolescente revelada na intimidade da psicoterapia.

PARTE II
Adolescência, iniciação e o processo de morrer

PARTE II

3
O arquétipo da iniciação

Sem um ritual para conter e dar sentido às feridas da vida, a dor e o sofrimento crescem, mas não ocorrem mudanças significativas. Onde gotas de sangue antes simbolizavam tentativas de mudança, poças de sangue agora mancham as ruas sem renovar o espírito da vida. Em vez de um ritual de ocaso e ressurreição emocional, ocorre a morte completa e os cadáveres reais se multiplicam. Em vez do zumbido dos rombos* de anciões imprevisíveis, o lamento das sirenes, o espocar das balas e o redemoinho das luzes giratórias traz o "submundo" à vida a cada noite. Em vez de participar de ritos planejados para deixar para trás as brincadeiras da infância por meio de provações emocionais e da prontidão espiritual, gangues de jovens feridos se lançam cegamente às trevas e cospem balas furiosas sobre grupos que espelham sua própria imagem, atacando máscaras de si mesmos. O sangue sacrificial, antes oferecido pelos que tentavam vislumbrar os mistérios na fronteira entre os estágios da vida, transmutou-se no "sacrifício das ruas" de gerações inteiras. Um amontoado

---

* Instrumentos musicais primitivos usados em rituais de diversas culturas [N.T.].

> *inconsciente e caótico de morte se condensa onde os termos de passagem antes exigiam algum sofrimento real, uma cicatriz para marcar o evento e uma comunidade para aceitar e reconhecer a mudança. Negar que cada indivíduo deve travar sua batalha no limiar da autodescoberta espiritual e emocional acaba por destruir a noção compartilhada da santidade da vida.*
>
> Michael Meade

Discutir a iniciação em sociedades tradicionais no contexto de sua aplicabilidade aos adolescentes de sociedades pós-industriais do final do século XX abre as portas a uma infinidade de respostas e reações conflitantes. Por exemplo, pode haver uma percepção intuitiva de que há algo importante a se aprender no estudo desses ritos. Por outro lado, podemos argumentar que não há nada a aprender, uma vez que os ritos são essencialmente homofóbicos, sexistas e misóginos, especialmente dado o que agora sabemos sobre o papel da clitoridectomia nas cerimônias africanas de passagem. Mais do que isso, refletir sobre a iniciação nos obriga a avaliar qual é a concepção de vida com significado que passamos inadvertidamente aos adolescentes. Ao fazer isso, podemos confrontar-nos com sentimentos de remorso e vergonha pelo retrato do mundo e os modelos de humanidade que oferecemos a eles.

Em meio a essa incerteza, raiva e discórdia, duas características dos ritos de iniciação se destacam claramente. Primeiro, há uma farta literatura antropológica que detalha relatos de cerimônias, ritos e rituais em sociedades tradicionais para meninos e meninas na época da puberdade. Van Gennep (1960) caracteriza esses ritos como transições psicológicas e sociais simbólicas, em essência, a transição de uma existência não sexual para uma existência sexual. Eliade enfatiza a transformação pessoal que caracteriza essa transição simbólica, definindo a iniciação como:

> um conjunto de ritos e ensinamentos orais cujo objetivo é produzir uma alteração decisiva no *status* religioso e social da pessoa a ser iniciada. Em termos filosóficos, a iniciação equivale a uma mudança básica da condição existencial. O noviço emerge de sua provação dotado de um ser totalmente diferente do que possuía antes da iniciação. Ele tornou-se outro (ELIADE, 1958, p. x).

Entre as práticas de diferentes culturas do mundo inteiro, há uma série de temas comuns que caracterizam os ritos de iniciação para adolescentes que vamos examinar no contexto de sua aplicabilidade aos jovens de hoje.

Em segundo lugar, fica muito claro que, fora certas práticas religiosas (p. ex., a confirmação católica e o Bar e Bat Mitzvah judaicos) e alguns rituais seculares (p. ex., a formatura do ensino médio, a carteira de motorista e o primeiro voto), não existem ritos formais prescritos por nossa cultura atual.

Ao explorar os elementos comuns dos rituais de iniciação nas sociedades tradicionais, meu objetivo não é propor formas de criar cerimônias de passagem para os jovens de hoje. Temos um *corpus* bibliográfico crescente sobre o uso das sociedades tradicionais como modelos para recriar esses ritos na prática moderna[8]. Meu objetivo ao investigar a literatura antropológica sobre a iniciação adolescente é estabelecer um enquadre que nos permita imaginar os extremos de comportamento e emoção vistos nos adolescentes de hoje contra o pano de fundo dos ritos tradicionais de iniciação, em que padrões ainda mais extremos e complexos de ação eram encenados, primordialmente com respeito a questões da sexualidade, da morte e do sagrado.

Assim como os mitos nos permitem analisar fenômenos psicológicos à luz de figuras arquetípicas com atributos e comportamentos mais complexos (HILLMAN, 1975b), o mesmo se aplica às várias práticas e ritos de outras culturas com respeito à iniciação dos jovens. Tais ritos muitas vezes têm natureza mística, reencenando a criação do mundo por seres divinos, e sua intensidade e complexidade oferecem imagens ricas para reflexão. Este capítulo e o próximo se valem desses relatos não numa tentativa de reencená-los literalmente, mas como estímulo a uma abordagem mais profunda e menos reducionista do significado das experiências na cultura adolescente atual.

Muitos teóricos de diversos campos, incluindo a psicologia, a sociologia e a antropologia, tentaram compreender o fato de que os ritos de iniciação virtualmente desapareceram da cultura moderna. Embora sua prática literal tenha em grande parte cessado, é válido nos perguntarmos se esses ritos ainda influenciam a psicologia da adolescência. Em outras palavras, a necessidade de marcadores formais para reconhecer a passagem da infância para a vida adulta ainda estaria viva, mesmo que inconscientemente, na psique do homem moderno? A necessidade da iniciação seria arquetípica? Se o arquétipo da iniciação é um componente estrutural da psique, ele vai manifestar-se quer a cultura formalize ritos, quer não. Os exemplos a seguir dão suporte à ideia da iniciação adolescente como necessidade arquetípica.

Bruno Bettelheim (1962) inicia seu livro *Feridas simbólicas* (1962) com a história de quatro adolescentes, dois meninos e duas meninas em torno de 12 anos de idade, em tratamento na agora famosa Escola Ortogênica de Chicago. Durante uma série de encontros, os quatro elaboraram um ritual em resposta à primeira menstruação de uma das meninas do grupo. Foi criada uma sociedade secreta, na qual todos os membros iriam misturar seu sangue uma vez por mês. Quando da menarca da segunda menina, foi decidido que somente os meninos fariam um corte no dedo indicador e misturariam o sangue ao da menstruação das meninas.

Para compreender esse incidente, Bettelheim estudou a literatura antropológica sobre os ritos da puberdade. Embora fosse um psicanalista proeminente, ele rejeitava abertamente a explicação psicanalítica que atribui a prática da circuncisão (uma característica central de muitos ritos da iniciação masculina) à inveja do pai em relação ao filho e à necessidade de criar a ansiedade de castração para garantir a inviolabilidade do tabu do incesto. Bettelheim buscou um entendimento alternativo da motivação psicológica por trás dos ritos, investigando a natureza das necessidades emocionais que estes procuram satisfazer, partindo do pressuposto de que cada geração deve criar suas formas de atender a essas necessidades emocionais primárias, com ou sem ritos. O que fora relacionado de forma estreita e pessimista à castração e à destruição da vida, Bettelheim associa a desejos construtivos, progênie e vida nova, aludindo à necessidade arquetípica desses ritos ao afirmar que: "...muitos costumes que fazem parte dos ritos de iniciação das sociedades ágrafas também acontecem espontaneamente, de forma esporádica, entre adolescentes normais da sociedade ocidental" (1962, p. 34).

Edith Sullwood reconta a história de um menino de 9 anos, Peter, com quem trabalhou em uma clínica para crianças de baixa renda em Los Angeles, que manifestou o desejo espontâneo de construir uma fogueira no pátio de concreto da clínica. Sullwood observa que "o interesse de Peter não estava tanto no fogo em si, mas em sua própria capacidade de controlá-lo: acender, alimentar, delimitar e, por fim, apagar a fogueira" (1987, p. 111-112). Dois meninos se aproximam quando Peter está reacendendo a fogueira, e um deles faz uma lata de café vazia de tambor, iniciando uma batida ritmada. Sullwood descreve o que acontece a seguir:

> Também sem uma palavra, o outro menino foi para um canto do pátio e deu um salto impressionante sobre a fogueira. Encorajado, Peter também se posicionou, hesitou por um momento e pulou. Por quase uma hora, os três se revezaram tocando o tambor, cuidando da fogueira e saltando sobre ela (ibid., p. 112).

Analogamente a Bettelheim, Sullwood conclui que "esses eventos apontam para a realidade do surgimento espontâneo da ação ritual na puberdade e na adolescência" (ibid.).

Na obra *The Gang: A Study in Adolescent Behavior* (1958) (A gangue: Um estudo do comportamento adolescente, em tradução livre), Herbert Bloch e Arthur Niederhoffer, respectivamente um sociólogo e um policial da cidade de Nova York com 15 anos de experiência com gangues de jovens, observam as semelhanças entre os ritos da puberdade em sociedades tradicionais e as práticas informais das gangues de rua. Eles interpretam certos aspectos dessas práticas como rituais informais, que surgem espontaneamente porque a cultura se recusa a satisfazer as necessidades de iniciação dos adolescentes.

> Quando uma sociedade não faz preparativos adequados, formais ou não, para a ascensão de seus jovens ao *status* de adultos, formas equivalentes de comportamento surgem espontaneamente entre os próprios adolescentes, reforçadas pela estrutura de grupo, que presumivelmente proporcionam o mesmo conteúdo e função psicológica que os rituais mais forma-

lizados vistos em outras sociedades. Isso é o que as gangues parecem fazer na sociedade americana, atendendo às necessidades profundas de adolescentes de todas as culturas (ibid., p. 17).

Outro exemplo de um processo de iniciação contemporâneo é retratado no filme *Girls Town*, de 1996, que descreve as reações de três meninas adolescentes do último ano do ensino médio ao suicídio de uma amiga. Embora formassem um grupo muito próximo e se conhecessem há anos, Emma, Angela e Patty são pegas de surpresa quando descobrem que Nikki havia-se matado.

Depois que Emma rouba o diário de Nikki durante uma visita de pêsames à família da amiga, as três meninas se reúnem no porão onde costumam passar o tempo e, à luz de velas, começam a ler as páginas em voz alta e logo descobrem que Nikki havia sido estuprada. Chocadas, as meninas indagam umas às outras quais segredos cada uma esconde. Em uma conversa aflita, Emma revela seu próprio estupro, e Emma e Angela questionam Patty sobre a relação abusiva com o pai de seu filho. Barreiras são rompidas, e as meninas se abrem umas às outras e à realidade do que significa tornar-se mulher em nossa cultura. O impacto desse diálogo as convoca a realizar uma série de ações que, vistas de fora, parecem manifestações da delinquência típica da adolescência. Para elas, no entanto, quebrar o silêncio abre caminho para uma série de provas de iniciação em que o que dizem e sentem assume um significado concreto no mundo.

Enquanto o resto da escola está em um evento esportivo, as três meninas se deparam com o carro em que Emma foi estuprada. Impetuosamente, Patty começa a fazer um longo risco na lateral com uma chave. De início, Emma apenas observa, boquiaberta, mas, à medida que a raiva toma conta de seu corpo, pega a chave e faz sua própria marca. Enquanto isso, Angela está pichando a palavra "estuprador" no capô em letras vermelhas, e a cena termina com Emma, claramente sentindo a própria violação, estilhaçando uma das janelas do carro com um bloco de concreto.

O que é tão impressionante nessa cena, e também naquela em que as meninas confrontam e agridem o menino que estuprou Nikki, é a combinação de uma intencionalidade violenta com os limites claros dentro dos quais esses atos são cometidos. Não há nada gratuito na expressão da ira das meninas, o que lhe confere a natureza de um gesto ritual que define e contém energias agressivas que, se permanecessem reprimidas, lentamente envenenariam o *self*, como aconteceu com Nikki. Isso fica claro na resposta de Emma quando seu namorado diz que o ataque ao carro foi uma expressão de violência sem sentido: "Parece que alguém estava tentando dizer alguma coisa". Mais tarde, ela reconhece: "Tenho orgulho do que fiz".

As outras provas pelas quais as meninas passam no filme, como arrombar o apartamento do pai do filho de Patty e brigar com colegas no banheiro da escola, são meios de expressar e conter a raiva despertada pela morte de Nikki. A relação entre as três meninas se intensifica quando elas compartilham um despertar mútuo que é incompreensível aos de fora. Emma expressa isso quando rompe com o namorado, dizendo: "Você não entende porque não tem que passar por isso. Por que simplesmente não vai embora?" O que foi importante no passado desaparece à medida que essa consciência evolui e cria o ímpeto para reavaliar a vida e as possibilidades futuras.

Como exemplo final, Eliade conclui seu estudo dos ritos de iniciação dizendo:

> ...os temas da iniciação permanecem vivos sobretudo no inconsciente do homem moderno... em seu ser mais profundo, o homem moderno ainda é capaz de ser afetado por cenários ou mensagens de iniciação (1958, p. 134).

Se aceitarmos que o impulso à iniciação é arquetípico e é ativado na adolescência, o que isso implicaria hoje, em uma cultura em que ritos formais de passagem não mais existem? Como os exemplos acima demonstram, os adolescentes vão criar inconscientemente suas próprias estruturas rituais. A psique adolescente busca experiências que alterem radicalmente sua percepção do mundo e a permitam passar a outro nível de existência. Se a sociedade não proporciona um meio para isso, o que vemos são adolescentes que tentam fazê-lo por si mesmos. Agora, quero explorar a ideia de que certos comportamentos que consideramos negativos e aos quais reagimos com censura podem ser tentativas disfarçadas de autoiniciação por parte dos adolescentes.

Tentativas de autoiniciação

Há uma bibliografia crescente (HENDERSON, 1967; MAHDI et al., 1987; 1996; ZOJA, 1989) sobre a falta de ritos de iniciação significativos na cultura americana moderna para representar a separação do estado infantil e da casa dos pais. Pode-se argumentar que a adolescência "prolongada" dos jovens americanos está ligada à falta de ritos que marquem sua transição para a vida adulta. Gentry faz o seguinte comentário a respeito dessa conexão:

A adolescência como a conhecemos é um fenômeno moderno. Em sociedades antigas e culturas tribais, os adultos em geral deixavam rapidamente a infância por meio da participação em ritos de puberdade. De uns dez anos para cá, porém, os adolescentes modernos devem tentar dizer adeus à infância sem o benefício desses ritos de passagem oferecidos pela sociedade. Os ritos da puberdade não desapareceram, apenas assumiram novos disfarces e formas de expressão. Hoje, nossos jovens se empenham em alcançar a vida adulta de formas bastante perigosas, participando de seitas religiosas, abusando de substâncias cada vez mais nocivas, fugindo de casa e exibindo sintomas de anorexia, automutilação e tentativas de suicídio. A afirmação do *self*, antes o objetivo do que chamamos de busca da identidade, tornou-se, para alguns adolescentes, uma busca pela autonegação (1989; gravação de áudio).

A experimentação com álcool e drogas é uma maneira de criar experiências com potencial para alterar fundamentalmente a própria percepção do mundo. Marin afirma que os adolescentes usam drogas para

> obter por si mesmos o que lhes recusamos: o confronto com algum tipo de poder em uma paisagem desconhecida, envolvendo sensação e risco. É lá, suponho, que eles esperam encontrar, através de alguma mágica precipitada, uma nova forma de ver, uma nova relação com as coisas, para descartar uma identidade e assumir outra (1974, p. 45).

A descrição de Marin do uso de drogas na adolescência contém os elementos essenciais de um ritual de iniciação: uma experiência desconhecida e arriscada, que põe o indivíduo em contato com um poder potencialmente transformador que lhe vai conceder uma nova visão do mundo e uma nova identidade. Visto dessa perspectiva, não surpreende que o uso de drogas e álcool seja tão prevalente na adolescência, uma vez que oferece a possibilidade sedutora da transformação psicológica.

Marin segue falando da capacidade dos elementos rituais do uso de drogas de criar conexões e uma sensação compartilhada de identidade entre adolescentes:

> Seu mundo é totalmente alheio ao que discutimos nas escolas, dramático e fascinante, e forma uma estranha irmandade entre eles, que se aferram a ela como se fossem os únicos viajantes a terem retornado de uma terra misteriosa. É isso que os une e os torna uma tribo informal. É, afinal de contas, uma espécie de experiência compartilhada de incursão às trevas e seus riscos. É o melhor que eles podem fazer (ibid.).

Uma das diferenças essenciais entre a iniciação formalizada das sociedades tradicionais e as tentativas de autoiniciação dos jovens modernos na ausência desses rituais é a presença dos anciões da tribo para garantir a contenção das poderosas energias desencadeadas pelo processo ritual. Em outras palavras, alguém mais velho, mais experiente e já iniciado supervisionava a experiência e mantinha os limites para que o iniciado pudesse participar integralmente em relativa "segurança". Essa é uma das razões por que as tentativas de autoiniciação resultam no que Gentry chama de "autonegação". Se o *telos* da iniciação é a descoberta da identidade adulta e do *status* no mundo, uma autoiniciação conduzida no vácuo tem potencial para o desastre, como podemos ver no comportamento cada vez mais autodestrutivo dos adolescentes.

Um dos aspectos mais angustiantes do filme *Kids*, de Larry Clark (1985), que retrata a vida de adolescentes na cidade Nova York, é o fato de haver tão poucos adultos em cena. Um vasto número de atividades autodestrutivas frenéticas tem lugar entre os personagens: criminalidade, atividade sexual indiscriminada com risco de Aids, uso desenfreado de substâncias e violência gratuita. Tudo isso acontece abertamente, e ninguém parece prestar atenção. O retrato desse comportamento sem contenção ou controle é muito mais perturbador, dada a total ausência de alguém com autoridade e experiência. Tem-se a sensação de que os pais, professores, policiais e líderes comunitários abdicaram completamente de qualquer responsabilidade, e essa renúncia está correlacionada negativamente com o descontrole com que as atividades são realizadas.

Sozinhos e sem orientação, as tentativas de iniciação dos adolescentes assumem um caráter extremo. Pensemos por um momento na diferença entre um jovem índio americano que usa o peiote como parte de uma *vision quest* * estruturada pelos anciões de sua tribo, e o ritual da "balada" do fim de semana de um adolescente urbano, que envolve o consumo de altas doses de LSD. Esse extremo de comportamento pode levar o adolescente às portas da iniciação, mas, sem a estrutura apropriada, ele não consegue atravessá-las. Surge então a necessidade de repetir constantemente essa experiência, pois há um desejo inconsciente de ser transformado por ela. Tal como a repetição de um sintoma após uma experiência traumática, a compulsão a repetir esses eventos, sejam o uso de álcool e drogas, atos de violência ou sexo indiscriminado, pode ser mais bem compreendida não através da psicologia da adicção, mas

---

* Cerimônia de iniciação de tribos norte-americanas na qual o iniciado busca a orientação e a proteção de um espírito guardião [N.T.].

como uma tentativa fracassada de iniciação, que gera o anseio por uma libertação que nunca se manifesta efetivamente.

Em meu trabalho com adolescentes usuários de drogas, aponto o fato de que o uso de substâncias psicotrópicas na puberdade costuma ser um evento isolado em outras culturas. A substância confere ao iniciado uma visão que ele passará os próximos vinte anos integrando em sua vida. Continuar contando com a substância para criar a visão é um equívoco. Essa forma de articular a dinâmica do uso de drogas valida o *telos* da iniciação, ao mesmo tempo em que destaca o padrão de adicção que se estabelece quando um indivíduo não é capaz de atravessar o limiar desta. Os adolescentes sentem que seu anseio por algo além de si mesmos é reconhecido e, ao mesmo tempo, podem começar a descontruir a crença de que é a substância em si que propicia essa experiência. Em outras palavras, eles aprendem a ver e a sentir como aquilo que procuram nesse tipo de experiência já é uma potencialidade do *self*.

A ferida da iniciação

Ao discutir o impulso à iniciação no contexto da psicologia do *puer*, Hillman faz uma associação entre a ferida corporal sofrida nas cerimônias tradicionais, seja através da circuncisão, da extração um dente ou da escarificação da pele, e seus equivalentes contemporâneos.

> A ferida, que é tão necessária às cerimônias de iniciação, encerra o estado de inocência na medida em que abre o iniciado de uma nova maneira, em outro lugar, causando sofrimento pela abertura. O mundo não é mais um lugar de surpresa e encanto: agora sinto dor e devo me proteger. Não sou mais inocente. Da mesma forma, o impulso do *puer* vai forçar um aciden-

te de carro ou uma queda grave na pista de esqui, não meramente pelo risco ou a propensão à destruição, mas também porque esses acidentes da adolescência podem transportar a alma para um corpo lesado e iniciado. É como se a alma não pudesse encontrar um caminho para deixar a inocência que não o sofrimento físico (1977, p. 113).

Portanto, o ferimento infligido nas cerimônias das sociedades tradicionais como forma de garantir a passagem da infância à vida adulta existe ainda hoje, embora com ênfase e expressão diferentes. Os acidentes, doenças psicossomáticas, brigas, lesões esportivas etc. podem ser compreendidos como a susceptibilidade da psique adolescente a sofrer feridas no corpo físico para pôr fim ao apego à inocência da infância. Além dos flagelos físicos, perturbações emocionais intensas parecem servir a uma função semelhante. A esse respeito, penso nas crises que surgem nas famílias quando um filho entra na puberdade. Os conflitos, brigas e confrontos resultantes causam a perda da inocência de ambas as partes. Os pais não conseguem mais ver os filhos como anjos – *Ela sempre foi uma menina tão boa!* – e devem aceitar o fato de que suas crianças, tão obedientes, amorosas e delicadas, agora são capazes de causar grandes transtornos à vida familiar. Da mesma forma, o adolescente não pode mais simplesmente permanecer no papel da criança dependente e despreocupada, com os pais sempre por perto para protegê-la.

Parece que, em muitos casos, há uma força implícita nas batalhas entre pais e filhos que tenta separar o adolescente da família. Na terapia de família, em que esses conflitos dominam as sessões, nunca fica completamente claro quem está afastando quem, mas o resultado é que muitos adolescentes acabam sendo retirados ou saindo por si mesmos da casa da família. Seja porque fogem de casa para viver nas ruas, porque são enviados a instituições ou lares temporários, porque se mudam para a casa de parentes ou porque ficam grávidas e acabam criando os filhos sozinhas, um número cada vez maior de adolescentes em nossa cultura se veem separados de suas famílias antes dos 18 anos. As forças sociais e econômicas certamente desempenham um papel importante nisso, mas eu me pergunto se a necessidade de iniciação da psique não contribuiria para o que está tornando-se uma epidemia social.

Os terapeutas se deparam com esses casos diariamente. As primeiras palavras no consultório ecoam a sensação de separação da família: "Eu não aguentava mais morar com a minha mãe, tinha que sair de lá" ou "Meu pai me expulsou de casa e disse para eu nunca mais voltar". Um processo de iniciação poderia estar ocorrendo aqui? Sair de casa, mesmo que em circunstâncias intoleráveis como em casos de abuso e negligência, exige uma reorientação psicológica drástica. Ver-se obrigado a viver na rua, em uma instituição ou em lares temporários pode ser um ponto de virada na vida de um jovem.

Uma das funções da ferida da iniciação é levar o indivíduo de um estado de ignorância à inteligência psicológica, o que hoje chamamos de "esperteza". Isso significa a capacidade de andar com as próprias pernas, sentir uma situação e saber o que está acontecendo sem depender da orientação de outra pessoa. Nas histórias que os adolescentes contam após serem forçados a sair de casa, é possível reconhecer uma capacidade incipiente de reflexão psicológica, a habilidade de pensar rápido, avaliar as pessoas e fazer julgamentos acertados.

Terapeuticamente, podemos identificar traços de iniciação nessas histórias dolorosas e apontar os lugares onde esse tipo de sabedoria psicológica se manifesta. Por exemplo, como reagimos quando um adolescente diz algo como: "Nunca mais vou ver o mundo da mesma forma" ou "Nunca mais vou conseguir confiar em alguém como antes"? Há uma tendência a responder de forma sentimental, como se a visão inocente do mundo pudesse ser restaurada magicamente pela psicoterapia. Proponho outra abordagem, na qual o que é escutado, sentido e explorado nessas histórias seja a experiência terrível de ser traído, a ferida que acompanha a destruição da inocência e a passagem para um lugar mais reservado de autoproteção. Nesses momentos, podemos escutar uma nova consciência da indiferença e da crueldade da vida?

É preciso enfatizar aos clientes que essas experiências, embora terríveis, podem ser enfrentadas. A tendência a dourar a pílula para torná-las mais suportáveis rouba do adolescente a capacidade de conter e tolerar a tragédia. Nesse contexto, a identificação projetiva, que desempenha um papel tão central na psicoterapia de adolescentes, pede ao terapeuta que metabolize a experiência, sinta o fardo de sua intensidade e de sua dor e então a devolva ao cliente.

A capacidade de suportar a perda da família, da infância e da inocência em relação ao mundo é uma das principais tarefas da adolescência, exacerbada para aqueles adolescentes que, por motivos econômicos e sociais, entram em contato com sistemas que são notórios por repetir o abuso e o abandono vivenciados na família (lares temporários, comunidades terapêuticas, instituições para jovens infratores). Em resposta à dor e ao sofrimento, nossa cultura muitas vezes busca uma solução instantânea, o que resulta na tendência a abordar a perda e a depressão com tratamentos médicos (avaliação e medicação psiquiátrica), em vez de um olhar terapêutico, em que aprender a suportar a dor e o sofrimento da perda é necessário para o desenvolvimento.

Tal abordagem à terapia permite o reconhecimento e a integração da consciência de que o indivíduo atravessou um limiar de iniciação e agora está do outro lado. Hillman caracteriza essa transição: "A iniciação se refere à transição da consciência somente do *puer*, ferida e ensanguentada, à consciência do *puer-et-senex*, aberta e marcada por cicatrizes" (1977, p. 122).

A terapia pode ter um papel importante nesse processo. Ser ferido em um nível fundamental na adolescência pode gerar duas respostas prejudiciais ao desenvolvimento. O jovem pode-se retrair, buscando proteção no isolamento e nunca se permitindo um engajamento total com a vida, pois a necessidade de evitar mais sofrimento está no centro da sua consciência, ou pode-se colocar repetidamente em relacionamentos e situações que recriam o trauma, reabrindo a ferida em uma tentativa inconsciente de senti-la mais plenamente. Em ambos os casos, a consciência permanece ferida e ensanguentada.

Como terapeutas, somos forçados a considerar que tipo de encontro dialógico é mais apropriado para um cliente preso em um desses padrões. A capacidade de testemunhar a dor e o sofrimento de uma experiência com caráter de iniciação significa tratar uma ferida aberta na expectativa de que ela cicatrize e deixe o indivíduo aberto a novas experiências. Isso deve ser feito com grande cuidado e sensibilidade, ajudando o cliente a sentir no nível dos afetos o que lhe aconteceu e como mudou sua visão do mundo. A psique precisa sentir profundamente as nuances da experiência para que haja um desbloqueio e a cicatriz possa integrar-se ao caráter da pessoa. O perigo para o adolescente é que, se não for tratada, a ferida pode facilmente se separar da consciência, e o indivíduo irá buscar inconscientemente maneiras de anestesiar uma dor cuja presença ele não mais reconhece. Essa dinâmica do ferimento é uma forma de reimaginar e criar uma nova narrativa para psicologia da adicção, que atualmente é o modo predominante de discurso sobre muitos comportamentos autodestrutivos que ocorrem na adolescência.

4
Imagens de vida e morte na adolescência

Quando tinha 15 anos, eu me sentia mais infeliz do que jamais imaginara ser possível. Não era a infelicidade de querer um vestido novo, ou a infelicidade de não ter permissão para ir ao cinema numa tarde de domingo, ou a infelicidade de ser incapaz de resolver algum mistério da geometria, ou a infelicidade de magoar Gwen, minha amiga mais querida. Minha infelicidade era algo profundo dentro de mim, e eu podia até vê-la quando fechava os olhos. Ela ficava em algum lugar – talvez em meu estômago, talvez em meu coração, eu não saberia dizer exatamente – e tinha a forma de uma pequena bola negra envolta em teias de aranha. Eu a fitava até o calor dos meus olhos dissipar as teias e, então, percebia que a bola era menor que um dedal, embora tivesse o peso do mundo. Naquele momento, quando via seu tamanho e sentia seu peso, eu estava além da autopiedade, além das lágrimas. Só conseguia sentar e olhar para mim mesma, sentindo-me a pessoa mais velha que já tinha vivido e que não havia aprendido coisa alguma.

Jamaica Kincaid

Introdução

Vou agora me voltar para o trabalho de Robert Jay Lifton, que, no livro *The Broken Connection* (1979) (A conexão rompida, em tradução livre), analisa o sentido prospectivo da imaginação do indivíduo a respeito da consciência da morte e da continuidade da vida. O trabalho de Lifton é pertinente para nosso estudo da adolescência na medida em que se concentra nas imagens que surgem durante as transições do ciclo da vida. Em um contraste acentuado com a visão psicanalítica da adolescência como recapitulação, Lifton a vê como um evento em si mesmo. Os adolescentes são afetados visceralmente pela consciência da mortalidade e se esforçam para dar sentido às imagens de vida e morte resultantes que permeiam sua consciência nesse período.

Segundo Lifton, as transições do ciclo da vida são vivenciadas no nível imaginal através da simbolização do que ocorreu no passado e do que vai continuar no futuro, um processo repleto de imagens de morte e incerteza. Lifton critica a psicologia do ciclo da vida de Erickson e o modelo dos instintos e defesas de Freud por não incluírem as imagens de morte e de continuidade da vida que acompanham essas transições.

O trabalho de Lifton dialoga com a visão de Freud do sexo e da morte como grandes adversários instintuais (Eros *versus* Tânatos), em que a agressão, a destrutividade e até mesmo a culpa são entendidas como derivados do instinto de morte. Uma consequência dessa dicotomia na teoria de Freud é que o instinto de morte permanece vago e imaterial, e não há lugar para nossa experiência cotidiana das imagens da morte. É somente na relação com sua adversária, a sexualidade, que Freud retrata vividamente sua textura e suas imagens como parte integrante do desenvolvimento psicológico individual.

O interesse de Lifton nas imagens se compara ao de Jung. Ao questionar o modo como os seres humanos elaboram simbolicamente sua mortalidade, ele analisa imagens pertinentes não apenas à consciência da própria morte, mas também à experiência do senso de continuidade da vida no nível coletivo. Lifton argumenta que a consciência psicológica da continuidade da vida não é uma negação da morte, mas sim um corolário desta. De fato, sem a noção de que a vida continua de um modo significativo após a morte, o que Lifton denomina "imortalidade simbólica" (uma forma imaginativa de transcender a morte), não se pode genuinamente confrontar o fato do morrer.

Para Lifton, as imagens da morte começam a se formar no nascimento e persistem por todo o ciclo da vida. Grande parte dessas imagens consiste no que ele chama de "equivalentes da morte"; isto é, modelos e precursores psíquicos de sentimentos futuros quanto à própria morte. Ele especifica três equivalentes particularmente relevantes para a compreensão da psique adolescente: separação, desintegração e estase.

> Cada um desses equivalentes da morte tem uma contrapartida com vitalidade e afirmação: a conexão é a contrapartida da separação; a integridade, a da desintegração, e o movimento, a da estase... Os parâmetros operam em níveis de experiência tanto imediatos quanto primordiais e revelam a conexão entre os dois (1979, p. 53).

Os níveis primordiais, para Lifton, simbolizam a conexão do indivíduo com a história e a biologia, aqueles aspectos da existência situados fora do campo da vivência imediata. Os níveis imediatos dizem respeito a imagens e sentimentos mais próximos. "Os dois se combinam no esforço humano para não apenas sobreviver, mas sentir-se vivo" (ibid., p. 5).

Imagens, sentimentos e experiências de separação, desintegração e estase são uma parte importante das cerimônias de iniciação em sociedades tradicionais. Lifton resume a sequência característica desses ritos da seguinte forma: separação da comunidade, transformação (geralmente física e também psicológica) e retorno à comunidade em um novo papel. Esses três equivalentes da morte (separação, desintegração e estase) sempre têm um papel proeminente, ainda que os detalhes específicos de cada cerimônia variem de uma cultura para outra.

> Para os meninos, isso significa "a separação do mundo das mulheres e crianças" e a submissão a uma provação assustadora: mutilação, confronto com objetos sagrados ou exposição ao que parecem ser monstros, fantasmas ou cadáveres grotescos. Tudo isso o menino não apenas suporta, mas aceita, convida e vence. Para as meninas, a ênfase está no isolamento extremo após a primeira menstruação, incluindo uma grande variedade de tabus ligados à alimentação, à exposição ao sol, ao contato com a terra e, às vezes, à contenção física, ao ponto de viverem em pequenas peças ou gaiolas por semanas, meses ou mesmo anos (ibid., p. 74).

Os ritos tradicionais ilustram de forma poderosa como as imagens primordiais são utilizadas na iniciação dos jovens. Lifton pressupõe que as imagens psíquicas de vida e morte que cercam a transição da infância para a vida adulta são as mesmas para adolescentes pré-modernos e modernos e não são criadas pelas cerimônias e rituais do processo de iniciação. "Antes, o processo da iniciação expressa e ordena conflitos psicobiológicos universais específicos da puberdade e da adolescência em torno das imagens de vida e morte" (ibid., p. 77).

Nessa visão, portanto, os rituais tribais são estabelecidos para elaborar imagens e forças que já existem na psique adolescente e que têm origem própria. O que podemos aprender com o estudo desses ritos é como as sociedades tradicionais os empregavam para mobilizar e conter a energia turbulenta e as imagens profundas da puberdade. Michael Ventura descreve a sabedoria dessa abordagem afirmando:

> Ao contrário de nós, os povos tribais respondiam ao extremismo de seus jovens (utilizo "extremismo" como um termo genérico para a intensa cacofonia psíquica da adolescência) com um extremismo equivalente, porém focado, por parte dos adultos. Os adultos tribais não fugiam desse momento na vida de seus filhos como nós, e sim o celebravam, infundindo neles um terror literalmente sagrado, com rituais mantidos em segredo até aquele momento, e concentravam no jovem toda a luz e as trevas da psique coletiva da tribo, todo o seu senso de mistério, todas as suas perguntas e todas as histórias contadas para contê-las e respondê-las (1993, p. 30).

Neste capítulo e no próximo, quero explorar a ideia de que esses estados mentais são parte da adolescência em si e, a partir disso, investigar os confrontos de vida e morte que servem de pano de fundo para a profunda mudança na identidade pessoal que ocorre quando um indivíduo deixa a infância para trás. Seguindo Lifton, essa linha de questionamento nos permite abordar a adolescência como um intenso momento de teste para as imagens de vida e de morte. O esforço para não meramente sobreviver, mas para sentir-se vivo, está sempre presente e pode ser observado no comportamento, nas emoções e na espiritualidade que se manifestam nesse período. Vamos comparar e contrastar como os equivalentes da morte (separação, desintegração e estase) ocorrem nos ritos tradicionais de passagem e nas experiências contemporâneas da adolescência, com especial atenção ao seu papel na psicoterapia.

Separação

Ao descrever os ritos tradicionais de iniciação, Lifton afirma:

> ...a separação, para ambos os sexos, é drástica e absoluta – separação dos pais protetores e, de modo geral, do estado infantil de dependência e privilégio. O iniciado deve vivenciar psiquicamente uma nova dimensão de imagens de separação, que não apenas confere intensidade à sua reintegração subsequente, mas aprofunda seu conhecimento do isolamento, do abandono e da morte (1979, p. 74).

Há diferenças de gênero acentuadas nesse primeiro estágio da separação da comunidade. Para os meninos, é dada maior ênfase ao rompimento das conexões emocionais com a mãe. Por exemplo, em quase todas as tribos australianas, as mães dos iniciados são convencidas de que seus filhos serão devorados por uma divindade misteriosa e hostil e, embora essa mesma divindade vá ressuscitá-los, as mães sabem muito bem que seus meninos vão retornar à tribo como homens. Em algumas tribos, as mães choram por seus filhos como pelos mortos (ELIADE, 1958).

Jung ressalta esse aspecto da iniciação masculina:

> A primeira portadora da imagem da alma é sempre a mãe e, mais tarde, as mulheres que despertam sentimentos no homem, sejam positivos ou negativos. Como a mãe é a primeira portadora da imagem da alma, a separação dela

é uma questão delicada e importante, do maior significado educativo. Assim, encontramos entre os povos primitivos um grande número de ritos com o objetivo de organizar essa separação. O mero fato de tornar-se adulto e a aparência de separação não são suficientes. Iniciações impactantes à "casa dos homens" e cerimônias de renascimento ainda são necessárias para tornar a separação da mãe (e, consequentemente, da infância) totalmente eficaz (OC 7, § 314).

Para Jung, a separação da mãe e a separação da infância são sinônimas para o homem. A separação e sua contrapartida, a conexão, são o foco central de grande parte dos escritos atuais sobre o desenvolvimento das meninas adolescentes. Gilligan (1982) critica os teóricos do desenvolvimento (Freud, Erickson, Piaget, Kohlberg) por adotarem a psicologia masculina como condição normativa. Por exemplo, ela observa como, para Erickson, a autonomia, a iniciação e a inventividade são altamente valorizadas nos estágios do desenvolvimento que precedem a adolescência, quando são consideradas necessárias para gerar um senso de *self* forte o bastante para suportar a dispersão da identidade que ocorre na puberdade. Segundo Gilligan, a necessidade dos meninos de se prepararem para a separação inevitável da mãe no desenvolvimento de um *self* autônomo não se aplica às meninas, para as quais a formação da identidade tem lugar no contexto dos relacionamentos. Para as meninas, as experiências de apego e conexão fazem parte da formação da identidade: a mulher vem a se conhecer através da sua relação com os outros. Devido às diferenças entre a psicologia masculina e feminina, o desenvolvimento da mulher deve seguir um caminho diferente. O trabalho do The Stone Center sobre o desenvolvimento feminino, que enfatiza o crescimento através da conexão, questiona explicitamente a premissa de que as adolescentes precisam vivenciar uma separação radical de suas mães como parte do desenvolvimento.

A crítica de Gilligan se refere ao fato de que a psicologia do desenvolvimento, carregada de imagens de busca da autonomia e da separação dos pais, negligencia a importância do apego e da conexão para o desenvolvimento da identidade. No entanto, essa crítica está centrada na experiência das meninas adolescentes e não questiona, por exemplo, a perspectiva de Jung de que, para os meninos, a ruptura decisiva com a mãe é uma necessidade psicológica. Atualmente, as divergências teóricas sobre a desconstrução dos papéis de gênero e as diferenças essenciais entre a psicologia de homens e mulheres expressam essa problemática nas controvérsias quanto à relatividade cultural da separação como necessidade psicológica da adolescência. De certo modo, Lifton propõe uma perspectiva de integração ao reforçar que os três equivalentes da morte (separação, desintegração e estase) estão intimamente ligados a suas contrapartidas vitais e positivas. Assim, a separação e a conexão formam dois lados da mesma moeda, e a adolescência está repleta de imagens que englobam ambas.

Esse contínuo da separação à conexão também tem um papel importante na literatura psicanalítica sobre a adolescência, e os textos de Blos estão permeados pelo tema do afastamento dos pais protetores. Blos não discute se essa necessidade é normativa ou não, preferindo examinar o conteúdo latente revelado pelas tentativas de separação. Fenômenos típicos da adolescência, como delinquência, promiscuidade e lealdade aos amigos (entre outros), são interpretados como tentativas embrionárias de separar-se dos primeiros objetos amorosos, um esforço defensivo para evitar o surgimento dos impulsos edípicos que retornam durante a adolescência. A fenomenologia das imagens de separação não é vista por si só, mas à luz do empenho para evitar o estigma de seu oposto; isto é, o desejo de restabelecer conexões edípicas com os pais.

Do outro lado do espectro, Anna Freud interpreta os momentos de conexão, como amizades íntimas, relações amorosas ou relacionamentos intensos entre alunos e professores, como um deslocamento defensivo da libido dos pais para seus substitutos. Novas conexões tomam o lugar das fixações reprimidas nos objetos amorosos da infância. Ela diz:

> Enquanto se mantêm, essas relações amorosas são passionais e exclusivas, mas têm curta duração. As pessoas são escolhidas como objetos e abandonadas sem qualquer consideração por seus sentimentos, e outras são eleitas em seu lugar. Os objetos abandonados são rápida e completamente esquecidos, mas a forma da relação é preservada em seus mínimos detalhes e geralmente é reproduzida com uma exatidão que quase sugere uma obsessão pelo novo objeto (1966, p., 118).

Anna Freud argumenta que, essencialmente, as relações passionais da adolescência podem ser mais bem compreendidas através da lente da recapitulação; isto é, como repetição das relações primárias com os primeiros objetos amorosos. Seu tom é desdenhoso, e a certa altura ela até mesmo declara: "Essas fixações amorosas passionais e evanescentes não são, em absoluto, relações de objeto" (ibid., p. 119). Ela as descreve como meras identificações primitivas, sem verdadeira importância na vida interior do jovem. Em outras palavras, não podemos confiar na autenticidade das conexões adolescentes, pois está em jogo uma dinâmica inconsciente que distorce seu verdadeiro valor.

Em contraste com a desconfiança básica desses teóricos, proponho que podemos compreender o drama das relações adolescentes como encenações experimentais de separação e conexão que envolvem imagens de vitalidade, perda e morte. Gentry observa como a inter-relação dialética entre separação e conexão expressa momentos de rica vivência psicológica, afirmando:

> ...esse período da vida [a adolescência] pode ser caracterizado como uma época intensamente psicológica, e os vínculos mais psicologicamente ilustrativos são aqueles momentos liminares em que o mundo se fragmenta, os relacionamentos se rompem e tudo se desintegra. Momentos psicológicos também ocorrem quando o mundo se unifica, quando relacionamentos se formam e quando tudo se encaixa. A adolescência deve estar cheia desses momentos. Conexões e separações igualmente intensas parecem ocorrer diariamente, momento a momento. O desespero com o rompimento de uma relação sólida pode ser seguido pelo êxtase de um novo amor aparentemente eterno. A fúria violenta dirigida aos pais ansiosos é muitas vezes substituída por abraços e expressões de afeto que os confundem ainda mais (1989; gravação de áudio).

A encenação experimental da separação e da conexão se apresenta quando um adolescente vai ao terapeuta pela primeira vez e não demonstra qualquer resistência. Ele fala de tudo, e a consulta produz um farto material altamente pessoal e de intensa carga afetiva. No momento da interação, o terapeuta sente orgulho de suas habilidades, pois o cliente compartilha e desabafa espontaneamente e é muito satisfatório formar uma conexão tão forte tão rapidamente. Ao fim da sessão, uma nova consulta é marcada para a semana seguinte, mas o cliente não comparece. Inúmeras tentativas não o convencem a retornar.

A pura intensidade da conexão o assustou. Ele foi fundo demais, rápido demais, e, como não houve tempo para construir uma contenção, voltar à presença do objeto de sua autorrevelação representava uma séria ameaça. É comum que sentimentos de distância e separação sucedam a uma conexão absoluta e intensa em adolescentes, e o terapeuta deve evitar se deixar seduzir pela intensidade da narrativa do cliente e procurar oportunidades para retardar o processo e proporcionar contenção para o material compartilhado. Por exemplo, pode-se fazer uma pausa, respirar fundo e perguntar ao cliente como é para ele estar ali, falando de si próprio. A pausa permite uma reflexão sobre o processo em si, em vez do conteúdo que está sendo compartilhado, e lembra ao cliente que, embora somente ele esteja falando, uma troca está acontecendo. Também se pode interromper gentilmente a narrativa, dizendo: "Parece que você me contou muitas coisas realmente importantes... Eu só quero que você saiba que tudo vai ficar só entre nós", depois repassar os pontos principais da conversa e dizer: "Ok, por que não marcamos uma consulta para a semana que vem para continuarmos falando?" Isso mostra ao cliente que aquilo que foi revelado está seguro e pode ser um bom momento para parar e tomar distância da conversa. Também é aconselhável explicar que ele pode estar confuso ou receoso de voltar a se sentir, e que essa reação é normal. Isso o tranquiliza e prepara o terreno para o próximo encontro.

Ao discutir os equivalentes modernos das imagens de separação dos rituais tradicionais, Lifton afirma que o adolescente moderno "oscila de sentimentos de absoluta separação e isolamento de tudo e de todos a uma sensação de fusão total com um grupo de pares ou com um único amigo, em uma conexão quase completa" (1979, p. 83).

Indo diretamente de encontro à tendência psicanalítica a avaliar esses estados como inferiores e irreais, Winnicott (1963b) descreve o adolescente como um indivíduo essencialmente isolado, e é dessa posição de isolamento que ele se lança aos relacionamentos. Com isso em mente, os estados de isolamento e fusão deixam de ser apenas meios de defesa contra a ansiedade instintiva e também podem ser entendidos como experiências profundas de desagregação e unificação do mundo, análogos à experiência religiosa, com sua valência mais forte na adolescência.

Essa forma de ver a turbulência e o fervor das relações na adolescência nos aproxima da vivência do adolescente e possibilita um olhar fenomenológico sobre os poderosos sentimentos de vitalidade que surgem à medida que o envolvimento com os outros se aprofunda nas relações amorosas e nas amizades, bem como sobre os sentimentos e as imagens de separação, tristeza e perda que acompanham o fim de um relacionamento, como uma pequena morte. Minha preocupação aqui é que não simplesmente patologizemos esses estados. Reconhecendo sua necessidade, que tem origem na natureza da adolescência como transição central do ciclo da vida, podemos valorizar sua importância para a psique adolescente.

A ideia de Winnicott tem implicações clínicas importantes. Sentimentos de isolamento e separação muitas vezes são compensados pelo desejo intenso de fazer parte de um grupo. Vejo isso nas tentativas dos jovens de se inserirem em um dos vários grupos da escola no início do ensino médio. A urgência dessa busca pelo pertencimento como forma de escapar da sensação de isolamento pode causar uma espécie de cisão para um adolescente que tenta entrar em um grupo com o qual na verdade não se identifica. Há um momento psicológico importante nesse esforço para sair do estado de isolamento e começar a se definir através da conexão com um grupo.

Também é importante ter em mente essa dinâmica quando alguém é excluído de um grupo. Por exemplo, uma das maiores dificuldades para um adolescente que tenta mudar sua relação com as drogas e o álcool é a ameaça de perder seu grupo de pares. Na situação clínica, é crítico explorar a sensação de isolamento e solidão resultante de não poder mais passar o tempo com velhos amigos que continuam abusando de substâncias. No empenho para manter o adolescente sóbrio, é um equívoco subestimar essa dinâmica, pois a camaradagem e o pertencimento são o que o atrai de volta à droga, mais do que o desejo pela substância em si.

Adolescentes que são excluídos por serem diferentes vivenciam um nível de isolamento a mais, o da marginalização. Por exemplo, um perigo real para um jovem que tenta construir uma identidade homossexual é a sensação de isolamento e angústia por não ter um grupo de pares com os quais se identificar. A notável transformação do funcionamento psicológico quando um indivíduo encontra um grupo que o acolhe e apoia demonstra a necessidade da vida em grupo como parte central da formação da identidade na adolescência.

A ideia de Winnicott do adolescente como isolado evidencia uma condição existencial. Com a chegada da adolescência, a sensação familiar de pertencimento muda e nos deparamos pela primeira vez com o que significa estarmos sós em um nível existencial. Nesse momento em que vivencia a sensação de separação, o adolescente é forçado a olhar para si mesmo e confrontar sua identidade como indivíduo. Não há muitos espaços de contenção onde desenvolver a capacidade de estar só em nossa cultura, o que talvez seja um dos motivos para o estímulo incessante à extroversão e à vida em grupo que vemos na adolescência. Esse período do desenvolvimento é especialmente difícil para indivíduos de natureza mais introvertida, para os quais encontrar a própria identidade no grupo já é uma tarefa incômoda.

Os estados de isolamento e separação na adolescência podem ser benéficos, mas, dado o estímulo coletivo à extroversão em nossa cultura, tal ideia nos parece contraintuitiva. Mas consideremos por um momento a *vision quest* dos índios americanos, em que um jovem passa quatro ou cinco dias sozinho no deserto, à procura de uma imagem que o guie por toda a vida. A separação da família, dos amigos e da comunidade tem uma conotação positiva, na medida em que abre espaço para voltar-se para dentro e descobrir a própria singularidade.

Hall descreve isso com eloquência na seguinte passagem:

> A iniciação à masculinidade requer essa rejeição temporária da mãe biológica, comparável, de modo geral, à iniciação de uma menina à ninhada de ursas da deusa Artêmis. Entre os 9 e os 14 anos, as filhotes de Artêmis, em suas vestes cor de açafrão, não veem homens nem meninos. Para jovens de qualquer gênero, esse período protegido de indeterminação entre a infância e a vida adulta é necessário para encontrar Deus, o mito ou o poder que os reclama. Essa linhagem exige sua alma, juntamente com os direitos terrenos de parentagem física (1989, p. 21)[9].

Uma cultura em que as crianças são obrigadas a assumir papéis adultos cada vez mais cedo reduz esse período de indeterminação. A pressão coletiva é forte, e os adolescentes devem lutar para encontrar sua própria voz e suas próprias imagens do sentido da vida. Acredito que isso denote a especial importância da psicoterapia individual com adolescentes, que com muita frequência é preterida pelos serviços de saúde em favor da terapia de grupo ou de família. A solidão e a contenção de uma sessão individual não poderiam criar um lugar de quietude para um resgate inicial desse espaço indeterminado?

Desintegração

Para Lifton, a experiência da mutilação ritual nos ritos tradicionais de iniciação expressa o tema da desintegração. Ele diz:

> Nos homens, a mutilação pode assumir formas que julgaríamos extremamente brutais – não apenas a circuncisão, mas a subincisão (corte do pênis ao longo da uretra), extração de dentes, escarificações, retirada de um testículo, mordidas, queimaduras e a amputação de parte de um dedo. Há mutilações femininas análogas (deformação dos pequenos lábios, ablação de partes do clitóris, perfuração do hímen e seccionamento do períneo), embora tendam a ser menos extremas e, talvez, menos centrais às cerimônias (1979, p. 74-75).

Não há dúvida de que essas práticas soam extremamente brutais para nossa sensibilidade contemporânea e é valido examinar seu significado do ponto de vista político, sociológico e econômico. Meu objetivo, contudo, é analisar a significância psicológica dessas práticas de mutilação no contexto das imagens de vida e morte. Seriam elas reações a uma realidade psicológica no corpo em transformação do adolescente?

Por exemplo, os cortes na pele, tanto nos ritos masculinos como nos femininos, podem ser entendidos metaforicamente como perfurações nas fronteiras que cercavam o indivíduo quando criança, que vão permitir o acesso a uma nova consciência da própria mortalidade. A dor intensa cria uma nova relação com o corpo, e a mutilação pode servir para despertar o iniciado à realidade singular de sua concretude e a uma conexão profundamente enraizada no mundo natural.

A adolescência está repleta de mudanças físicas que evocam sentimentos de desintegração e fragmentação. Os meninos vivenciam isso quando a voz desafina no meio de uma frase e de repente eles se veem falando em falsete, ou na primeira vez que uma lâmina afiada toca seu rosto antes imberbe. Meninos e meninas podem sofrer de acne e sentir que a própria pele está virtualmente se desintegrando e que é quase impossível esconder isso dos outros. Desejos e impulsos sexuais intensos invadem o corpo como forças alienígenas, e os estirões de crescimento geram uma sensação de desorientação e estranhamento em relação ao próprio corpo. Para as meninas, o desenvolvimento dos seios e dos quadris transforma sua definição corporal e sua autoimagem, causando medo e confusão. Lifton (ibid.) observa como a menstruação, o sangramento e a exfoliação do tecido corporal que significam o início da puberdade para as meninas, era considerada uma forma natural de desintegração física em sociedades tradicionais, alterando radicalmente a relação da jovem com o próprio corpo. Anne Frank expressa como essa experiência gerou um despertar para o mistério de seu corpo no seguinte trecho de seu diário:

> Cada vez que menstruo (somente três vezes até agora), tenho a sensação de que, apesar de toda a dor, desconforto e repugnância, possuo um doce segredo, e é por isso que, embora seja de certa forma um incômodo, sempre anseio pelo momento em que vou senti-lo em mim mais uma vez (1952, p. 117).

Discutindo o contínuo da desintegração à integridade na adolescência moderna, Lifton afirma que "O adolescente americano pode flutuar de sentimentos desintegrativos de ser 'aniquilado' e reduzido a 'absolutamente nada', a sentimentos eufóricos de ter 'tudo sob controle', quando as coisas parecem 'perfeitas'" (1979, p. 83).

Como psicoterapeuta de grupo, vejo adolescentes oscilarem entre a sensação de serem reduzidos a absolutamente nada em um momento e, logo em seguida, sentirem-se subitamente energizados e conectados. Esses sentimentos de desintegração são mais intensos nos primeiros minutos de uma sessão, quando a resistência a se acalmarem e conversar é mais alta. Uma cacofonia de associações tênues preenche os momentos de silêncio antes de chegarmos a um tópico: "Estou com fome", "Isso é um saco", "Que tédio", "Eu preferia estar fazendo qualquer outra coisa em vez disso". Essas afirmações angustiadas ecoam sentimentos de desintegração semelhantes a uma fragmentação do *self*. É contagioso estar tão perto deles. Como líder do grupo, o terapeuta deve suportar a tensão desse torvelinho contínuo de emoções, cuja origem não está em um membro específico, mas é um sofrimento de dimensão verdadeiramente coletiva. Após muitos anos coordenando grupos, percebi que o trabalho mais significativo se dava quando essa fragmentação alcançava o auge no início das sessões e eu era capaz de resistir aos sentimentos insuportáveis que provocava em mim e não me apressava em estabelecer uma estrutura.

"Mais estrutura" é sempre o antídoto recomendado para a ansiedade que os grupos de adolescentes provocam nos terapeutas. A alternativa é reconhecer que esses afetos difíceis precisam ter espaço no início da sessão, para que o processo de grupo possa estabelecer-se em outro nível. É como arar o solo para que algo novo possa lançar raízes. O truque é resistir a tomar esses momentos iniciais difíceis como um fracasso pessoal e resistir ao impulso precipitado de preencher o vazio para eliminar a tensão.

É durante a adolescência que estamos mais suscetíveis à sensação de "aniquilação". Reconhecer esse estado de desintegração como um equivalente da morte, uma vivência de imagens primordiais, proporciona uma compreensão mais aguçada dos momentos depressivos que caracterizam a adolescência. Choro, solidão, autopiedade, pensamentos de morte, isolamento e longos períodos soturnos de tristeza são parte integrante da experiência adolescente, e estarmos atentos à prevalência dessas emoções e encontrar formas de mobilizá-las terapeuticamente diminui nossa tendência a patologizar em excesso esses estados mentais.

Estase

Lifton descreve a experiência da estase nas iniciações tradicionais da seguinte maneira:

> Nas iniciações masculinas, é comum que a atividade frenética seja interrompida por uma "longa noite de silêncio", muitas vezes na floresta ou no deserto e geralmente na presença de objetos sagrados perante os quais os anciões

conduzem ritos serenos... Nas cerimônias femininas, a estase é mais acentuada e prolongada e, na verdade, tende a caracterizar o tema predominante da reclusão. O aspecto de suspensão de todos os poderes vitais sugerido pelos tabus quanto ao contato com a terra e o sol, que são respectivamente a fonte e a energia desse poder... Embora nesses rituais os três equivalentes da morte estejam fortemente associados à morte em si, os padrões de estase oferecem a representação mais literal da ausência de vida (1979, p. 76).

Em termos da adolescência contemporânea, Lifton descreve a estase como "a sensação de estar 'travado' ou 'morto por dentro', que pode alternar-se com a sensação de estar transbordando de energia e vitalidade" (ibid., p. 83).

As imagens pertinentes ao estado de estase são evocadas de forma brilhante por Winnicott (1963a) em seu clássico ensaio *Adolescência: transpondo a zona das calmarias*. Ele retrata a necessidade de passar por uma fase de calmaria, uma época em que o indivíduo se sente fútil e em que nada se move ou vai a lugar algum, como uma parte essencial do amadurecimento do adolescente. É uma experiência particularmente dolorosa, que remete às imagens mais explícitas da morte nos ritos de passagem tradicionais. Winnicott explica esse estado reconhecendo que os adolescentes estão em um processo flutuante de estabelecimento da identidade em que nada ainda é fixo e o indivíduo ainda não conta com um núcleo de autorrepresentações como fonte de autoestima como na vida adulta. A adolescência como processo que envolve uma transformação profunda da identidade evoca sentimentos de futilidade, entorpecimento e inferioridade. O resultado é uma espécie de imobilidade psicológica que caracterizei anteriormente como um estado de devir.

É típico que os adolescentes respondam à calmaria, a sensação de estar entorpecido ou morto por dentro, dormindo muito, assistindo a horas e horas de televisão e isolando-se no quarto por muitos dias. Alguns experimentam períodos de fraqueza e passividade em face de um mundo que os oprime. A figura 4.1 fornece uma imagem clara desse estado de espírito.

Figura 4.1 Calmaria

O contínuo da estase, a suspensão de toda atividade, à sua contrapartida, o movimento e a vitalidade, tem um papel crítico na psicoterapia de adolescentes, em que não é raro termos a impressão de que o tratamento empacou, que nada acontece e não há sinal de mudança. A dificuldade aumenta quando nossas expectativas terapêuticas deixam de levar em conta os períodos de estase inerentes à psique adolescente. Winnicott (1964) evoca essa noção de estase quando afirma que não há cura para a adolescência, exceto o tempo e o amadurecimento, e que seu processo não pode ser acelerado. Quando um tratamento parece chegar a um impasse, uma excelente pergunta é: estaríamos tentando curar o adolescente de sua própria adolescência?

Trabalhei com uma menina de 17 anos que se queixava constantemente de que seu namorado a tratava mal. Exploramos os sentimentos que essa negligência emocional despertava nela e discutimos outras situações em que ela se sentia igualmente maltratada. A cada sessão, eu tinha a expectativa de que a terapia produzisse alguma mudança concreta na relação dela com o namorado. Por exemplo, eu imaginava que ela ia confrontá-lo e exigir que ele a tratasse com respeito e que, se as coisas não mudassem, ela iria deixá-lo. Mas minhas expectativas eram frustradas semana após semana. Parecia que, por mais que conversássemos, a situação entre eles permanecia a mesma.

Eu me sentia um fracasso. Não estava conseguindo me comunicar com ela, e a terapia parecia inútil. No entanto, com o passar do tempo, tomei a decisão de reduzir minhas expectativas e aceitar que ela estava paralisada e ainda não estava pronta para seguir um caminho diferente. Essa mudança de atitude da minha parte abriu algo novo entre nós, como se ela pudesse sentir minha aceitação de sua paralisia, e isso a permitisse ser mais genuína comigo.

Em vez de lutar contra a ausência de movimento, é mais eficaz pedir ao adolescente que articule onde se sente imobilizado e quais aspectos de sua vida parecem fúteis. Quando um cliente diz que "nada jamais vai mudar na minha vida", nos sentimos ameaçados como agentes de mudança, mas, se formos capazes de abrir mão da necessidade de resolver imediatamente o problema e de suportar a sensação de futilidade que isso gera em nós, estaremos comunicando ao adolescente que momentos assim podem ser tolerados.

O modelo de regressão e progressão da libido de Jung é outra forma de caracterizar o espectro da estase ao movimento na adolescência. Para Jung (OC 8, § 60-76), a regressão da libido ocorre quando uma mudança no ambiente cria a necessidade de uma nova forma de interagir com o mundo, pois a atitude habitual não é mais capaz de satisfazer as demandas de adaptação. No caso dos adolescentes, padrões infantis de relacionamento subitamente deixam de ser válidos e, à medida que a energia psíquica muda de direção, buscando um novo canal para fluir, a adaptação às demandas da vida cotidiana fica comprometida. A regressão da libido ativa os conteúdos inconscientes na forma de símbolos e imagens que sugerem novas direções para o progresso, embora um observador possa ter a impressão de que o jovem nunca vai mover-se de onde está, nunca vai mudar.

Para Jung, esse tipo de regressão tem uma qualidade incestuosa. Uma forma de entender o que isso significa é escutar sua descrição como uma metáfora para um chamado ao passado, a um estado anterior de dependência e passividade. Como foi dito no capítulo 2, tanto a escola psicanalítica quanto a escola analítica do desenvolvimento entendem o aspecto incestuoso da regressão adolescente como uma recapitulação do que realmente ocorreu no passado edípico ou pré-edípico, e esse foco no reavivamento dos estados incestuosos é seu principal *locus* teórico. Acredito que podemos reconhecer as forças incestuosas que surgem na adolescência e trabalhar com a atração em um estado anterior de proteção e dependência sem termos que reificá-la em uma teoria da recapitulação.

Também é necessário identificar quando a calmaria faz parte do curso natural da adolescência e quando os estados de estase se tornam patológicos. No primeiro caso, é preciso ajudar os pais a reconhecerem as fantasias que esses períodos de estase despertam ("Ele vai ser um inútil, igual ao pai", "Ela nunca vai chegar à faculdade, vou ter que cuidar dela pelo resto da vida") e a entenderem que os momentos de imobilidade são uma parte natural do crescimento. Terapeuticamente, devemos ajudá-los a encontrar o difícil meio-termo entre abrir mão do controle e aceitar os momentos inevitáveis de estase e ainda manter certas expectativas em torno das responsabilidades da vida diária.

Já vi esse período de estase alcançar dimensões patológicas em adolescentes que, por um longo tempo, são incapazes de sair da cama de manhã, ir à escola e levar uma vida normal. Embora possa haver uma grande comoção quando o alarme toca de manhã, e os pais insistam que os filhos se arrumem para ir à escola, em um caso típico, o adolescente permanece na cama até o meio-dia, passa o resto da tarde em casa assistindo à televisão e depois sai com os amigos até tarde da noite. Com muita frequência, existe um acordo tácito entre o adolescente e um dos pais de que esse tipo de regressão vai ser tolerado e, no nível mais básico, não questionado. Na minha experiência, as atitudes parentais podem prolongar o período de calmaria e satisfazer uma necessidade inconsciente de que os filhos permaneçam dependentes e nunca desenvolvam as habilidades de que precisam para sair de casa.

Morte metafórica e morte literal

Como vimos, a separação, a desintegração e a estase evocam, cada uma à sua maneira, imagens e sentimentos relacionados à presença da morte na vida e são parte integrante dos rituais de iniciação da adolescência. A cerimônia como um todo é concebida como uma experiência de morte ritualizada seguida de um renascimento simbólico, representando a morte da infância e o renascimento como adulto.

> A maioria das provas iniciáticas implica, de forma mais ou menos clara, uma morte ritual seguida de ressurreição ou de um novo nascimento. O momento central de cada iniciação é representado pela cerimônia que simboliza a morte do noviço e seu retorno à irmandade dos vivos (ELIADE, 1958, p. xii).

> O noviço é considerado morto e permanece morto durante todo o seu noviciado (ibid., p. 76).

Segundo Scott, imagens de morte e perda acompanham todas as transições fundamentais da vida humana: "Durante essas transições, há momentos de extraordinária suspensão, solidão e deslocamento, maior sensibilidade à dor e à perda e sintomas de luto" (1982, p. 27). A importância desse tipo de imagem da morte para a compreensão do desenvolvimento do adolescente não deve ser menosprezada. Scott descreve a natureza extrema da transformação na adolescência:

> O que é próximo e importante para a criança se torna cada vez mais distante para o jovem em desenvolvimento. Morre a criança como lugar de experiência. O que não pode ser esquecido pela criança não pode ser relembrado pelo jovem (ibid.).

Esse enquadre nos permite compreender melhor a onipresença das imagens de suicídio na adolescência. No livro *Suicídio e alma* (1964), Hillman fala do impulso ao suicídio como um ímpeto transformador: metaforicamente, uma parte do *self* deve morrer para dar lugar a uma nova forma de ser. Nesse sentido, o impulso suicida contém em si o anseio por uma vida nova. No entanto, é muito importante ter em mente os níveis metafóricos e literais ao avaliar a ideação suicida, pois estamos susceptíveis a confundi-los, já que um desejo autêntico de que uma parte do *self* morra metaforicamente pode ser literalizado no ato real de tirar a própria vida. Compreender a natureza simbólica do impulso suicida é especialmente relevante no trabalho com adolescentes. Enquanto as sociedades tradicionais reconheciam a necessidade da psique adolescente de vivenciar esse tipo de transformação e ofereciam uma experiência ritualizada de morte e renascimento, o adolescente moderno pode ser atraído inconscientemente para as imagens de suicídio como único modo disponível de expressar o impulso a uma transformação radical.

Isso nos leva de volta à distinção de Fordham entre deintegração e desintegração que mencionei no capítulo 2. Fordham usa o termo desintegração de forma diferente de Lifton. Para Fordham (1957, p. 118), o processo de desintegração representa a destruição ou cisão do ego, em contraste com a habilidade dinâmica do *self* de se deintegrar: a divisão espontânea de um *self* pronto para novas experiências. A deintegração envolve um senso de deslocamento e desequilíbrio, mas é seguida pela capacidade do *self* de se reintegrar, incorporando o novo. Esse é um modo eficaz de distinguir entre os diferentes tipos de ideação suicida que um cliente adolescente pode apresentar. Quando ele está em risco e se sente à mercê de impulsos suicidas, podemos dizer que se trata de um processo de desintegração, uma ameaça real à integridade do ego. Nesse caso, há necessidade de uma intervenção externa para sua segurança e proteção, como a hospitalização.

Podemos combinar o conceito de deintegração de Fordham e as ideias de Lifton sobre as imagens da morte como parte do tecido da adolescência ao trabalharmos terapeuticamente com fantasias de suicídio na adolescência como processos psicológicos legítimos, que podem fazer parte da deintegração do *self*. Os ritos tradicionais de passagem nos ensinam a necessidade psíquica da morte metafórica durante a adolescência. Em contraste, a espantosa taxa de suicídio de adolescentes em nossa cultura é, em parte, produto da nossa falta de imaginação quanto à própria possibilidade da morte metafórica, que precisa então ser encenada literalmente. Como resultado, frequentemente não percebemos o que está sendo representado metaforicamente no impulso de tirar a própria vida.

Como exemplo, trabalhei com um menino de 13 anos com extraordinário desempenho escolar, mas que era alvo de piadas e provocações constantes pelos colegas do primeiro ano do ensino médio. Ele respondia à zombaria dos colegas comportando-se como palhaço, o que só irritava os professores e piorava sua posição na classe. Como cliente, ele parecia ter um alto controle emocional, usando o intelecto bem desenvolvido para se defender dos sentimentos.

À medida que a confiança entre nós se desenvolvia, ele admitiu que frequentemente sentia vontade de se matar e que nunca havia falado com ninguém sobre isso. Em contraste à sua contenção emocional habitual, a expressão dessas fantasias vinha acompanhada de uma enxurrada de lágrimas e grande tristeza. Na minha avaliação, ele não corria o risco de pôr em prática esses sentimentos, e discuti-los tornou-se uma parte central da terapia. A certa altura, eu lhe disse: "Às vezes, a vontade de se matar tem a ver com o desejo de que uma parte de você fosse diferente. Existe alguma coisa que você gostaria muito de mudar em si mesmo?" Esse tipo de pergunta é um meio de abordar o ímpeto de transformação contido no impulso suicida. Meu cliente respondeu falando sobre seu papel de palhaço da classe, que fazia as maiores idiotices por um pouco de atenção. Com o progresso da terapia, ele encontrou outras formas de se expressar e se conectar com os colegas. O mais interessante nesse caso é como a oportunidade de falar sobre os pensamentos suicidas e vivenciar os sentimentos associados a eles permitiu uma mudança drástica na orientação psicológica e no comportamento desse adolescente.

Um aspecto importante da clínica com adolescentes é aprender a trabalhar com essas imagens perturbadoras. Dois exemplos da minha prática clínica:

> Uma menina de 14 anos diz: "Tarde da noite, quando todo mundo está dormindo, eu fico pensando 'será que eu vou morrer e ficar flutuando lá em cima?' Aí eu fico com medo, acendo a luz e vou ler".

> Um menino de 17 anos questiona: "Que diferença faz? Nós vamos morrer. Você vai morrer. Não somos nada".

Quando nos permitimos realmente escutar e observar o que se passa com os adolescentes, imagens provocativas e perturbadoras são comuns, e devemos observar com cuidado as fantasias que despertam em nós antes de uma intervenção potencialmente prematura. Podemos ter a impressão de que o cliente está desintegrando-se, mas é preciso lembrar que sentimos o mesmo na consulta anterior e que hoje ele voltou intacto.

A natureza paradoxal da adolescência

Lifton comenta o fato de que, após uma cerimônia de iniciação, os equivalentes da morte são "transmutados em seus componentes vitais em nome do retorno ao grupo: o iniciado é reconectado, reintegrado e reativado como adulto em uma comunidade sagrada" (1979, p. 77). Em outras palavras, o indivíduo passa por uma experiência de mutilação, perda da vitalidade e apagamento, mas, no estágio final da cerimônia, é revitalizado por seus pares e retorna à comunidade em novo papel. Os adolescentes americanos, segundo Lifton, parecem ter uma relação precária com os equivalentes da morte e suas contrapartidas, oscilando muito rapidamente de um extremo ao outro.

Isso também evidencia as contradições e os paradoxos da adolescência. Na citação abaixo, Anna Freud capta a essência desse período como um estado paradoxal de ser e as polaridades que se manifestam nos pensamentos, sentimentos e comportamentos daquele que não é mais criança nem ainda adulto:

> Os adolescentes são excessivamente egoístas, consideram-se o centro do universo e o único objeto de interesse e, ao mesmo tempo, em nenhum outro momento da vida são capazes de tanta devoção e autossacrifício. Formam as relações amorosas mais passionais e as rompem tão abruptamente quanto começaram. Por um lado, engajam-se com entusiasmo na vida da comunidade e, por outro, têm uma necessidade esmagadora de solidão. Oscilam entre a

submissão cega a um líder e a rebeldia contra toda e qualquer autoridade. São egocêntricos e materialistas e, ao mesmo tempo, cheios de um idealismo grandioso (1966, p. 137-138).

Um aspecto significativo do trabalho com adolescentes é a capacidade de suportar esses paradoxos. Scott comenta sobre a dificuldade de tolerar a tensão dessas contradições na psicoterapia:

> O eros terapêutico, fiel à herança clássica do eros, inclui contradições profundas que são essenciais para a formação do caráter no ser humano, e aceitá-las é um dos aspectos mais difíceis e subestimados do que de fato acontece corriqueiramente na psicoterapia (1982, p. 95).

Como terapeutas, lidamos constantemente com esses estados polarizados de ser e as diferenças e contradições que surgem a todo instante. Por exemplo, um adolescente pode comportar-se de um certo modo na terapia de família ou em uma sessão de grupo com pares, mas, assim que ficamos a sós, é como se outra pessoa possuísse seu corpo. Mesmo no trabalho individual, um adolescente pode alternar abruptamente entre comportamentos infantis e atitudes mais maduras, e é preciso muita flexibilidade da parte do terapeuta para acompanhar essas flutuações da identidade.

As mudanças ocorrem rapidamente, de semana a semana, de hora a hora. No trabalho em escolas, vejo adolescentes chorando no consultório e, dali a alguns instantes, rindo e fazendo piada com os amigos no corredor. O que parece terrível e insuportável em uma sessão não é nada de mais na próxima. Temos que ser cuidadosos e prudentes e não intervir antes de termos um quadro consistente da situação.

Também é importante estar alerta à resposta contratransferencial à qual Hillman se refere como "ansiedade desintegrativa" (1977, p. 117), a sensação de que as coisas estão se deteriorando e desarticulando. É um processo que acompanha a mudança e que é mais evidente na terapia com adolescentes do que com qualquer outro grupo de clientes. Hillman propõe que respondamos ao processo de desintegração engajando o cliente a partir do nosso próprio estado de consciência ferida. O conceito do "curandeiro ferido", capaz de curar através da própria dor, é ele mesmo paradoxal, mas eu o entendo como a noção de que, se não pudermos tolerar nosso próprio processo de desintegração – isto é, a sensação de desordem e perda que acompanha a mudança, não seremos capazes de suportá-lo em nossos clientes. Quando resistimos aos sentimentos de deslocamento e fragmentação do adolescente, podemos compensar inconscientemente enfatizando ideais de integridade e ordem. Nesse sentido, negamos os paradoxos fundamentais que formam a base da psique adolescente e suprimimos prematuramente a possibilidade de que o adolescente encontre o próprio senso de ordem e integração que nasce dessas contradições.

5
O despertar corporal, idealista e ideacional

> *"Suas ideias sobre as pessoas ainda são muito ingênuas", disse o chefe de 13 anos com frieza. "Nenhum adulto será capaz de fazer algo que nós não podemos fazer. Há um imenso lacre sobre o mundo todo, chamado 'impossibilidade'. E não se esqueça de que somos os únicos que podem arrancá-lo de uma vez por todas." Assombrados, os outros silenciaram.*
>
> Yukio Mishima

Introdução

Concomitantemente às imagens de vida e morte que se manifestam durante a adolescência, há outro conjunto de imagens-sentimentos que simboliza a relação do adolescente com o poder e a impotência. Lifton usa o termo poder não no sentido do controle sobre os outros, mas sim do poder vital essencial, "a experiência de vitalidade, competência e controle, o oposto da impotência de sentir-se inundado por imagens de morte e reduzido à inércia" (LIFTON, 1979, p. 82). À medida que o adolescente deixa para trás o mundo da infância e começa a assumir o *status* de adulto, surgem novas formas de engajamento com o mundo: a sexualidade adulta, o trabalho, a educação superior, um novo grau de responsabilidade sociopolítica, marcado pelo direito ao voto e por uma participação maior na vida cultural. Assumir esses novos papéis requer um esforço para agir e sentir-se competente e autoconfiante, e, por isso, a vitalidade e o poder vital como imagens-sentimentos viscerais estão intimamente ligados a novas dimensões de experiência corporal (a sexualidade adolescente), envolvimento com algo além do *self* (os anseios idealistas) e obtenção de conhecimento (os processos ideacionais). A literatura psicanalítica reconhece essas três modalidades de engajamento com o mundo como aspectos essenciais da experiência adolescente. Dada sua importância como tarefa fundamental do desenvolvimento, é crucial adotar uma perspectiva que nos permita ver de forma clara o que está em jogo para o adolescente em suas relações inaugurais com essas tarefas. Ao examinar essa dimensão da experiência adolescente, vou contrastar as abordagens psicanalítica e fenomenológica, analisando as implicações do entendimento de cada uma sobre o que significa alcançar o *status* de adulto.

A sexualidade adolescente

Blos afirma que a essência da adolescência é a transição de um estado não sexual a uma existência sexual.

> A progressão decisiva no desenvolvimento emocional durante a adolescência está no movimento em direção à heterossexualidade. Esse estágio somente pode ser atingido depois que os impulsos pré-genitais forem relegados a um papel iniciático e subalterno em favor da sexualidade genital ou potência orgástica (BLOS, 1962, p. 123).

Qual é a modalidade instintiva específica da adolescência, em paralelo à qual o ego desenvolve suas características corolárias próprias? A novidade está na subordinação – atingida gradualmente e, na maior parte das vezes, apenas parcialmente – das zonas erógenas ao primado genital (ibid., p. 174).

O sistema teórico de Blos se baseia nas implicações dos trechos acima. Ele crê que a meta do desenvolvimento adolescente seja o desejo nascente por uma relação amorosa heterossexual. A gênese desse desejo, enraizado na pré-adolescência e que vai encontrar sua expressão máxima ao fim desse período, é uma transformação de base biológica, determinada instintualmente, que forma a questão central do desenvolvimento na adolescência. De fato, o desenvolvimento emocional e egoico é considerado secundário à conquista de uma identidade heterossexual irreversível.

Para entender a dinâmica desse processo, é necessário reexaminar atentamente a caracterização de Blos da adolescência. Durante a fase pré-adolescente, há um aumento quantitativo da pressão dos impulsos, mas o indivíduo não descobre um novo objeto amoroso nem experimenta um deslocamento da meta instintual. Em vez disso, os modos libidinais e agressivos de gratificação empregados em períodos anteriores do desenvolvimento são recatexizados, em um retorno da pré-genitalidade (ibid., p. 57) em que qualquer experiência tem potencial para se tornar sexualmente estimulante. Por exemplo, Blos observa que os meninos pré-adolescentes têm ereções espontâneas porque seus genitais servem como órgãos não específicos de descarga da tensão. Em uma transformação gradual, os genitais do adolescente adquirem sensibilidade exclusiva a estímulos heterossexuais. Na pré-adolescência das meninas, são prevalentes as brincadeiras de faz de conta e molecagens, que Blos chama de "impulso à ação" e descreve como atividades fálicas oriundas de um conflito de inveja do pênis não resolvido na infância. Com as transformações do desenvolvimento que ocorrem no início da adolescência, a feminilidade se afirma e toma o lugar da brincadeira fálica.

O que diferencia a pré-adolescência da adolescência em si não é apenas um aumento quantitativo dos impulsos, mas seus novos atributos. Blos afirma:

> A pré-genitalidade perde gradativamente o papel de função saciadora e, ao ser relegada a uma atividade iniciática tanto mental quanto fisicamente, dá lugar a um novo componente dos impulsos, nomeadamente, o pré-prazer. Essa mudança na organização dos impulsos acaba por conferir um lugar de primazia à genitalidade (ibid., p. 71).

Assim, a obsessão pré-adolescente com a sujeira, a voracidade oral e as atividades sádicas e anais (exemplos do recrudescimento da pré-genitalidade na qual desempenhavam uma função saciadora) se transformam, na adolescência, em um interesse exclusivo em questões especificamente sexuais. Passa-se do modo "perverso" de existência polimorfa a um modo focado, maduro e "natural" de busca de um objeto amoroso heterossexual.

Outra mudança essencial diz respeito à escolha de objeto. Após a pré-adolescência, o indivíduo faz repetidas tentativas de se separar dos objetos amorosos primários, culminando na renúncia completa ao objeto incestuoso e em uma guinada final e irreversível na direção da escolha de objeto heterossexual.

Para Blos, essa orientação para a heterossexualidade é a força motriz do desenvolvimento adolescente. Ele afirma que "As várias medidas defensivas utilizadas durante a adolescência são, em circunstâncias normais, emergenciais e temporárias e são abandonadas assim que o ego se consolida ao unir forças com o movimento da libido em direção à heterossexualidade" (ibid., p. 123). Blos compara o movimento da energia instintiva na adolescência a um drama clássico:

> A fase da adolescência que estamos prestes a explorar corresponde ao segundo ato do drama clássico: as *personae dramatis* se entrelaçaram de forma intrincada e irrevogável. O espectador percebeu que não pode haver um retorno às expectativas e aos eventos propícios da cena de abertura e reconhece que os conflitos vão avançar implacavelmente até o desfecho climático (ibid., p. 88).

Aqui, Blos está descrevendo os mecanismos psicodinâmicos que ocorrem entre a latência e o fim da adolescência e possibilitam uma mudança básica na condição existencial: entra-se nesse período como criança e sai-se como jovem adulto. Não é absurdo imaginar o que Blos descreve como uma espécie de processo de iniciação prolongado, cuja essência é a transformação da energia instintual (sexual). Para Blos, assim como nas culturas tradicionais, a essência da adolescência é a transição de uma existência não sexual, ou pré-genital, a uma existência sexual. A sexualidade é o motor dos processos de transformação da adolescência.

O que está em causa, no entanto, é como devemos entender a natureza dessa energia sexual. Por exemplo, Lifton concorda que a sexualidade é central em todas as imagens de iniciação, afirmando que "A sexualidade desde o início proporciona as imagens e a energia que impelem a vida" (1979, p. 30). Porém, ele não a concebe como um dinamismo literal que define a orientação sexual, mas sim como uma força vital que fornece grande parte do conteúdo para o drama da morte e do renascimento. Enquanto que, para Blos, o chamado da vida sexual adulta desencadeia todo o processo, Lifton o descreve como "a essência do novo poder adulto oferecido ao iniciado, uma forma de vitalidade que deve ser conquistada... É preciso conhecer a morte para se tornar um adulto sexual potente e responsável" (ibid., p. 77).

A distinção entre o entendimento da sexualidade em Lifton e Blos espelha a diferença entre as concepções da libido de Freud e Jung. A noção de Blos da sexualidade como combustível do processo adolescente se baseia na visão de Freud de que a libido tem natureza primordialmente sexual. De fato, a transformação na adolescência é uma passagem literal da energia sexual de um estado infantil (pré-prazer) a um estado adulto (a busca de objetos heterossexuais). Lifton, por outro lado, está mais próximo de Jung ao interpretar a libido como energia psíquica ou poder vital. Essa distinção, que teve um papel crucial na cisão entre a psicanálise e a psicologia analítica, tem repercussões para nossa compreensão da sexualidade adolescente.

A concepção da libido como energia vital nos permite reimaginar e remitologizar nossa compreensão da sexualidade adolescente, libertando-a da ideia da identidade heterossexual estável como força motriz universal do processo de transformação sexual. O que está sendo proposto é uma abordagem da transformação em si que inclua dimensões simbólicas e arquetípicas. Esse movimento desliteralizante abre espaço para um referencial mais amplo do desenvolvimento sexual adolescente que não exclua nem patologize a formação de uma orientação homo ou bissexual[10].

Ter em mente a forte conexão entre tornar-se um ser sexual e adquirir poder vital nos permite acessar os múltiplos níveis de sentido que acompanham a experiência da sexualidade adolescente, como no caso a seguir. Trabalhei com um jovem de 17 anos, nascido com deficiências físicas e cognitivas severas, incluindo problemas cardíacos e pulmonares debilitantes e retardo mental leve. Além da deficiência física, ele era extremamente magro e alto (bem mais de 1,80m) e, por isso, só conseguia mover-se de forma lenta e metódica. Por toda a vida, ele havia sido ridicularizado por outras crianças, às vezes de forma brutal e abusiva, e os adultos em geral tinham medo dele e o viam como uma figura monstruosa, que poderia atacá-los de forma agressiva ou sexual se tivesse oportunidade. Na verdade, ele nunca agredira ninguém e sua expressão sexual no mundo se limitava a uma atração intensa por mulheres mais velhas, as quais convidava para sair sempre que tinha chance de interagir com elas.

Parte de nosso trabalho estava centrado nos sentimentos intensos de insignificância por conta da rejeição constante, pois ninguém queria ter nada a ver com ele, e no forte desejo de amar e sentir-se amado. Ao descrever a onda de sensações sexuais que o invadia quando ele via uma mulher pela qual se sentia atraído na televisão ou na vida real, ele usou a metáfora de um lobisomem sexual que tomava conta de seu corpo por alguns instantes. Sem ideia alguma de sua capacidade ou vontade de se expressar pictoricamente, pedi que ele desenhasse esse lobisomem (cf. figura 5.1).

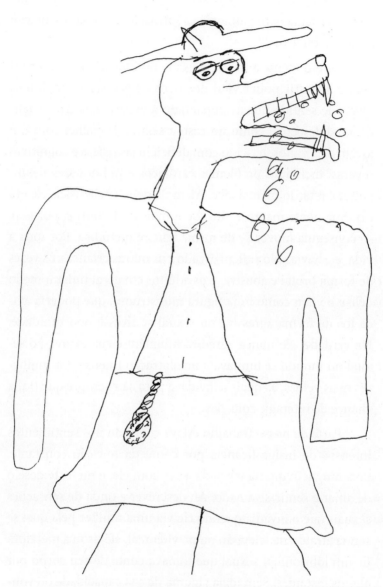

Figura 5.1 Lobisomem

Ele descreveu a roupa do lobisomem como uma espécie de *zoot suit** que um homem usaria para sair à noite. A ausência das mãos no desenho pode simbolizar a impotência face ao contato humano, pois esse cliente ouvira muitas vezes que não devia tocar nas pessoas, que tocá-las era errado. O lobisomem sexual pode ser visto como uma ilustração do poder vital evocado pelo desejo sexual. O relógio pendurado no bolso demonstra como a sexualidade traz o indivíduo para uma dimensão temporal e histórica (as experiências sexuais são marcadores da adolescência). O olhar ávido e a baba expressam uma fome voraz. No entanto, o lobisomem não ansiava por um contato genital literal (algo de que meu cliente sequer tinha uma concepção cognitiva clara), mas pela vitalidade, a energia e a conexão que aquele adolescente imaginava em suas fantasias sobre a sexualidade. Na terapia, exploramos como integrar o lobisomem sexual e se relacionar com ele, legitimando e dando espaço para que suas necessidades se expressassem de modo que ele não dominasse completamente meu cliente.

O propósito de Lifton não é tanto investigar o desenvolvimento sexual infantil quanto delinear como a sexualidade própria da adolescência surge vigorosamente no corpo e se conecta a uma noção fundamental do *self*. Ele indaga: "Como esse impulso físico poderoso, vivenciado com uma plenitude que abrange a totalidade do *self*, se relaciona com o restante das imagens de vida e morte com as quais o indivíduo se depara, em suas formas imediatas e primordiais?" (ibid., p. 83).

No nível pessoal e imediato, a sexualidade traz consigo a luta pela integridade corporal em face da potência dos impul-

---

* Estilo de terno masculino popular nos Estados Unidos nos anos de 1940 e associado à imagem do *bad boy* [N.T.].

145

sos e sentimentos despertados na puberdade. O adolescente enfrenta temores e inseguranças terríveis quanto à competência e à integridade de seu corpo enquanto explora sua sexualidade com outra pessoa. Existe a possibilidade aterrorizante de que as coisas se desintegrem, não funcionem, não se coordenem. O *self* está em jogo quando o indivíduo deve abrir mão do controle na presença do outro. A expressão do amor físico toca as raízes da identidade à medida que a fusão da intimidade, da proximidade e da confiança transforma a personalidade em desenvolvimento.

No nível primordial, a sexualidade contém a promessa da transcendência:

> O prazer sexual imediato é valorizado e procurado, mas a serviço da transcendência organísmica – o indivíduo "se perde" de modo a fundir-se com alguma forma de poder vital primordial. Por mais livre ou restrita que seja, a sexualidade sempre faz parte de algo maior do que si mesma (ibid., p. 77).

Os videoclipes provocam o espectador com imagens de transcendência sexual. O tom da voz dos cantores, as letras e o ritmo, bem como as imagens sedutoras que acompanham a música, apontam para a conexão entre a sexualidade e o desejo da dissolução do *self*. Da mesma forma, a pirotecnia e o drama dos *shows* de *rock* lembram momentos de transcendência.

O mesmo desejo de transcendência está expresso nos anseios idealistas e ideacionais que marcam a adolescência. Lifton diz: "O despertar sexual é virtualmente simultâneo ao despertar histórico, um salto na compreensão das forças culturais (sejam movimentos políticos, tradições esportivas ou escolas da arte) que se estendem para além da duração da vida individual" (ibid., p. 83). As teorias psicanalíticas da adolescência também associam o despertar da sexualidade a uma expansão da ideação e do idealismo, mas eu quero oferecer um entendimento alternativo dessa associação.

O conhecimento vitalizante

Blos faz uma ressalva psicanalítica contra a autenticidade do idealismo e da ideação adolescentes:

> Tais estados são vivenciados frequentemente, por exemplo, em relação a abstrações como a Verdade, a Natureza e a Beleza, ou no envolvimento com ideias e ideais de natureza política, filosófica, estética ou religiosa. Esses estados de quase fusão do ego no campo das representações simbólicas proporcionam alívio temporário e servem como proteção contra a fusão total com os objetos infantis internalizados (1967, p. 167).

A fascinação com as ideias e o idealismo fervente da adolescência são interpretados como a defesa do ego contra uma fusão regressiva com os estados mentais de dependência da infância. Blos também vê a idealização de mulheres e homens famosos como exemplo de estados regressivos do ego, afirmando:

> Em nosso mundo contemporâneo, os grandes ídolos são eleitos predominantemente entre figuras do *show business* e do esporte. Eles nos lembram a mãe ou o pai idealizado dos primeiros anos de vida, e suas imagens glorificadas constituem um regulador indispensável para o equilíbrio narcísico da criança. Não nos deve surpreender que as paredes do quarto, cobertas de ícones desses heróis coletivos, fiquem nuas assim que a libido de objeto é mobilizada em relacionamentos reais. Nesse momento, a farta

galeria de deusas e deuses transitórios se torna dispensável quase da noite para o dia (ibid.).

A análise de Blos deixa a desejar, pois sua perspectiva da função teleológica desses fenômenos para o desenvolvimento não é suficientemente ampla e os reduz a medidas paliativas temporárias na busca do objeto amoroso heterossexual ou a manobras defensivas contra os impulsos edípicos e a recapitulação do desenvolvimento da primeira infância.

Do ponto de vista teleológico, a idealização é uma fonte de possibilidades vitalizantes para o adolescente. Os anseios idealistas expressam sua busca ativa de energia e inspiração que o conectem a um poder que está além dos limites cotidianos do ego. Uma forma clara de perceber a função teleológica em ação é simplesmente pedir a um adolescente que fale sobre as pessoas que admira. Uma escuta metafórica revela que o que ele mais aprecia no indivíduo idealizado (sejam suas habilidades intelectuais ou atléticas, bravura moral, senso de humor, capacidade de obter poder e prestígio etc.) ecoa e dá voz a aspectos ocultos da sua própria personalidade. Em outras palavras, mais do que a figura que eles escolhem idealizar, é a forma como essa pessoa é imaginada que nos revela um traço significativo da psique adolescente.

Além disso, os anseios idealistas se expressam na busca de um mentor – isto é, um indivíduo mais velho e sábio que, com uma visão compatível da vida, seja capaz de elevar seu espírito – geralmente através da instrução e da edificação. O conceito mais próximo da ideia de um mentor na nomenclatura psicológica moderna é o *role model*, geralmente um membro bem-sucedido da comunidade, com altos padrões morais e digno de imitação. Nesse caso, a ênfase está na influência moral positiva que esse indivíduo vai ter no jovem. Tais modelos de comportamento, como astros do esporte, do cinema, da televisão e da música, supostamente inspiram os adolescentes a fazer escolhas morais positivas; por exemplo, não usar drogas ou cometer crimes. Isso não é o mesmo que um mentor que usa a relação para despertar a energia vital no adolescente, e discernir quando um adulto tem potencial para ser um mentor e quando se trata de alguém com padrões morais elevados que pode ser um modelo de comportamento envolve critérios diferentes. O que atrai o adolescente a um mentor adulto não é sempre visível, e não é fácil perceber imediatamente a natureza ou a fonte dessa conexão. A visão compatível da vida que os une pode permanecer oculta.

Um cliente de 17 anos, com histórico de faltas escolares desde o terceiro ano, disse sobre seu vizinho, um carpinteiro a quem ajudava nos fins de semana e nas férias de verão: "Com ele, eu aprendo. Eu odeio a escola, não consigo me concentrar. Mas ele tem coisas para me ensinar". O desejo de um mentor é particularmente palpável hoje em dia, quando o parco contato entre adolescentes e adultos tem um tom cada vez mais hostil e antagônico.

Quero deixar ainda mais explícita a conexão entre o idealismo adolescente e a busca de conhecimento, habilidades e ideais. Seguindo a tradição psicanalítica, Anna Freud desqualifica a passionalidade com que os adolescentes se envolvem com as ideias. Em seu artigo *Ansiedade instintual durante a puberdade*, ela propõe que, durante a adolescência, o ego teme ser suplantado pelos instintos e interpreta o interesse em aplicar a inteligência e o raciocínio às questões do mundo como um resultado do fortalecimento dos constituintes do ego adolescente, forjados para resistir aos ataques ferozes que ele enfrenta nesse período. Ela diz:

> As discussões intelectuais e especulações abstratas que deliciam os jovens não são tentativas genuínas de resolver as tarefas impostas pela realidade. Sua atividade mental é, na verdade, uma indicação de um estado tenso de alerta aos processos instintivos e a tradução destes em pensamento abstrato. A filosofia de vida que eles constroem – por exemplo, a exigência de uma revolução no mundo externo – é, em realidade, uma resposta à percepção das novas demandas de seu próprio *id*, que ameaçam revolucionar toda sua vida. Seus ideais de amizade e lealdade eterna são simplesmente um reflexo do desassossego do ego quando este percebe a evanescência de suas novas relações passionais de objeto (1966, p. 115).

A reflexão sobre o mundo, bem como a responsividade política e moral, é vista em termos de seu "suposto" sentido latente, ou seja, os processos ideacionais servem primariamente como estruturas defensivas do ego, protegendo-o da submissão à emergência de instintos poderosos no corpo. Ela conclui que "o objetivo da intelectualização é conectar profundamente os processos instintivos a conteúdos ideacionais, para, assim, torná-los acessíveis à consciência e passíveis de controle" (ibid., p. 117).

A teoria de Anna Freud é problemática na medida em que desvaloriza a integridade do que o adolescente percebe, sente e pensa em relação ao mundo. Esse tipo de teorização distancia a psique da experiência real e explica o que pode ser um engajamento genuíno e sensível ao *zeitgeist* como uma série de dinâmicas internas que reduzem a psique adolescente a um mecanismo solipsista.

O despertar mesmo da vida instintiva, que está no centro da perspectiva psicanalítica, não poderia situar o adolescente em uma posição singular de onde ver o mundo? Em outras palavras, não poderíamos imaginar que a turbulência dos instintos na adolescência cria uma sensibilidade e uma receptividade especiais ao mundo, que se podem manifestar no prazer com que as ideias são discutidas e postas em prática? Os adolescentes podem não ter a experiência de vida, o conhecimento formal ou a habilidade intelectual para articular uma ideia de forma ponderada, mas têm, sim, uma visão aguçada do mundo, cujo impacto tem efeitos duradouros. O que aconteceria se levássemos os adolescentes mais a sério no nível ideacional? Certamente, um bom professor é capaz de explorar o potencial dessa visão e, ao mesmo tempo, fornecer as ferramentas intelectuais para esclarecer e articular o que está sendo visto, sentido e pensado.

Um aspecto significativo da terapia com adolescentes é a troca de ideias. O trabalho no nível ideacional também é uma forma de trabalhar com as emoções. Discutir ideias é uma oportunidade para o adolescente mobilizar plenamente sua vida emocional de maneira segura e não ameaçadora. O engajamento dialógico com as ideias também é uma forma de trabalhar o comportamento: à medida que as ideias evoluem, os comportamentos mudam e novas maneiras de pensar sobre o mundo abrem o adolescente a novos modos de estar no mundo. Esse é o lado positivo da fluidez dos limites entre compreensão e ação na adolescência.

Ao situar o despertar ideacional no contexto do confronto com as imagens de vida e morte, Lifton dialoga com as abordagens de Anna Freud e Blos. Em sua visão, a busca do conhecimento gira em torno de um *self* adolescente que tateia na direção da integração adulta dos estados corporais nascentes, bem como dos sentimentos mentais ou espirituais. Exemplos disso são a fascinação com sistemas religiosos ou espirituais, o interesse em máquinas ou na mecânica (que Lifton chama de *tinkering* adolescente) e a devoção a causas políticas ou ambientais. No entanto, a busca desse tipo de conhecimento não é vista como mecanismo de defesa. Lifton comenta:

> O *tinkering* e a espiritualidade adolescente muitas vezes são vistos... como meio de separar o corpo da mente através da transformação ou sublimação dos impulsos corporais (eróticos). Há um grau de verdade nessa visão, mas ela perde de vista um ponto central: qualquer que seja a valência de um tipo de sentimento versus o outro, o adolescente está avançando na direção de um estilo adulto de simbolização e construindo forças psíquicas para uso adulto. Mesmo quando a espiritualidade e o *tinkering* parecem limitados, repetitivos e técnicos ao extremo, a atividade do conhecimento se estende para muito além de si mesma (1979, p. 84).

Ele diz também:

> A procura até mesmo das formas mais mecânicas de conhecimento, assim como as formas mais vividamente espirituais (ou religiosas), manifesta o princípio de que o conhecimento é mana, e mana é desesperadamente buscado pelo *self* adolescente aflito. O conhecimento não é apenas cognitivo e emocional, mas também erótico (como a Bíblia deixa claro) e inclui, em todas as esferas, a competência no desempenho. Sem dúvida, desde o nascimento, o conhecimento é equiparado ao poder vital (ibid.).

A declaração de Anna Freud de que a busca do conhecimento intelectual é uma sublimação dos impulsos eróticos, um método de mantê-los sob controle, é contestada pela afirmação de Lifton de que o conhecimento em si tem um aspecto erótico: ele confere o poder vital. Não é uma tentativa disfarçada de separar o corpo da mente. Na verdade, ela os une, pois vai na direção de um senso mais profundo de *self* como fonte da vitalidade.

Winnicott (1963a) destaca algo semelhante quando afirma que os adolescentes "lutam para sentirem-se vivos". Trata-se de uma luta porque, na maior parte do tempo, eles se sentem fora do perímetro do conhecimento vitalizante. Os adolescentes muitas vezes demonstram uma moralidade feroz e teimosa que lhes permite aceitar somente o que sentem como real, no que Winnicott descreve como uma recusa da "falsa solução". Tendemos a tomar essa recusa como patológica, rotulando-a de "pensamento em preto e branco". E se for preciso haver um período do desenvolvimento no qual ver o mundo como uma série de opostos cruamente contrastados é necessário e crucial para a integração de eventos importantes de uma forma com significado? O forte contraste entre o certo e o errado, o bem e o mal, amplia as experiências e os eventos para que se possa discernir o que é autêntico, o que toca a psique.

Nossa resposta habitual a esse senso moral feroz e à devoção inabalável é repetir o clichê: "Mas ceder faz parte da vida". Ensinar a ceder pode muito bem ignorar o que Ventura (1993, p. 28) descreve como a ânsia fundamental dos adolescentes pelas negativas e sua recusa do que os adultos têm a oferecer. Parte dessa recusa e negatividade é a necessidade de descobrir uma forma de autenticidade que se conecte ao próprio entendimento individual do mundo. Intuitivamente, os adolescentes pressentem a proximidade desse tipo de conhecimento, e muitos aspectos do comportamento problemático na adolescência (a delinquência, a rebeldia, o antiautoritarismo) podem ser compreendidos como uma tentativa de serem os autores da própria vida.

Vejo este anseio pelo conhecimento vitalizante nas sessões de terapia com adolescentes. Ele surge disfarçado, quando meus clientes começam a falar sobre a falta de sentido da vida, a corrupção do mundo, o fracasso dos nossos sistemas políticos. Durante essas diatribes, observo uma expressão em seus olhos que sugere que estão procurando algum tipo de resposta. Uma parte deles está pedindo uma visão alternativa. A pergunta subjacente parece ser: dado o estado do mundo, o que eu vivencio na escola, através da mídia, observando os adultos em minha vida, como é possível, em face de tudo isso, preservar meu espírito?

Isso também está ligado às queixas, particularmente dos alunos do ensino médio, de que as aulas são tediosas e não têm nada a ver com a vida ou o mundo real. Se respondemos ao nível literal dessa queixa, demonstrando, por exemplo, a relevância da geometria no local de trabalho, é impossível escutar o que a contrariedade está verdadeiramente expressando; isto é, o que está sendo ensinado, e como é ensinado, não é vitalizante. O aspecto erótico do conhecimento, o conhecimento como mana, fica enclausurado nas salas de aula lotadas, nos livros didáticos grossos e maçantes e nos testes padronizados de múltipla escolha. A ausência de vitalidade nas escolas americanas é um aspecto importante da crise atual na educação, em que um número cada vez maior de adolescentes considera a escola uma perda de tempo.

Um círculo maior de sentido

O meio histórico e cultural específico em que os adolescentes se desenvolvem não é, em grande parte, tematizado nos relatos psicológicos da adolescência moderna. Trata-se de um equívoco grave, uma vez que o clima cultural tem um efeito universal na capacidade do adolescente de estabelecer conexões entre o que ele vivencia corporal, idealística e ideacionalmente e uma ordem mais ampla de sentido. Em outras palavras, se os conflitos psicobiológicos específicos da puberdade e da adolescência são de alguma forma "universais", então o modo particular como são vivenciados em uma dada sociedade é cultural e historicamente determinado. Devemos estar conscientes do contexto cultural no qual esses conflitos têm lugar.

Com relação a isso, podemos indagar qual é o impacto da cultura americana do fim do século XX na passagem pela adolescência. Que obstáculos os adolescentes contemporâneos encontram ao tentar estabelecer conexões entre as transformações que estão atravessando com a chegada da puberdade e ordens maiores de sentido ligadas à história e à tradição? O que significa procurar formas adultas de simbolizar e conter o dinamismo da energia desencadeada na adolescência em uma sociedade como a nossa?

Como parte da cerimônia tradicional da iniciação, o iniciado escuta as histórias sagradas do passado da sua tribo e vê os objetos rituais que permaneciam em segredo até aquele momento. O mito de criação da tribo é representado dramaticamente perante ele pelos anciões da tribo. São contadas histórias a respeito de como tudo começou e como tudo se relaciona. Dessa forma, a revelação da história e da tradição da tribo permite que um de seus membros tenha contato com seu passado ancestral, e o iniciado aprende o valor e o propósito da própria vida no contexto desse círculo mais amplo de sentido. Uma visão de mundo totalizante lhe é concedida, a qual delineia a relação entre o *self*, a sociedade e o universo.

Em contraste com a cosmologia única e abrangente das sociedades tradicionais, a cultura americana como um todo carece de um sistema compartilhado de crenças e sentido. O adolescente americano se depara com uma multiplicidade de crenças e valores (políticos, religiosos, éticos) que tem a vantagem de expressar a diversidade de nossa cultura, mas que pode deixá-lo vulnerável a um sentimento de fragmentação que o torna "menos capaz de encontrar uma expressão coerente para suas imagens-sentimentos urgentes" (LIFTON, 1979, p. 83).

Sem uma filosofia de vida para transmitir, o consumismo de massa que assola nossa juventude diariamente através da mídia tornou-se um substituto para uma visão de mundo coerente. Não existe uma visão nobre que comunique o sentido e o propósito da vida para além do acúmulo de riqueza. O psiquiatra suíço Menard Boss comenta esse tema ao apontar como a primazia da tecnologia delimita nossa visão do mundo. Ele afirma:

> Em grande parte, os próprios adultos não sabem o que lhes aconteceu e ainda está acontecendo. Eles não têm noção de que são prisioneiros do espírito tecnológico do tempo. Portanto, estão ainda menos conscientes de que o severo estreitamento da sua visão de mundo advém não apenas das suas tramas e ações, mas sim do destino desta era. Com esses antolhos, eles podem ver, entre todas as formas de relação com o mundo, somente o aumento do poder sobre as coisas para fins de controle e para o consequente aumento do poder para os que o detêm... Mas,

quando os anciões não têm mais muito a dizer que seja humanamente útil ou significativo, não se pode culpar os jovens por quererem seguir seu caminho e tomar parte na construção da sociedade e de suas próprias vidas (1983, p. 287-288).

Boss está referindo-se ao desespero que os jovens experimentam quando os adultos não lhes transmitem um senso de vitalidade quanto à vida. Os sentimentos agudos de desesperança e falta de sentido com que os adolescentes tanto se identificam hoje podem estar, em parte, ligados ao que significa viver em uma cultura pós-moderna, na qual o espírito da tecnologia é a força dominante. Boss também toca no mito do *self* individualista que acompanha a sociedade *high-tech* de hoje, o qual postula que somos sujeitos autossuficientes e isolados, cercados por um mundo de objetos totalmente à nossa disposição.

As advertências incessantes aos jovens para que se mantenham seguros, simplesmente digam não e evitem a pressão dos pares replicam esse mito. Essa retórica implora ao jovem que se aparte e resista ao chamado da comunidade. A desintegração cultural mais ampla das comunidades sustentáveis, combinada a uma lealdade feroz ao individualismo, expressam-se sutilmente na instrução pedagógica dada aos jovens para que não saiam da linha. A comunidade é pintada como corruptora e perigosa, e o mundo deve ser temido e visto com desconfiança. O atual ressurgimento dos toques de recolher rígidos para adolescentes que vêm sendo impostos em cidades de todo o país transmite essa mensagem. O mesmo fazem a falta de recursos para centros comunitários, bibliotecas públicas e parques, que representam um modo para que os adolescentes se integrem à comunidade através de um espaço aprovado em que possam se sentir em casa. Com a salvação pelos computadores promovida pelas escolas e pela mídia, os adolescentes são atraídos para um espaço interior isolado, em que a comunidade virtual toma o lugar da comunidade real. Vamos mantê-los fora das ruas e das nossas vidas, confinando-os ao espaço cibernético. Marin afirma: "Em poucas outras culturas as pessoas de 15 ou 18 anos foram isoladas de forma tão inútil da participação na comunidade, consideradas tão desnecessárias (aos olhos de seus adultos) ou tão limitadas pela lei" (1974, p. 46).

Ivan Illich (1982) observa que uma razão para a prevalência do uso de drogas em nossa cultura é que elas contrabalançam a anestesia da nossa vida diária, ou seja, algum estímulo potente é necessário para obter a sensação de estar vivo. Essa ideia se encaixa bem no que venho dizendo sobre a falta de experiências vitalizantes disponíveis atualmente para os adolescentes. Se a cultura não oferece nada para compensar as imagens da morte na adolescência, quando o jovem se sente impotente e inundado por imagens-sentimentos insistentes de inércia e estase, então o recurso às drogas e ao álcool faz sentido. A forma abusiva como essas substâncias são consumidas pelos adolescentes pode mascarar uma tentativa desesperada de sentirem-se vivos ou reais e saberem que vale a pena viver.

Uma dinâmica semelhante se desenrola entre adolescentes de centros urbanos desfavorecidos e cada vez mais entre os que vivem nos subúrbios mais afluentes, que sentem a necessidade de portar armas. Hume descreve a natureza sedutora da entrada em uma gangue e da participação em crimes na juventude. Na seguinte passagem, ele descreve a experiência de um adolescente que comete seu primeiro assalto à mão armada:

> – Certo, vamos lá – John sussurrou, e eles se levantaram, cercaram o Pontiac e confrontaram

o homem de meia-idade que abria a porta do carro. John estava com seu revólver à vista (ele não se lembrava de tê-lo sacado da cintura) e percebeu que estava apontando para o homem. Ele viu os olhos da vítima se arregalarem de medo e, pela primeira vez, entendeu a natureza genuinamente sedutora da gangue: o verdadeiro poder. Aquele homem estava prestes a mijar as calças. Por causa dele (1996, p. 92).

Para adolescentes que crescem em áreas pobres assoladas pelo desemprego, crime e violência, as imagens-sentimentos de perda, entorpecimento e morte que caracterizo como atributos da adolescência como transição central do ciclo da vida não são vivenciadas apenas como realidades internas, mas como fatos cotidianos. Geoffrey Canada, em seu livro memórias *Fist Stick Knife Gun* (Punho pau faca arma, em tradução livre), aponta como os jovens dessas comunidades aproveitam o fácil acesso às armas como emblemas de poder que oferecem a ilusão de superar sentimentos de impotência. Com uma arma, eles têm nas mãos o poder sobre a vida e a morte. Contudo, como aponta Canada, essa é uma forma prematura e altamente perigosa de tentar apropriar-se do poder vital. Ele afirma:

> Jovens com armas muitas vezes não veem limites ao seu poder. Eles nunca se depararam com os limites naturais que enfrentamos ao crescer, quando, para muitos de nós, um nariz quebrado ou um dente lascado atenuavam nossas reações aos embates diários da vida nas ruas. Com muita frequência, os jovens com armas de hoje percebem o limite de seu poder somente quando estão morrendo. Ter uma arma significa poder adotar um novo conjunto de padrões quanto ao que se vai ou não aceitar dos outros. Se antes você resmungava baixinho

e continuava andando ao ser xingado na rua por alguém maior, se hoje tiver uma arma provavelmente vai parar e confrontar a pessoa ali mesmo... Ter uma arma é a forma mais extrema de proteção (1995, p. 100).

Já que o abuso de drogas e de álcool e a violência de rua são dois dos problemas mais trágicos e complexos da adolescência na nossa cultura, tentei criar um contexto para compreendermos por que os adolescentes estão tão dispostos a colocar suas vidas em risco ao tomar parte nesses comportamentos autodestrutivos. O que venho explorando nos últimos três capítulos diz respeito à profunda necessidade da psique adolescente de vivenciar afirmação e vitalidade em resposta aos momentos de separação, desintegração e estase que acompanham a passagem pela adolescência. O que acontece, então, em uma cultura com poucos veículos disponíveis para acessar as contrapartidas desses equivalentes da morte: conexão, integração e movimento? Vemos o resultado à nossa volta em adolescentes desesperados para simular uma breve sensação de vitalidade, embora suas tentativas carreguem consigo uma vertente destrutiva. Haverá um modo de reorientar a discussão sobre o uso de drogas, a violência, a transmissão da Aids etc. na população adolescente para dar mais valor e reconhecimento à fome de experiências vitalizantes dos jovens? Embasar nossa visão nesse conhecimento nos permite compreender, apreciar e responder à realidade de seu desespero.

Parte III
Jung e a adolescência: uma nova síntese

6
As tarefas de individuação da adolescência

> *Era difícil, e também assustador, aceitar que a coisa mais importante que aconteceria comigo, a coisa que era a minha vida, acontecera quando eu ainda não tinha bem 17 anos de idade.*
> Scott Spencer

Introdução

Agora me volto à psicologia de C.G. Jung para aplicar suas ideias sobre o desenvolvimento da personalidade à minha elucidação de uma psicologia não reducionista que explique a natureza singular e revelatória da adolescência. Embora poucos escritos de Jung tratem explicitamente da questão da adolescência, muitas de suas ideias e conceitos principais, como a *persona* e a sombra (que vou examinar no próximo capítulo), bem como sua abordagem teleológica dos fenômenos psicológicos e sua concepção da psique como um sistema autorregulador, auxiliam na compreensão da psique adolescente. Neste capítulo, vou explorar a pertinência do conceito de individuação de Jung para a compreensão de muitas transformações importantes que ocorrem na adolescência.

Como aponta Samuels (1985), Jung se contradiz repetidamente em suas descrições do desenvolvimento psicológico da criança. Por um lado, ele enfatiza a configuração psicológica que é singular a cada criança e que mantém seu caráter individual em face das forças ambientais e sociais. Segundo esse lado essencialista de Jung, a criança não é uma tábula rasa, mas sim vem ao mundo como "uma entidade individual nitidamente definida" (OC 9, § 151). Por outro lado, Jung escreve com sensibilidade a respeito da suscetibilidade da criança à vida inconsciente dos pais: "Pais e mães marcam profundamente a mente de seus filhos com o timbre das suas personalidades; quanto mais sensível e impressionável a criança, mais profunda a marca" (OC 2, § 1.007).

Essas duas perspectivas batem de frente e dão lugar a diferentes escolas de psicologia e diferentes perspectivas do desenvolvimento adolescente. Abri esse livro destacando a tensão entre essas perspectivas ao tomar uma postura oposta à escola psicanalítica e à Escola Analítica do Desenvolvimento, que enfatizam como as interações precoces com os pais são fatores determinantes primários do que vai ocorrer na adolescência. Agora, nesta primeira seção, vou examinar as manifestações aqui-agora da relação pais-adolescente com uma exploração das ideias de Jung sobre os efeitos do inconsciente parental na criança em desenvolvimento. Nas duas seções seguintes, vou desenvolver temas mais pertinentes ao outro lado de Jung, no qual a criança entra no mundo como um indivíduo nitidamente definido, delineando como essa individualidade se manifesta durante a adolescência. Esse tema segue a minha ênfase na natureza teleológica da adolescência; como algo novo se apresenta que tem implicações importantes para o futuro, mas que pode ser obscurecido quando o foco primário está no passado.

A influência do inconsciente dos pais no adolescente

Frances Wickes (1927), um terapeuta de crianças que foi um dos primeiros seguidores de Jung, fundamenta sua abordagem terapêutica com crianças e adolescentes na ideia de que a vida inconsciente dos pais colide com o desenrolar do desenvolvimento da psique dos filhos. Para Wickes, a vulnerabilidade da criança a essas colisões assume características únicas durante a adolescência.

Wickes descreve as mudanças tremendas que têm lugar na vida familiar quando um filho entra na puberdade. Ocorre um deslocamento: os modos familiares confortáveis de convivência são abalados, e, para os pais, esse momento altamente simbólico marca uma mudança significativa em seus papéis e funções como chefes da casa. Alguns pais aprovam essa mudança, outros não. Alguns se sentem terrivelmente ameaçados pela perspectiva de sua criança tornar-se um adolescente, pois isso é um lembrete doloroso da passagem dos anos e do golfo que não para de se alargar entre o tempo presente e sua própria juventude. O que pode resultar, então, é uma tentativa inconsciente de manter o filho adolescente em um papel de dependência, restringindo suas atividades e mantendo-o em casa.

Conheci famílias em que não havia distinção entre a hora de voltar para casa, a hora de dormir ou os privilégios entre os filhos mais jovens, de 8, 9 e dez 10 de idade, e o adolescente de 16. Os adolescentes geralmente estão cientes da dinâmica subjacente: ouvem-se coisas como: "Minha mãe não quer que eu cresça. Ela me trata como se eu ainda fosse uma criancinha". Nessas circunstâncias, é benéfico que o terapeuta ajude os pais a refletir sobre como os limites da família precisam mudar com um adolescente em casa. Os pais também podem beneficiar-se de ter um lugar onde possam expressar a tristeza de perder a intimidade e a proximidade que sentiam com um filho. Quando essa tristeza não pode expressar-se, os pais interpretam a diferenciação crescente do adolescente da família como uma rejeição pessoal, o que apenas alimenta a tensão na casa e mantém o adolescente mais distante do que talvez fosse necessário. Apontar para os pais a necessidade desse comportamento para o desenvolvimento pode dar-lhes a perspectiva suficiente para libertarem seu filho emocionalmente e vivenciarem o próprio senso de perda em relação às mudanças que estão ocorrendo na família.

Uma colisão também ocorre quando os pais usam a energia engendrada pela adolescência dos filhos para estimular um senso da sua própria juventude. Eles se envolvem excessivamente nas amizades, romances e intrigas do grupo de pares de seus filhos, revivendo o que podem ter perdido como jovens ou tentando inconscientemente prolongar a própria juventude. Podemos dizer que esses pais se alimentam da energia e do entusiasmo que um adolescente traz para a família.

Ou os pais podem usar "jogos de poder" para manter os filhos atados a si (ibid., p. 104-105). Por exemplo, podem citar constantemente todos os sacrifícios que fizeram por eles (um pai que conheci chegou a calcular o total que havia gasto com seu adolescente desde o nascimento e apresentou-lhe na forma de uma conta). Dessa maneira, eles pressionam os adolescentes a se comportar e se conformar aos seus desejos para saldar sua dívida. Wickes fala da sensação crescente de ressentimento inconsciente que isso gera nos filhos. Em muitos casos, ao se romper uma fachada profundamente amorosa, o ódio pelos pais se manifesta, expressando a exasperação do adolescente com essa dinâmica.

O trabalho de Zinner e Shapiro (1972) com famílias de adolescentes, focado na identificação projetiva, oferece outro modo de conceitualizar o choque entre o inconsciente dos pais e o adolescente. Em seu modelo, a necessidade dos pais de repudiar certos aspectos de si mesmos, como a raiva ou a sexualidade, é satisfeita projetando-os no adolescente e, então, identificando este como a corporificação dessa característica. Por exemplo, um pai pode dizer: "Esta é a ovelha negra da família" ou: "Ela está sempre com raiva". Com frequência, o filho vai compactuar com os pais, assumindo o papel atribuído porque sabe que isso os acalma e oferece uma chance para que a relação sobreviva.

A adolescência é um momento em que as características comportamentais que podem ter sido ocultas ou parcialmente disfarçadas pelos pais se manifestam na relação com os filhos. Se um pai tem uma relação de dependência com uma substância, o problema de abuso de substâncias do adolescente pode tonar-se o foco principal da família. Se alguma infidelidade sexual estiver ocorrendo no casamento, a atividade sexual do próprio adolescente pode assumir o papel central. Grande parte do trabalho de Zinner e Shapiro com famílias trata de ajudar os pais a suspenderem suas projeções para que possam enxergar seus filhos adolescentes sob uma luz menos obscura.

Avaliar a qualidade da verdadeira relação entre um adolescente e seus pais é difícil e confuso para o terapeuta. Os sentimentos explodem de repente: há ódio e inimizade em um momento, e devoção e idealização no próximo. Em uma consulta, escutei uma adolescente se queixar agressivamente de como sua mãe era terrível e a odiava. Na semana seguinte, em uma sessão de família, fiquei chocado ao testemunhar a dedicação e a ternura que havia entre as duas quando juntas na mesma sala.

Nunca se tem certeza do nível de inconsciência que está expresso no retrato que os adolescentes pintam de seus pais. Por isso, é um equívoco tomar como verdade absoluta o que comunicam a respeito deles inicialmente. Os adolescentes mergulham sem medo nas águas do ressentimento e da raiva inconscientes dirigidas a pais e mães, transmitindo um panorama sombrio de suas relações que já cometi o erro de tomar literalmente muitas vezes, pois é expresso com convicção e uma grande carga de energia. No entanto, é preciso aprender a escutar de forma mais neutra, de modo a não endossar e reforçar a imagem mais monstruosa dos pais que um adolescente pode conjurar. Afinal, esse é apenas um lado de uma relação complexa. De fato, corre-se um sério risco ao expressar muita empatia com o retrato inconsciente dos pais: mais tarde, se o terapeuta ousa retornar a um elemento desse quadro terrível, o adolescente pode sentir-se traído e atacar: "Quem você pensa que é para falar assim do meu pai?"

Os diálogos a respeito dos pais na terapia ganham maior textura à medida que a raiva e o ressentimento do adolescente se expressam em uma oposição extrema àquilo que ele percebe como os desejos dos pais para si. Tal dinâmica fica clara ao indagarmos por que ele está comportando-se de certa forma ou fazendo certas escolhas. Com frequência, descobre-se que a rebeldia contra as atitudes e os valores dos pais é o principal fator que motiva o jovem a fazer ou não alguma coisa. "Por que você quer parar de estudar?", "Por que a única coisa que realmente importa para os meus pais é que eu me forme."

Quanto a isso, é importante recordarmos a afirmação de Jung: "O adolescente primeiro tenta se separar o máximo possível da família. Ele pode até abandoná-la, mas, internamente, isso apenas o ata mais firmemente à imagem dos pais" (OC 2, § 1.007). É complicado comunicar essa ideia a um adolescente: que fazendo o exato oposto do que seus pais querem, ele permanece vinculado a eles. Em outras palavras, esse tipo de rebeldia o mantém tão dependente dos pais para determinar o próprio comportamento quanto sempre esteve. Por isso, é de grande importância ajudar o adolescente a diferenciar entre o que ele faz porque sabe que seus pais desaprovariam e o que faz porque realmente o deseja. A terapia pode ser o lugar para fazer essas distinções.

Jung observa: "Mas a verdadeira terapia só tem início quando o paciente vê que não são mais o pai e a mãe que se interpõem em seu caminho, mas ele mesmo, ou seja, uma parte inconsciente da sua personalidade que desempenha o papel de mãe e pai" (OC 7, § 88). Isso foi escrito com adultos em mente, mas é essencialmente um aspecto central do trabalho com adolescentes. As ramificações arquetípicas dessa observação serão exploradas no capítulo 8, no qual me volto para a dinâmica da projeção adolescente.

O significado teleológico da adolescência

Segundo Jung, a adolescência é o primeiro momento em que um filho pode vivenciar o mundo fora dos efeitos limitantes da psicologia de seus pais. Na seguinte passagem, ele descreve as forças evolutivas que impelem uma criança na puberdade.

> No estágio infantil da consciência, ainda não há problemas: nada depende do sujeito, pois a própria criança ainda é inteiramente dependente dos pais. É como se ela não tivesse ainda nascido completamente, mas ainda estivesse contida na atmosfera psíquica de seus pais. O

nascimento psíquico e, com ele, a diferenciação consciente dos pais normalmente tem lugar apenas na puberdade, com a erupção da sexualidade. A mudança fisiológica é acompanhada de uma revolução psíquica, pois as várias manifestações corporais conferem tal ênfase ao ego que este muitas vezes se afirma sem limites ou moderação. Essa às vezes é chamada de "a idade insuportável" (OC 8, § 756).

Para Jung, portanto, o que está nascendo na adolescência é o indivíduo psicológico em desenvolvimento. A relação com a psique se transforma quando o sujeito começa a se diferenciar dos pais (Jung se refere a isso como uma revolução psíquica). Essa ideia foi iluminada por Jung no início de sua carreira, quando participou de sessões espíritas conduzidas pela Srta. S.W., uma menina de 15 anos que tinha o papel de médium. Em sua dissertação de doutorado *Psicologia e patologia dos fenômenos ditos ocultos*, Jung interpreta a mediunidade e o contato com espíritos como uma expressão dos conteúdos inconscientes cindidos da própria Srta. S.W., que haviam formado complexos autônomos. Segundo ele, a Srta. S.W. estava atribuindo equivocadamente aos espíritos os conteúdos do próprio inconsciente. Em sua descrição da capacidade mediúnica da jovem de 15 anos, à qual ele se refere como "dupla consciência", Jung revela algo importante sobre a adolescência. Ele afirma: "Portanto, é concebível que os fenômenos de dupla consciência sejam simplesmente novas formações de caráter ou tentativas da futura personalidade de se manifestar" (OC 1, § 136).

Em outras palavras, um aspecto novo do caráter tenta manifestar-se na adolescência. Isso é teleologicamente significativo. Imagine se considerássemos os aspectos mais difíceis do desenvolvimento nesse período no contexto de uma fonte iminente de energia e de um modo futuro de ser que tenta manifestar-se na personalidade do adolescente. Em vez de patologizarmos as perturbações que essa energia traz, não seria mais inteligente e significativo, em termos terapêuticos, desenvolver formas de sermos receptivos a elas? Imaginar a adolescência dessa forma está em sintonia com a ideia de Jung do processo de individuação.

A adolescência como individuação

Na conclusão de *Tipos psicológicos* (OC 6), Jung oferece uma definição persuasiva da individuação, um conceito-chave em sua psicologia. Escolhi essa definição em particular para ilustrar a conexão entre a caracterização de Jung da adolescência como nascimento psíquico e da individuação como surgimento de um indivíduo psicológico distinto da psicologia coletiva. Jung define a individuação da seguinte maneira:

> Em geral, é o processo pelo qual seres individuais são formados e diferenciados. Em particular, é o desenvolvimento do indivíduo psicológico como distinto da psicologia coletiva geral. A individuação, portanto, é um processo de diferenciação, cujo objetivo é o desenvolvimento da personalidade individual (OC 6, § 757).

Há amplas divergências entre as escolas pós-junguianas de pensamento quanto à interpretação do conceito de individuação de Jung, ao qual Samuel se refere sucintamente como "a realização gradual do *self* ao longo da vida" (1985, p. 101). O debate sobre a compreensão da individuação como construto psicológico está centrado na questão se este é ou não um processo natural e universal, que ocorre em todas as pessoas, ou algo que somente se aplica a indivíduos socialmente adaptados com egos bem desenvolvidos. Nesse caso, a integração psicológica é um pré-requisito para se trilhar o caminho da individuação.

A outra questão aberta para discussão é se o processo de individuação se origina na segunda metade da vida, como Jung o descrevia mais tipicamente. Na concepção clássica, a primeira metade da vida é governada pela expansão e adaptação à realidade externa. O ego está amadurecendo e se consolidando na busca por independência e está separado do *self*, o centro mais profundo da personalidade. O processo de individuação tem início na segunda metade da vida, em reação a uma crise que força o indivíduo a compensar a unilateralidade da busca da expansão do ego na direção externa. À medida que indivíduo se volta para dentro, fazendo contato com o *self*, são produzidos símbolos e imagens que, através do processo de engajamento consciente, criam o terreno para a transformação psicológica (JACOBI, 1965).

A Escola Analítica do Desenvolvimento oferece uma visão contrastante do processo de individuação, tomando-o como uma atividade que se estende por todo o ciclo da vida. Fordham (1994) foi o primeiro junguiano a observar que todas as características essenciais do processo de individuação têm lugar na infância, argumentando que, aos 2 anos de idade, o bebê já está separado e diferenciado da mãe. Essa formulação está de acordo com a noção de Jung da individuação como nascimento do indivíduo psicológico.

Aqui, sigo a Escola do Desenvolvimento na compreensão da individuação como um processo que se estende pela vida toda. Como o trabalho de Fordham detalha a individuação no bebê e na primeira infância, vou delinear as características do processo que têm lugar na adolescência. Os conflitos e crises, a ferida à personalidade, as imagens de morte, renascimento e iniciação e o árduo sofrimento serão entendidos como parte da corrente de individuação que flui pela adolescência.

Ao propor que os adolescentes passam por um processo de individuação, eu me desvio da concepção de individuação da escola clássica, em que o foco da análise está na manifestação do *self* por meio de fenômenos psíquicos internos, e não dos eventos externos da vida de uma pessoa, como os relacionamentos interpessoais ou as interações que ocorrem na psicoterapia. Minha concepção está mais alinhada com a escola arquetípica, que presume uma unidade ontológica entre o *self* e o mundo e opera com uma visão da realidade psíquica como relacionada ao mundo[11]. Uma vez que adolescência é, por natureza, um tempo tão crucial para testar-se no mundo através da ação, friso como esses encontros afetam significativamente a psique adolescente, além das imagens, sonhos e fantasias que têm origem nessa fase.

Guggenbühl-Craig questiona a ligação da individuação à segunda metade da vida. Ele desconstrói a narrativa que define as tarefas de um jovem primeiramente como o domínio do mundo externo, devendo estabelecer-se profissionalmente e formar uma família antes de poder, na segunda metade da vida, voltar-se para a questão do sentido. Ele afirma:

> Em minha experiência analítica, constatei que o processo de individuação pode aparecer em qualquer estágio da vida. Pude observá-lo muitas vezes em jovens, muitos dos quais se debatem com os problemas de Deus, da morte e do Demônio. Tais jovens estão completamente abertos à polaridade da existência humana, sem serem derrotados por ela. Eles penetram

> psicologicamente na profundidade da natureza do homem e da Criação. Reconheci nos sonhos desses adolescentes os símbolos da individuação e da busca do *self* e vi como eles confrontam e são influenciados por esses símbolos (1971, p. 140).
>
> Uma aproximação ao *self* pode ter lugar em qualquer idade: um jovem de 16 anos pode ter avançado muito no caminho da individuação, enquanto um adulto de 60 pode ter abandonado completamente essa busca. Ao longo de nossa vida nos aproximamos do âmago do nosso ser apenas para nos apartarmos dele outra vez. Esse é um processo constante, uma aproximação e distanciamento cíclico (ibid., p. 141).

Guggenbühl-Craig está afirmando que há certas descobertas que ocorrem na adolescência nas quais um indivíduo se aproxima muito do *self*. Ver isso como parte do processo de individuação confere valor a essas experiências e nos permite contemplar o que elas podem significar para a vida futura. Sem algum meio de atribuir sentido ao que acontece na adolescência, é muito fácil cairmos na armadilha de patologizarmos os adolescentes como doentes, loucos ou delinquentes. Reconhecer que a individuação, como um processo de desenvolvimento psicológico profundo, flui lado a lado com as ações e emoções da adolescência nos impede de fazer julgamentos com base apenas no comportamento superficial.

Tal perspectiva oferece um novo modo de pensar sobre como evitar que um adolescente passe dos limites ao se envolver em ações ou comportamentos perigosos. Quanto menos formos capazes de escutar a profunda batalha psicológica contida neles, maior a compulsão por parte do adolescente de elevá-los a um nível extremo. Ao agirem de maneiras perturbadoras e desconcertantes, os adolescentes não estão apenas clamando por atenção (que é uma das nossas explicações mais comuns para esse comportamento), mas sim expressando a dificuldade de lidar com os problemas que envolvem a psique *in extremis*.

A fenomenologia da individuação adolescente

Quero agora oferecer uma descrição da individuação adolescente, delineando certos eventos específicos da adolescência que iluminam o processo misterioso de descobrir a própria singularidade durante esse período do desenvolvimento. Embora Jung fale da individuação como instinto, ela não é tão imediatamente aparente quanto nossa necessidade de comida ou sono. O impulso à individuação ocorre em frequência mais baixa e, entre a estática e o tumulto da vida adolescente, receber esses sinais não é uma tarefa fácil[12]. A natureza privada e oculta da formação da identidade na adolescência contribui para essa qualidade de ocultação, tornando a individuação adolescente um processo de difícil discernimento para o outro.

Mais do que isso, o processo de realização do *self* não é revelado de um modo claro para o adolescente que passa por essa experiência. Os adolescentes não atribuem o mesmo tipo de sentido ao que estão vivenciando que nós, no papel de observadores externos trabalhando com o material de suas vidas de forma psicológica. "Meninos e meninas querem ser compreendidos?", pergunta Winnicott. "Acho que a resposta é não. Na verdade, os adultos devem esconder aquilo que compreendem sobre a adolescência" (1963a, p. 145). Na maior parte, os adolescentes resistem aos relatos teóricos de suas vidas nos textos da psicologia. Para eles, o sentido desses eventos individuantes está na capacidade de, como experiência vivida (e não no nível da reflexão psicológica), tocar em pontos fundamentais cujas reverberações os impulsionam para a vida. O adolescente é igualmente atraído e repelido por experiências que tocam profundamente a psique. Como resultado, ocorrem cisões insuportáveis na identidade e no funcionamento do sujeito, e é a tensão viva dessas cisões que propele o desenvolvimento.

A amizade adolescente e o primeiro amor

A força das amizades adolescentes tem raiz na capacidade do coração durante essa fase de abrir-se sem reservas à conexão com o outro. A conexão pelo coração permite que os sentimentos fluam livremente quando os adolescentes se envolvem uns com os outros de maneira direta e sem censura. O que é tão tocante nessas conversas é o nível de vulnerabilidade permitido, bem como a disposição a compartilhar sentimentos complicados. O *self* é oferecido de formas dramáticas e lúdicas que não se repetem com frequência nas amizades adultas.

A lealdade dentro do grupo de pares é outro fenômeno notável. Os laços de amizade são levados a sério, e os adolescentes protegem uns aos outros. Em alguns casos, o código implícito da vida em grupo de não "entregar" o outro é rigidamente observado a um alto custo para os indivíduos envolvidos. Os adolescentes se permitem ser cuidados pelos amigos e demonstram uma ternura genuína quando estão no papel de cuidadores. Como a necessidade de intimidade não é mais satisfeita exclusivamente pela família, a proximidade e a familiaridade se transferem para o grupo de pares.

Uma manifestação de como a necessidade de intimidade sai do campo familiar ocorre quando o adolescente se apaixona pela primeira vez. Aqui, a guinada na direção do outro é sexual, e a trajetória desse amor vai na direção oposta à da vida familiar. O primeiro amor é marcado por uma alta carga psíquica e um ardor dramático. Ele penetra no âmago da psique, e a vida emocional é plenamente engajada, de corpo e alma. Em algum outro momento da vida estamos tão abertos ao amor? David, o adolescente protagonista do romance *Amor sem fim*, de Scott Spencer, descreve essa experiência da seguinte forma:

> A partir do instante em que aprendi a amar Jade... não havia nada em minha vida que não estivesse cheio de sentido, que não fosse capaz de sugerir significados estranhos e ocultos, que não carregasse consigo o sabor do que, por falta de uma palavra melhor, chamarei de Infinito. Se apaixonar-se é ser subitamente unido à parte mais rebelde, mais escandalosamente viva de si mesmo, este estado de consciência penetrante não diminuiu em mim, como vim a saber que acontece com outras pessoas após algum tempo (1979, p. 23).

Traição

A abertura do coração e da mente na amizade adolescente leva a outra experiência que se manifesta de forma inédita durante a adolescência: a traição. O aguilhão da traição é cortante, desencadeando uma corrente emocional cuja força tem o potencial de perturbar as estruturas estabilizadoras que contêm a psique. O mundo é virado de cabeça para baixo. As ondas de sofrimento e luto parecem insuportáveis para uma psique que ainda não conhecia esse tipo de dor crua.

Os episódios iniciais de ruptura, abandono e rejeição deixam traços na psique adolescente que afetam fortemente o fluxo da libido nas décadas seguintes da vida adulta. Consequentemente, a adolescência é o período do desenvolvimento em que o conhecimento sobre como proteger o *self* se torna uma necessidade. Esses episódios extremamente dolorosos servem como instruções para a preservação do *self*. Aprende-se a ter cautela e comedimento ao entrar em um relacionamento. Descobrir a própria forma de proteger o coração e suportar sua angústia tem raiz na reação a estes primeiros encontros, que despertam a tremenda capacidade de sofrimento da psique.

Os adolescentes traem uns aos outros com frequência, de formas grandes e pequenas. Muito do seu tempo é dedicado a essas traições, e, nesse processo, criam-se redes de sentido e emoção que os ligam àqueles de quem são próximos. A capacidade de se recuperar de uma traição e ainda permanecer engajado no ciclo da vida é uma marca registrada da saúde psicológica na adolescência. Se os circuitos continuarem abertos, o adolescente não terá medo de expor o *self* em uma nova relação. Nesse respeito, um isolamento extremo pode apontar para a incapacidade de se recuperar da dor ou da rejeição.

Ao criar uma relação com o adolescente que se retraiu do contato com o mundo, a psicoterapia pode trazer uma psique isolada de volta à conexão. Por isso, pode ser um remédio natural quando a libido adolescente deixa de fluir. Relacionamentos criam relacionamentos, e, por um processo de osmose, o adolescente retorna à vida, disposto a se arriscar mais uma vez.

Pensamentos de suicídio e morte

Na parte II, vimos como a constelação de luto, perda, morte e morrer é parte integrante do desenvolvimento na adolescência. Os adolescentes estão sintonizados de uma forma existencialmente rica com o dilema da existência humana: somos mortais e devemos morrer. Pensamentos, sentimentos e *insights* sobre a natureza da mortalidade surgem porque os adolescentes estão atravessando, no nível experiencial, a morte e o processo de morrer. Como resultado, há mais consciência e sensibilidade à perda e à morte das coisas.

Michael Ventura faz o seguinte relato a respeito de seu filho de 13 anos:

> Por volta dos 13 anos, meu filho chegou em casa uma noite, sentou-se no sofá e, em uma espécie de fúria, disparou: "É muito fudido. É tão fudido, cara, essa porra toda é tão fudida. O que a gente faz nesse mundo, cara?" (HILLMAN & VENTURA, 1992, p. 236).

A adolescência é um momento da vida em que *insights* fundamentais sobre a existência, Deus e a morte, questões de suma importância, são catexizados como ideias intelectuais e realidades emocionais. Por isso, leio as palavras do filho de Ventura como uma expressão notavelmente articulada, no vernáculo da adolescência, da natureza contingente da vida. Como responder a esse lamento cheio de fúria e indignação? Como adultos, de que lugar dentro de nós podemos conectar-nos com essa manifestação?

Friso esse ponto porque tendemos ao pânico com o surgimento de sentimentos tão intensos em um adolescente, convictos de que algo deve estar terrivelmente errado. Em vez de servirmos como testemunhas, imediatamente nos apressamos com perguntas sobre sua segurança ("Você está pensando em fazer alguma coisa contra si mesmo?") quando, em muitos casos, isso nunca esteve em questão. Ao revelar esses sentimentos, o adolescente está confiando que quem o escuta será receptivo ao seu sofrimento sem precisar literalizá-lo.

Talvez seja tão irresponsável não nos preocuparmos com a possibilidade de um suicídio e não indagarmos a respeito quando tais temores são justificados quanto impor essa estrutura a uma situação em que não é disso que se trata e o adolescente está buscando uma resposta muito diferente. Testemunhar um jovem situado cognitiva e emocionalmente na fronteira entre a vida e a morte nos ameaça ao cortar visceralmente a trama que dá textura à nossa própria vida. Nosso pânico ao escutarmos um adolescente articulando pensamentos e sentimentos nesse limite pode ter o efeito de criar pânico no adolescente. Se não estivermos dispostos a aceitar o fato de que a adolescência em si contém esse aspecto mais sombrio, podemos comunicar sutilmente a mensagem de que essa emoção é errada, intolerável e impossível de superar. Em vez de os escutarmos e modelar uma forma de suportar esses sentimentos, nossa resposta revela nossa própria desconfiança de um afeto intenso e a necessidade de nos dissociarmos dele.

A adolescência é um período do desenvolvimento caracterizado pelo luto e pela angústia da perda. Uma sensação iminente de perda faz parte do pano de fundo da luta para deixar para trás a infância e se tornar menos dependente das figuras parentais. A relação com os pais muda em muitos níveis à medida que o jovem se volta para relacionamentos fora da família.

Conforme a necessidade de dependência se desloca, os adolescentes começam a ver seus pais sob uma luz menos idealizada do que quando eram crianças. O que estava ausente na relação e nas inadequações da mãe ou do pai subitamente se revelam de maneira franca e alarmante. Os adolescentes são obrigados a considerar aqueles aspectos do próprio desenvolvimento nos quais seus pais não foram "suficientemente bons". Esse cômputo envolve um forte desejo de que os pais mudem, combinado a repetidas evidências de que certos aspectos de quem eles são e como se comportam não podem ser modificados. Os adolescentes lutam contra essa verdade, não acreditam nela nem a aceitam, e empregam muitas manobras para tentar ressuscitar a imagem do pai ideal. O lamento: "Por que eles não podem ser como eu preciso que sejam?" é agonizante e palpável. A mãe e o pai perfeitos são perdidos como realidades viáveis, e os adolescentes respondem a essa perda como um luto intenso.

Tal luto nem sempre é tão silencioso. Ele se expressa no nível pré-cognitivo nas brigas furiosas e incessantes com os pais. Por baixo do conteúdo manifesto da briga (não tirar o lixo ou limpar o quarto), é possível discernir a tristeza pelo pai que nunca foi capaz de acolher ou a fúria contra a mãe cuja própria agressividade entrava seriamente o desenvolvimento do filho.

Também existe a perda da infância e dos prazeres infantis que traziam conforto e tranquilidade. Esse é o campo de batalha da adolescência, em que a exigência de ser tratado como um adulto coexiste com o desejo de gratificação infantil. Os adolescentes querem ter a liberdade de voltar tarde para casa, mas então não acordam para ir à escola no dia seguinte. Os pais, frustrados com razão por essa inconsistência, são obrigados a apontar repetidamente que os privilégios da vida adulta exigem responsabilidades adultas.

Acredito que, muitas vezes, protegemos equivocadamente os adolescentes mais velhos e suas famílias de se separarem, quando esta poderia ser a solução mais sensata para ambas as partes. Nosso sentimentalismo em relação à família preserva a fantasia de todos vivendo juntos harmoniosamente (o objetivo implícito das tentativas de reunificar uma família) contra a realidade de que, muitas vezes, não há esperança de que as coisas possam ser reparadas. Algum tipo de separação pode ser uma necessidade psicológica. Essa dinâmica é terrivelmente complexa, dados os diversos níveis da necessidade de dependência por parte dos adolescentes e a ambivalência dos pais quanto a se separarem dele. No entanto, o impulso de individuação pode expressar-se na necessidade de um adolescente sair de casa antes que os pais estejam prontos para essa mudança. Nesses casos, as discussões constantes e a má adaptação podem ser uma expressão dessa necessidade não articulada.

Explorações religiosas e filosóficas

As questões religiosas podem ser exploradas com uma persistência que pode estar ausente até o momento em que um indivíduo se aproxima da morte. G. Stanley Hall (1904), que cunhou o termo "adolescência" para se referir a um período distinto do desenvolvimento, compreendia-a como uma época de entusiasmo religioso. Há uma busca de sentido para além do *self* na contemplação cosmológica do próprio lugar no universo. Uma abertura genuína às questões do espírito surge à medida que o adolescente mergulha na religião dos pais, adota uma nova religião ou começa a estudar textos místicos ou a se envolver em rituais espirituais. É fácil adotar uma atitude cínica, declarando essas práticas falaciosas e os adolescentes, ingênuos e suscetíveis ao charlatanismo do proselitismo religioso. Prefiro abordar a religiosidade como uma expressão da receptividade da psique adolescente às questões religiosas.

Tendemos a menosprezar o adolescente quando ele articula sua noção de uma questão religiosa ou filosófica, mas acredito que esta possa ser uma reação à maneira pouco sofisticada como os adolescentes expressam suas ideias. A própria palavra "adolescente" é usada de forma condenatória quando alguém nos apresenta uma obra de arte ou um poema cru e mal articulado. A acusação: "Acho seu trabalho adolescente" significa que ele é concreto demais e que o excesso de entusiasmo pelo tema é constrangedoramente sentimental, ou que almeja à verdade e à beleza de uma forma desajeitada e idealizada que carece de graça e estilo. Aqui se vê uma espécie singular de contratransferência, que talvez tenha algo a ver com o modo como nossas próprias criações adolescentes foram desprezadas, forçando o entusiasmo e a profundidade dos sentimentos que as geraram a se retraírem. Onde guardávamos nosso caderno secreto de poemas ou desenhos na adolescência? Alguém o descobriu e nos ridicularizou?

Esse tipo de desdém pelo que ainda não está plenamente aprimorado também se manifesta quando atacamos um adolescente por mudar de ideia ou expressar inconsistência. Ficamos chocados e horrorizados quando ele afirma uma posição em um dia e a abandona na semana seguinte em troca de algo diferente. Pouco reconhecimento é dado ao processo subjacente de construção de uma visão cosmológica, filosófica ou moral do mundo. A máxima de Nietzsche exprime bem nosso impulso de manter o adolescente congelado em uma posição anterior:

> Aqueles eram degraus para mim, e, por meio deles, ascendi: para isso, tive que passar por eles.

Mas pensavam que eu queria permanecer neles (1888, p. 472).

Comportamento obsessivo e consciência estética

Ao subir tais degraus, os adolescentes estão buscando oportunidades de integrar e expressar os sentimentos religiosos, ideias filosóficas e interesses estéticos que consideram estimulantes. Confiar que, por mais "adolescente" que isso nos pareça, algo significativo está passando-se no nível dos sentimentos amplia nossa aceitação dos rituais e práticas que os ajudam a ficar conectados com o que move sua psique. Franny, na novela *Franny e Zooey* de Salinger, é um bom exemplo. Ela não conseguia separar-se de sua pequena cópia com capa de tecido verde-ervilha do livro *Caminho de um peregrino*, que contava a história de um camponês que queria descobrir o que significa a exortação bíblica de que se deve rezar incessantemente. A obsessão de Franny com esse livro e sua adoção da prática ritual da oração contínua é uma dinâmica central em seu colapso nervoso, que acaba por levar à conversa telefônica esclarecedora com seu irmão, Zooey, que conclui a novela. Franny encontra algo naquele pequeno livro que tem implicações espirituais profundas para sua vida e, naquele momento, ela não pode separar-se dele.

Os pais temem esse tipo de obsessão e tentam constantemente expandir a estreiteza do *locus* de interesse de seus filhos. Esse estreitamento é ameaçador, seja ele expresso no desejo de ter um único amigo, ler o mesmo livro repetidamente, assistir a um filme em particular todos os dias durante um mês ou comer a mesma coisa em todas as refeições. A vida adulta é mais estruturada, regulada e balanceada em face das responsabilidades. O dom da adolescência é estar parcialmente livre dos fardos adultos para que esses comportamentos idiossincráticos e paixões obsessivas possam desenvolver-se, e é importante encontrar modos de tolerá-los, pois carregam um sentido considerável. A psique está elaborando alguma coisa nessas pequenas obsessões, e é preciso dar espaço para que os extremos de comportamento se desenvolvam. No que nos parece ser a peculiaridade das obsessões adolescentes, está sendo preparado o terreno para as atividades e interesses que servirão como matéria-prima para dar forma à vida.

A imaginação está em busca de novos elementos para trabalhar, brincar e moldar. Há uma fome de experiências que alimentem a psique adolescente e podem ser necessárias 30 sessões de um mesmo filme para satisfazê-la. Hillman (1992, p. xiii) concebe a enormidade e a paixão das emoções que surgem na adolescência como alterações quantitativas que aumentam a capacidade da psique, alargando seu "espaço interior". Para os adolescentes, a tábula rasa não se encontra na mente, mas sim naquela zona liminal onde o *self* e o mundo se encontram. A tábula rasa é preenchida pelo contato físico e o engajamento com o mundo.

Os adolescentes ainda não aprenderam a aplicar os filtros adultos que atenuam o brilho e a intensidade do mundo vivido. Este é psicologicamente vivo e fala ao adolescente por meio de imagens impressionantes, arrebatadoras. O senso estético é altamente estimulado à medida que uma nova espécie de envolvimento erótico com o mundo se estabelece. O adolescente é atraído pela beleza em parte como resultado da sua sensibilidade à dor e à perda. A sintonia com a qualidade efêmera e fugaz dos eventos da vida lhe permite ser profundamente tocado por uma experiência. A consciência estética se expressa no cuidado com que os adolescentes se vestem, sua noção de estilo. Embora sua aparência nos possa chocar e perturbar, a escolha das cores, texturas e estampas é feita com um olhar estético. De fato, muito da moda adulta, tanto do *prêt-à-porter* como da alta costura, evoluiu a partir do estilo e das roupas de grupos adolescentes. Por exemplo, os *hippies* do fim dos anos de 1960 e início dos 1970 influenciaram o estilo de vestir de toda uma geração. Hoje, o *grunge* domina algumas das passarelas mais prestigiadas de Nova York e Paris.

O protagonista do romance de Dostoiévski *O adolescente* percebe a importância da beleza para uma vida decente. Na seguinte passagem, ele descreve sua família desde a perspectiva do belo:

> Foi então que usei pela primeira vez a importante palavra "beleza". "Neles não há beleza...", pensei, e decidi que, "a partir deste momento, vou procurar a beleza... E como eles não a têm, por isso os deixo" (1971, p. 360).

Consciência política e social

A consciência política que emerge na adolescência é singular. Os adolescentes são agudamente sensíveis às questões de injustiça econômica e direitos humanos. São capazes de fazer observações e perguntas e imaginar soluções com grande liberdade de pensamento. Seus ideais não são corrompidos pelo cinismo e, portanto, os jovens são atraídos para a arena política com intensidade e uma energia ardente. Na adolescência, assumir uma posição política é engajar-se ao seu extremo. As sutilezas, a sofisticação e as nuances vêm mais tarde na vida. Mesmo assim, o amadurecimento dos instintos políticos se dá sobre o alicerce do comprometimento que surge de um idealismo nascente.

Creio que vale a pena mobilizar a consciência política dos meus clientes adolescentes na terapia. De especial interesse é o contraste entre o nível de ativismo político e eleitoral dos pais e como os filhos percebem as próprias possibilidades políticas. Os debates intensos à mesa de jantar a respeito de candidatos, filiações partidárias e valores sociais e políticos moldam a identidade e merecem atenção psicológica. A adolescência é um tempo fascinante para o que Samuels (1993) chama de desenvolvimento político da pessoa. A política leva à descoberta do próprio entendimento sobre o mundo; o que move a psique encontra expressão nas escolhas políticas.

Também há um interesse crescente durante a adolescência nos eventos políticos e sociais que ocorrem ao redor do globo. Isso é paradoxal, pois os adolescentes, por um lado, são egoístas, mas, ao mesmo tempo, notavelmente atentos aos eventos do mundo. Por exemplo, Robert Bosnak e Louise Mahdi fizeram trabalho de sonho com vários grupos de adolescentes da Rússia (antes da dissolução da União Soviética), Japão e Suíça e constataram que um número significativo deles, comparados aos adultos, tinha sonhos vívidos sobre o holocausto nuclear. Por serem adolescentes, eles ainda não tinham sido anestesiados contra os horrores de viver na era nuclear; sua imaginação ainda era vulnerável a essa terrível possibilidade[13]. Da mesma forma, os adolescentes podem estar mais despertos para os problemas ambientais que afetam o mundo atualmente. Com frequência, o que está bloqueado e entorpecido em nossa reação aos eventos mundiais está vivo e é sentido agudamente pelo adolescente.

A necessidade de permanecer oculto

Como já mencionei, Winnicott vê o adolescente essencialmente como isolado, mas atribui um valor positivo à qualidade protetora de sua solidão.

> O menino e a menina púberes podem ser descritos de várias maneiras, e uma delas diz respeito ao adolescente como isolado. A preservação do isolamento pessoal faz parte da busca da identidade e do estabelecimento de uma técnica pessoal de comunicação que não leve à violação do *self* central (1963b, p. 190).

A insegurança que marca a adolescência se deve em parte à sensação de ser vulnerável ao outro no contexto dos relacionamentos. A luta para consolidar a identidade envolve a busca por um modo de estar com os outros no qual o *self* esteja protegido. Isso não se conquista com facilidade. Quando um adolescente se expressa indiretamente e parece evasivo, algo dessa luta pode estar se passando. Às vezes, ele pode estar inteiramente indisponível para comunicação. Nossa contrariedade com a natureza não comunicativa dos adolescentes ignora a possibilidade de que eles ainda não tenham estabelecido uma forma estável de se relacionarem que os permita resguardar o que sentem como mais importante. Ver o desenvolvimento do estilo pessoal de comunicação como um aspecto da individuação adolescente nos ajuda a apreciar o que está em jogo quando um adolescente se fecha de repente. Não tomando sua recusa do contato direto como algo pessoal, estaremos em uma posição melhor para tolerar a frustração que ela engendra.

Winnicott segue dizendo:

> Na adolescência, quando o indivíduo está passando pelas mudanças da puberdade e ainda não está inteiramente pronto para fazer parte

da comunidade adulta, há um fortalecimento das defesas contra ser descoberto; isto é, ser descoberto antes de estar presente para ser descoberto. Aquilo que é verdadeiramente pessoal e sentido como real deve ser defendido a todo custo, mesmo que isso implique uma cegueira temporária para o valor das concessões (ibid.).

Winnicott está expressando a ideia de que, na adolescência, o *self* não está pronto para ser descoberto. De fato, ele ainda sequer existe como uma entidade completa e estável. O adolescente ainda não foi chamado a si, portanto, em essência, ainda não está presente, e há algo de prematuro em expor o *self* antes que ele tenha tido a chance de tomar consistência e forma. Os que se dedicam à psicoterapia com adolescentes devem levar a sério a ideia de que alguns elementos da psique adolescente precisam manter-se ocultos e não revelados. Talvez parte da tremenda resistência do adolescente às sondagens da psicologia clínica (entrevistas iniciais, diagnósticos, testagens e a psicoterapia em si) seja uma defesa saudável contra a revelação prematura do *self*. Muitos adolescentes vêm à terapia como resultado de uma violação traumática do *self* central, seja, literalmente, por abusos sexuais ou físicos, ou, figurativamente, através de ataques emocionais e agressões ao espírito. Lançar-se a uma investigação de sua vida interior sem respeitar essa necessidade de resguardar o *self* pode ser vivenciado pelo adolescente como uma violação e uma intromissão que repetem o trauma.

A descoberta do *self* na adolescência segue um caminho circular. Existe o desejo de manter distância dos mecanismos da própria psique para que a autoconsciência ocorra de uma maneira mais difusa do que nos adultos. Nós, no campo da psicologia, devemos tomar cuidado para não nos tornarmos técnicos em ecografia, empregando sem critérios nossa habilidade terapêutica para revelar uma imagem definitiva do *self* antes que ele esteja pronto para ser visto. Aquilo que se passa nas profundezas da psique adolescente pode muito bem precisar de um período de ocultação.

7
Persona e sombra na adolescência

Introdução

Agora vou voltar-me para dois conceitos básicos da psicologia junguiana, a *persona* e a sombra, abordando suas implicações para nosso estudo da psique adolescente. Ambas desempenham um papel central no processo de individuação durante a adolescência e acrescentam uma dimensão importante à nossa compreensão da psicoterapia de adolescentes.

Persona

> Foi então que aprendi a conhecer pela primeira vez a influência que pode emanar diretamente de um traje em particular. Mal tinha eu vestido um daqueles ternos quando tive que admitir que ele me tinha em seu poder, que prescrevia meus movimentos, minhas expressões faciais e, sim, até mesmo minhas ideias (RILKE, 1949, p. 91-92).

Na psicologia analítica, o conceito de *persona* (derivado do latim *persōna*, as máscaras usadas pelos atores na era clássica) atua na psique como um mediador entre o ego e o mundo externo. Ele diz respeito à adaptação inconsciente e coletiva, a face que uma pessoa veste para encarar o mundo (SAMUELS et al., 1986). A formação da *persona* assume o protagonismo na adolescência, visto que a construção da identidade no mundo é uma tarefa central da individuação adolescente.

No ensino médio, minha escola tinha quatro grupos dominantes: os atletas, os estranhos, os CDFs e os *nerds*, cada um com um estilo distinto de apresentação e perspectiva. O pátio no meio da escola separava a sala dos atletas da sala dos estranhos, enquanto os *nerds* ficavam na cantina, e os CDFs, na biblioteca. Recordo a ansiedade que eu sentia ao caminhar pela escola. Minha resposta inconsciente era imitar a *persona* do grupo em cujo território eu estava pisando. Assim, ao atravessar a sala dos atletas, eu me via caminhando mais ereto, com a cabeça levantada e o peito estufado e com um sorriso no rosto que anunciava para o mundo que a vida era boa e eu era feliz. Momentos depois, passando pela sala dos estranhos, eu baixava a cabeça e minha expressão se contorcia em uma carranca, informando a todos o quanto eu odiava minha vida e não dava a mínima para a escola.

A ênfase na *persona* na adolescência está diretamente relacionada a essa sensação de estar exposto, como se todos pudessem ver seus aspectos mais privados. Por isso, é comum que os adolescentes tentem evitar ser o centro das atenções, preferindo misturar-se ao cenário para não serem notados. Quando sabem que vão ser vistos, desesperam-se com a impressão que podem passar. Muita atenção é dada a como se vestem, com quem se relacionam e como falam. O constrangimento e a vergonha são provocados com facilidade, e os adolescentes gastam muita energia tomando precauções para se apresentarem e se moverem da forma certa, para evitar situações nas quais possam ser humilhados.

Para alguns adolescentes, a *persona* e o *self* se fundem palpavelmente. Eles projetam uma aura blindada, impenetrável, uma dureza que tenta bloquear qualquer traço de fraqueza ou vulnerabilidade. Até mesmo sua linguagem pode manifestar-se com um tom frio, brusco. Quanto maior a fusão, quanto mais forte e rigidamente os adolescentes se identificam com esse tipo de *persona*, maior a indicação de que sofreram algum grau de ferimento. A mensagem é clara: fique fora do meu espaço, não se aproxime. Em seu romance O *adolescente*, Dostoiévski retrata bem esse lado autoprotetor da *persona*.

– Por que você fecha a cara assim?

– Não estou de cara fechada, é só que... bem, é melhor contar a verdade: é assim que sou. Não suporto que as pessoas toquem em meus pontos vulneráveis... Em outras palavras, não posso mostrar certos sentimentos para que as pessoas os vejam. Isso me constrange, entende? Então, às vezes prefiro fechar a cara e manter a boca calada (1971, p. 197).

A figura 7.1 serve como mais uma ilustração. Nela, pedi a um menino de 14 anos que desenhasse a si mesmo 7 anos antes, como ele é hoje e como imagina que vai ser 7 anos no futuro. Qualquer um que tenha experiência com adolescentes americanos vai reconhecer no desenho do meio o que se tornou a vestimenta e a postura padrão dos adolescentes do sexo masculino. Essa imagem transmite uma forte sensação de estar contido e fechado em si mesmo, evidenciada pelas roupas soltas, o desdém no rosto, as mãos profundamente enterradas nos bolsos, as enormes botas pretas e o boné preto. O corpo está completamente coberto, impenetrável. Olhando para as três imagens ao mesmo tempo, eu me pergunto se a *persona* representada na figura central é uma defesa contra a imagem à esquerda, que representa o menino de 7 anos, dócil, magricelo e indefeso. Os braços estendidos o fazem parecer excessivamente vulnerável e exposto. Os óculos e o cabelo crespo desgrenhado (que é ruivo no original) aumentam essa sensação de desamparo. Se por dentro um indivíduo se sente como na figura à esquerda, não surpreende que a imagem central venha compensá-la. Mas talvez seja também uma compensação contra o futuro, 7 anos à frente? Agora, o menino dócil, magricelo e indefeso da esquerda está por trás das grades. No original, as cores das duas primeiras figuras desapareceram. O futuro é certo: tudo será em preto e branco. As barras da cela atestam que a prisão do *self* é total.

Como terapeutas, precisamos acatar o que a *persona* está comunicando. Sua qualidade autoprotetora deve ser respeitada. Assim, ao fazermos perguntas e comentários e ao darmos respostas, reconhecemos que o diálogo terapêutico está sendo construído pela *persona* que diz "eu não me importo com nada, nada pode me tocar". É imprudente tentar chegar a outro lugar desde o início. O objetivo da resistência do adolescente é garantir que a *persona* seja o mediador principal e, assim, a conversa permaneça dentro de fronteiras seguras. À medida que a relação se desenvolve, temos vislumbres do que está por baixo da casca autoprotetora. Mas nós, terapeutas, devemos respeitar o tempo do adolescente e não o forçar a expor outras partes do *self* sem estar pronto.

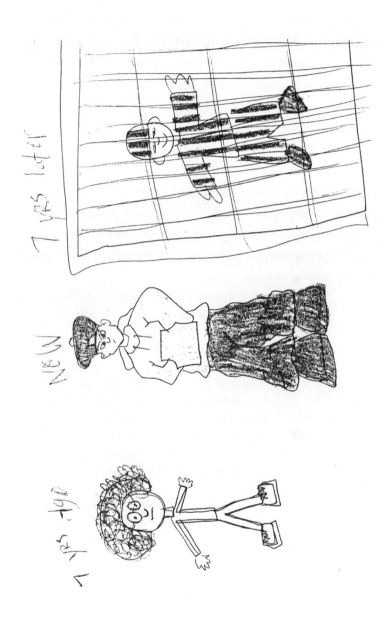

Figura 7.1 *Persona*

Por estarem submersos na tarefa da experimentação da *persona*, os adolescentes compreendem intuitivamente a psicologia das máscaras e a poderosa dinâmica da revelação e ocultação da identidade. Eles possuem uma habilidade cínica quando se trata de reconhecer um adulto excessivamente identificado com sua *persona* ou que usa uma *persona* defensivamente para controlar a ansiedade ou o medo. Holden Caulfield vem à mente aqui, com sua extrema habilidade para revelar qualquer traço do que ele percebia como "falsidade" nos adultos que encontrava. Como revelam as seguintes passagens, seus olhos estavam perfeitamente sintonizados com as nuances de comportamento e emoção que fazem parte da formação de uma *persona* adulta.

> – Até os dois professores legais da escola também eram falsos – eu disse. –Tinha esse velho, o Sr. Spencer. A mulher dele estava sempre nos dando chocolate quente e outras coisas, e eles eram muito simpáticos. Mas você tinha que ver quando o diretor, o velho Thurmer, entrava na aula de história e se sentava lá no fundo da sala. Ele vivia entrando e sentando no fundo da sala, e ficava lá uma meia hora. Ele devia achar que era invisível. Depois de um tempo, ele começava a interromper o velho Spencer com umas piadas idiotas. O velho Spencer quase morria de tanto rir, como se o Thurmer fosse uma porra de um príncipe ou coisa assim (SALINGER, 1945, p. 168 [Trad. de Jorio Dauster, Álvaro Alencar e Antônio Rocha. Ed. do autor, 1965]).

Os adolescentes empregam táticas sutis e engenhosas para expor a hipocrisia de uma *persona* excessivamente composta. Por exemplo, quando comecei a trabalhar com adolescentes, com apenas 22 anos e recém-saído da faculdade, eu me sentia extremamente inseguro com minha aparência jovem e assumi uma *persona* de maturidade insensível e profissionalismo rígido. No hospital psiquiátrico para adolescentes onde eu trabalhava, cinco ou seis telefones eram colocados na sala comum nos fins de semana para que os pacientes internados pudessem falar com os pais. Em um desses fins de semana, tocou para eu desconectar e guardar os telefones no fim do dia. Um adolescente que eu achava especialmente intimidante (e que sabia muito bem disso), ficou sentado sozinho na sala, observando-me executar aquela tarefa servil e, quando eu estava quase acabando, nossos olhos se cruzaram, e ele disse em um tom frio de zombaria: "Você ganhou uma promoção, hein?" Esse comentário, com *timing* e execução brilhantes, cortou fundo, indo direto ao âmago do meu complexo por ser jovem demais para aquele emprego, não ter autoridade, meu lugar na unidade como membro da equipe e meus próprios sentimentos adolescentes de vergonha e exposição, que eu me empenhava tanto para reprimir e ocultar.

Hoje reconheço que, junto com o simples prazer de zombar de um adulto, esses ataques à *persona* adulta podem ter como objetivo testar a resiliência e a flexibilidade da identidade adulta. Se o adulto se sente confortável o bastante consigo mesmo para brincar com sua *persona*, o adolescente, por sua vez, pode estar mais disposto a descontrair a própria postura. É uma forma de nivelar-se. É por isso que os adultos que não conseguem ir além das suas *persona*s "estereotípicas" de terapeuta afetuoso e empático ou profissional frio e distante frequentemente são devorados pelos adolescentes. Estes têm um olho aguçado para o papel que uma pessoa está representando e vão agir de forma altamente provocativa na esperança secreta de serem capazes de romper a *persona* e se relacionarem com uma parte mais autêntica do adulto.

É dolorosamente esclarecedor observar encontros com adolescentes nos quais um adulto se agarra rigidamente a uma *persona* estreita e limitada em face de um confronto direto. Um exemplo é o típico impasse entre o diretor da escola, inseguro quanto ao próprio poder, e um adolescente que viola uma regra; por exemplo, faltando às aulas. A reação de "eu não dou a mínima" do adolescente tende a encurralar o diretor, que acaba por adotar uma atitude severamente autoritária. Ele só pode se valer do poder da instituição, e, com isso, um incidente pouco grave pode render uma suspensão de duas semanas. O adolescente provoca no diretor uma demonstração de dominância que, dada a situação, parece ridícula e expõe sua falta de integridade para os que assistem à cena. Os adolescentes têm a capacidade de provocar a autoridade ao ponto de fazer suas demonstrações de poder parecerem excessivas e absurdas.

Os adolescentes jogam esse jogo tão bem porque estão, eles mesmos, intimamente envolvidos nas questões da *persona*. A fluidez da identidade é um fenômeno genuíno na adolescência, assim como a disposição a assumir papéis que exijam uma conformidade cega aos padrões coletivos. Por isso, é fácil identificar quando um adulto está preso em um papel como esse.

Jung estava muito interessado na questão de se a *persona*, como máscara, simulava a individualidade. Em outras palavras, ao interpretar um papel, as ações do sujeito seriam determinadas por expectativas coletivas? Certamente, a superidentificação com um papel que resulta em uma *persona* rígida diminui o desenvolvimento da personalidade individual. Por outro lado, Jung demarca a importância do papel da *persona* na mediação entre o individual e o coletivo. Ele afirma:

> ...afinal, existe algo de individual na escolha e na delineação peculiar da *persona*, e que, apesar da identidade exclusiva do ego-consciência com a *persona*, o *self* inconsciente, a verdadeira individualidade, sempre está presente e se faz sentir indireta, se não diretamente. Embora o ego-consciência seja inicialmente idêntico à *persona* (o meio-termo que exibimos à comunidade), o *self* inconsciente nunca pode ser reprimido ao ponto da extinção. Sua influência se manifesta principalmente na natureza especial dos conteúdos contrastantes e compensadores do inconsciente. A atitude puramente pessoal da mente consciente evoca reações por parte do inconsciente, e estas, juntamente com as repressões pessoais, contêm as sementes do desenvolvimento individual sob o disfarce de fantasias coletivas. Através da análise do inconsciente pessoal, a mente consciente é inundada pelo material coletivo que traz consigo os elementos da individualidade (OC 7, § 247).

O *insight* de Jung é que, embora a *persona* seja, em essência, um fenômeno coletivo, a escolha da *persona* e de como ela se expressa no mundo é um reflexo da individualidade de cada pessoa. Em vez de esconder a identidade do sujeito, uma *persona* de funcionamento adequado tem o potencial de ampliar sua voz (POLLACK, 1996, p. 58). Ela é a face externa do *self* inconsciente.

Este é um *insight* crucial para compreendermos a tendência do adolescente a externalizar as experiências. Vemos um dos melhores indicadores do estado interno de um adolescente observando como ele usa objetos externos para conter e carregar partes de si mesmo.

Esses objetos com frequência têm uma dimensão coletiva. Por exemplo, um adolescente pode identificar-se com uma figura coletiva da cultura: um músico, uma estrela do cinema ou da televisão, um herói dos esportes. Embora na superfície isso pareça uma forma de imitar a individualidade do outro, Jung está indicando como as sementes da individualidade do jovem podem estar contidas em uma figura coletiva ou sob o disfarce das fantasias que ele tem sobre esta figura.

Por exemplo, trabalhei com um rapaz de 17 anos, Thomas, que tinha diagnóstico de depressão severa. Ele havia feito duas tentativas de suicídio e precisara ser hospitalizado. Após a morte do seu roqueiro favorito por overdose de drogas, Thomas começou a usar roupas, pentear os cabelos e adotar uma *persona* semelhantes às do músico falecido. Thomas compunha e tocava guitarra em uma banda de bastante sucesso, que tinha o mesmo som que seu ídolo morto. Próximo do aniversário de um ano da morte do roqueiro, a depressão de Thomas piorou e suas fantasias de suicídio aumentaram. Nessa época, nosso trabalho terapêutico centrou-se no engajamento da imagem que Thomas tinha de seu ídolo. Ele tinha fantasias específicas sobre por que o roqueiro havia escrito letras tão tristes e a conexão delas com sua overdose. Foi através da imagem dessa figura coletiva que Thomas teve acesso ao seu próprio sofrimento e começou a revelar a ideação e as fantasias de suicídio que haviam levado à sua hospitalização. As fantasias sobre a morte do ídolo serviram de veículo para explorar sua própria natureza ferida.

A luta adolescente para descobrir a individualidade converge com a expressão criativa da *persona*. Para descobrir o que é verdadeiramente único em si mesmos, os adolescentes investem contra as normas coletivas de comportamento, vestimenta e atitudes. Muitos assumem uma *persona* que confronta incessantemente os padrões da comunidade: *piercings*, tatuagens, cabelos tingidos, roupas rasgadas e bonés que nunca saem da cabeça são formas de estilizar o corpo que provocam e escandalizam. A necessidade da psique em tudo isso pode ser a de externalizar concretamente a marginalização que é sentida de maneira tão aguda na adolescência. Manifestá-la na forma de vestir, falar e se comportar gera uma resposta dramática. Chama-se atenção para a parte do *self* que quer parecer marginal, pária, ofensivo. Embora, por um lado, os adolescentes pareçam rebelar-se mais do que tudo contra os padrões coletivos da cultura, há pressão para a conformidade dentro de sua própria cultura.

    Criar para si uma *persona* de textura tão sombria permite ao adolescente se desidentificar com a família de origem ao se recusar a ser uma tela de projeção para os pais. Por exemplo, trabalhei com uma jovem de 17 anos que, no momento de redecorar seu quarto, insistiu em pintá-lo de preto. Isso gerou um enorme conflito na família, e, quando indaguei mais a respeito, ela disse que a mãe estava planejando pintar o quarto de cor-de-rosa para combinar com as cortinas de renda branca e a colcha rosa e vermelha que pretendia comprar. Podemos olhar para o desejo das paredes pretas no contexto da necessidade da mãe de se agarrar à imagem de menina da sua filha adolescente? Nesse caso, obscurecer o quarto da maneira mais radical possível comunica à mãe: "Eu deixei de ser sua menininha. Pare de tentar me manter nesse lugar. Minhas necessidades e desejos não são mais tão leves e bonitos".

    A formação da *persona* nos anos da adolescência tem importância tremenda para moldar a personalidade na vida adulta. Quanto mais um adolescente puder explorar os limites da identidade, maior a chance de resiliência em sua identidade adulta. Essa é outra indicação da importância da *persona* na adolescência como um fenômeno de individuação. Como pais, terapeutas e educadores, temos que lidar com nosso próprio lado cruel que quer insultar, menosprezar, zombar ou constranger uma *persona* em desenvolvimento. Talvez esse impulso irracional remonte a termos sido humilhados quando adolescentes ao experimentarmos um novo papel. Se esse for o caso, tentamos dissipar o afeto causado por essa lembrança associando-o ao adolescente, de forma análoga a como os adolescentes nos pedem que carreguemos sentimentos indesejados de humilhação ou vergonha. Ou nosso desprezo pode ter a mesma fonte primal que o prazer cruel que os adolescentes têm em zombar de uma *persona* adulta. Qualquer que seja o motivo, quando assume uma nova *persona*, um adolescente está extremamente vulnerável e, por respeito ao processo, devemos controlar esse impulso em nós mesmos.

O rico investimento de energia emocional que é feito na formação da *persona* é um processo oculto e efêmero, que tem lugar fora da consciência comum. Para vislumbrá-lo no adolescente, devemos escutar e observar de forma oblíqua, sem tomar a apresentação do *self* literalmente demais, e apreciar sua natureza de exibição e *performance*. Reconhecendo a qualidade evanescente da *persona*, podemos sintonizar-nos com o fluxo das múltiplas identidades da psique adolescente. Portanto, a questão da *persona* está diretamente ligada à questão da multiplicidade adolescente.

Quero diferenciar a noção da multiplicidade da identidade na adolescência de uma leitura patológica da multiplicidade; por exemplo, no transtorno dissociativo da identidade ou na esquizofrenia. A ideia aqui é que a identidade adolescente está em fluxo porque ainda não está integrada e muitos lados do *self* podem passar ao primeiro plano. Testar diferentes *personas* no mundo é um reflexo dessa erupção de identidades.

À medida que um adolescente revela diferentes lados de si mesmo na terapia, um diálogo ocorre entre o terapeuta e a multiplicidade de vozes do cliente. O contraste entre essas vozes, seus complexos entrelaçamentos, suas demandas e expectativas conflitantes tornam-se temáticos à medida que o diálogo se desenvolve. A transferência acontece no contexto dessa multiplicidade, e muitas transferências ocorrem ao mesmo tempo. Embora isso seja verdade até certo ponto na análise de adultos[14], a amplitude dessa multiplicidade de vozes e relacionamentos é uma característica distinta da psicoterapia com adolescentes. Com o tempo, o adolescente internaliza a voz reflexiva do terapeuta e começa a dialogar, questionar e se interessar pelos diversos lados da sua personalidade. Ao fazer isso, há menos chance de que um único lado venha a dominar o desenvolvimento da sua capacidade de autorreflexão.

O terapeuta de adolescentes é convocado a navegar entre as diferentes relações, em um momento chamado a responder como um amigo profundamente empático e compreensivo, e no próximo como uma figura de autoridade antagonística e prepotente. É necessária uma postura flexível para responder adequadamente a essa qualidade de caracterização mutante. Como terapeuta, posso estar falando com uma parte mais adulta do *self* do adolescente, capaz de fazer conexões entre ações e sentimentos e, de repente, uma interpretação depois, ver-me falando com uma parte muito mais jovem do *self*, cujas necessidades dialógicas são vastamente diferentes. Acompanhar essas reviravoltas na identidade faz parte do que torna o trabalho com adolescentes tão exigente.

Se, como terapeuta, insisto em uma única voz e a exijo implicitamente através de minha postura corporal, voz e estilo retórico, posso induzir no adolescente uma integração falsa e prematura, antes do seu próprio tempo. Essa é outra manifestação da incapacidade de tolerar o que ainda não está formado, como observei no capítulo 2. O não formado se apresenta na multiplicidade das identidades, no processo de representar várias *personas*.

Sombra

> *O que não tem sombra não tem força para viver.*
> Milosz, 1988, p. 48.

A integração da sombra, "o aspecto sombrio, aquilo que odiamos como incompatível com nossa personalidade do ego, aquilo que tememos como uma ameaça à nossa autoimagem e nossa paz de espírito" (GIEGERICH, 1991, p. 87), é parte integrante do processo de individuação na psicologia junguiana. Ela tem início no reconhecimento da presença e da realidade de aspectos ocultos da personalidade que têm força emocional autônoma e podem potencialmente subjugar o ego. O encontro com a sombra nos traz face a face com nosso potencial para agirmos destrutivamente em relação aos outros e a nós mesmos. O desenvolvimento da relação com a sombra leva a um reconhecimento ativo dos poderes malévolos da vida, o senso de como o mal se manifesta no mundo. Nesta seção, vou explorar a emergência da sombra na vida de um jovem, propondo que o alicerce da capacidade de integração da sombra é construído na adolescência e é uma tarefa central da individuação adolescente.

Winnicott fala da descoberta do lado destrutivo do *self* durante a adolescência.

> Se seus filhos conseguirem se encontrar, não ficarão satisfeitos em encontrar nada menos do que o todo de si próprios, e isso vai incluir seus elementos agressivos e destrutivos, bem como os elementos que podem ser considerados amorosos (1968, p. 143).

Analogamente, Guggenbühl-Craig (1971) aponta para um impulso destrutivo que aparece com uma abertura notável nos jovens. Ele cita tanto a tendência a querer destruir não apenas a vida e os bens de outros, mas também os próprios. Interpreto esses elementos agressivos e destrutivos da adolescência como manifestações da sombra. Uma expressão individual da sombra ocorre quando reprimimos pessoalmente aqueles conteúdos com os quais não podemos nos identificar porque vão contra o que acreditamos ou como vemos a nós mesmos. Isso também pode ocorrer coletivamente, quando toda uma cultura ou subcultura opera essa repressão (GUGGENBÜHL-CRAIG, 1980, p. 110).

O sensível romance *Annie John*, de Jamaica Kincaid, a respeito da juventude de uma menina das Índias Ocidentais na ilha de Antígua, oferece um exemplo magnífico do encontro com a sombra pessoal nesse momento da vida. Quando entra na adolescência, Annie, a protagonista, começa a ter uma sensação crescente de distância da mãe. Esse antagonismo tem seu auge no quarto capítulo, intitulado *The Red Girl* (A menina vermelha, em tradução livre). Nele, contra o desejo da mãe de que ela se torne uma jovem respeitável e de boas maneiras, Annie faz amizade com uma menina que encarna tudo o que sua mãe despreza.

Annie descreve sua impressão inicial da nova amiga, à qual chama de Menina Vermelha:

> Seu rosto era grande e redondo como uma lua, uma lua vermelha. Ela tinha pés grandes, largos, chatos e descalços no chão nu; seu vestido era sujo, a saia e a blusa separadas de um dos lados; os cabelos vermelhos que eu primeiro vira em pé na sua cabeça eram emaranhados e sujos; suas mãos eram gordas e grandes, e as unhas continham pelo menos dez formigueiros de terra embaixo de si. E, além de tudo isso, ela tinha um odor inacreditável, maravilhoso, como se nunca tivesse tomado um banho em toda sua vida (1983, p. 57).

A Menina Vermelha essencialmente simbolizava tudo o que Annie não era:

> Eu logo fiquei sabendo disto sobre ela: ela tomava banho apenas uma vez por semana, e isso apenas para poder ser admitida na presença de sua avó. Ela não gostava de tomar banho, e sua mãe não a forçava. Ela trocava de vestido uma vez por semana, pela mesma razão. Preferia usar um vestido até que ele simplesmente não pudesse mais ser usado. Sua mãe também não se importava com isso. Ela não gostava de pentear o cabelo, embora no primeiro dia de aula tivesse se prestado a isso. Ela não gostava de ir à escola dominical, e sua mãe não a forçava. Ela não gostava de escovar os dentes, mas ocasionalmente sua mãe lhe dizia que era necessário. Ela gostava de jogar bola de gude e era tão hábil que só os meninos Skerritt agora jogavam contra ela. Ah, que anjo ela era, e em que paraíso vivia! Eu, por outro lado, tomava um banho completo a cada manhã e um banho de esponja todas as noites. Eu mal podia sair à porta sem calçar os sapatos. Eu não podia brincar no sol sem um chapéu na cabeça. Minha mãe pagava uma mulher

que morava a cinco casas de nós sete centavos por semana – um por cada dia de aula e dois pelo domingo – para pentear meu cabelo. No sábado, minha mãe lavava meu cabelo. Antes de dormir à noite, eu tinha que me certificar de que meu uniforme estivesse limpo, sem vincos e separado para o dia seguinte e de que meus sapatos estivessem limpos e engraxados. Eu ia à escola dominical todos os domingos, a não ser que estivesse doente. Eu não podia jogar bola de gude, e, quanto aos meninos Skerritt, eu nem podia mencioná-los (ibid., p. 57-58).

Annie sentia-se intensamente atraída por essa menina que era o seu oposto. Elas se encontravam ao cair do dia no farol em um morro em frente ao mar, um lugar onde a mãe de Annie a proibira de ir. Sob a influência da Menina Vermelha, Annie se tornou uma excelente jogadora de bola de gude, o que também era proibido por sua mãe, desafiando e vencendo os meninos mais velhos da ilha. Annie estava tão fascinada com a Menina Vermelha que começou a lhe dar as bolas de gude que ganhava, assim como dinheiro e utensílios domésticos que roubava dos pais.

A Menina Vermelha pode ser entendida como uma encarnação da sombra de Annie e, portanto, uma fonte essencial de um novo tipo de conhecimento que não podia ser adquirido na escola, com os professores, em casa, com os pais, ou mesmo com sua melhor amiga, Gwen. Sua relação com a Menina Vermelha era mantida em segredo de todas essas pessoas. A seguinte passagem ilustra como o encontro com a sombra revela um conhecimento secreto e elucidativo sobre o mundo. Aqui, a Menina Vermelha expressa sua raiva de Annie por ter faltado ao encontro diário no farol:

> Então, ainda sem dizer uma palavra, a Menina Vermelha começou a me beliscar. Ela beliscava com força, agarrando e torcendo pedaços da minha carne quase inexistente. No começo, jurei não chorar, mas ela continuou por tanto tempo que lágrimas que eu não conseguia controlar escorreram pelo meu rosto. Chorei tanto que meu peito começou a arfar, e então, como se meu peito arfante a fizesse ter pena de mim, ela parou de me beliscar e começou a beijar os pontos onde pouco antes eu sentira a dor de seus beliscões. Ah, a sensação era deliciosa: a combinação de beliscões e beijos. E tão maravilhosa a achamos que, quase todas as vezes que nos encontrávamos, os beliscões dela, seguidos das minhas lágrimas, seguidos dos beijos dela eram a ordem do dia. Parei de me perguntar por que as meninas que eu tinha maltratado e abandonado me seguiam com olhares de amor e adoração no rosto (ibid., p. 63).

Nessa cena, Annie recebe uma lição sobre o lado mais sombrio do *eros*, sua capacidade sadomasoquista de misturar prazer e dor e, nesse processo, criar laços intensos entre as pessoas. No morro, em uma área proibida pela mãe, Annie é iniciada nos mistérios que não tinham lugar no mundo claramente ordenado da casa de sua família.

A relação de Annie com a Menina Vermelha continua até que sua mãe a flagra segurando uma bola de gude de porcelana azul que ela havia ganhado em um jogo e pretendia dar à Menina Vermelha, que esperava por ela no farol. Furiosa, a mãe percebe o que vem acontecendo e repreende Annie, tentando forçá-la a confessar onde está escondendo as outras bolas de gude.

> Eu não me lembrava de ver minha mãe tão brava comigo antes; naquele momento, todos os pensamentos sobre a Menina Vermelha desapareceram da minha mente. Tentando engolir um pedaço de pão que eu havia primeiro amolecido com molho, pensei: bem, isso é o fim. Se amanhã eu visse aquela menina na rua, simplesmente agiria como se nunca tivéssemos nos conhecido, como se sua presença em qualquer momento fosse apenas um aborrecimento. Enquanto minha mãe voltava para meu pai sua veia raivosa, eu reorganizava minha vida: graças a Deus eu não tinha abandonado Gwen completamente, graças a Deus eu era tão boa no beisebol que as meninas ficariam felizes em me ter no time outra vez, graças a Deus meus seios não haviam crescido, e eu ainda precisava de algumas dicas a respeito deles (ibid., p. 67).

É interessante notar a mudança psicológica que ocorre quando o segredo de Annie é descoberto: sua paixão pela Menina Vermelha subitamente se reduz. O que é instrutivo aqui é a natureza momentânea do encontro com a sombra, como ele se esgota e, no caso de Annie, acaba por permitir que ela reafirme e revalorize as conexões que existiam em sua vida antes desse episódio. Annie nunca conta à mãe o que aconteceu com a Menina Vermelha ou onde estavam as outras bolas de gude, mesmo após uma pressão considerável. As lembranças desse período da sua vida permanecem em segredo, e o capítulo termina com Annie recordando um sonho em que ela e a Menina Vermelha vivem juntas em uma ilha selvagem no meio do mar.

A amizade com a Menina Vermelha deu a Annie um ponto de vantagem de onde contemplar as regras e expectativas que cercavam sua vida e refletir sobre elas de um modo crítico e questionador. A esse respeito, Guggenbühl-Craig discorre sobre o valor tanto da sombra pessoal quanto da coletiva para o desenvolvimento. Ele afirma:

> A sombra pessoal opera destrutivamente contra os ideais do ego; a sombra coletiva tenta demolir os ideais coletivos. Ambas também têm uma função muito valiosa. Tanto os ideais do ego quanto os ideais coletivos devem ser atacados repetidamente, pois são falsos e unilaterais. Se não fossem continuamente corroídos desde as profundezas da alma humana, não haveria desenvolvimento individual nem coletivo (1971, p. 113).

Os adolescentes são presa fácil para consumo pela sombra coletiva. A mobilização da juventude alemã por Hitler em um exército disciplinado para impor as doutrinas do Terceiro Reich é um bom exemplo. Nesse caso, ser um membro do partido da juventude significava uma identificação com os ideais coletivos do nazismo. Hoje, o movimento neonazista/*skinhead* também deriva muito da sua força de pessoas jovens. Os adolescentes também podem ver-se vítimas de uma sombra cultural. O problema dos sem-teto nos Estados Unidos tem outra face quando se pensa no vasto número de jovens americanos que fogem de casa ou vivem em abrigos para moradores de rua atualmente. O vírus da Aids está espalhando-se mais rapidamente na população adolescente de 14 a 25 anos do que em qualquer outro segmento da sociedade.

Inversamente, os adolescentes possuem uma habilidade excepcional para reconhecer e questionar os ideais coletivos, percebendo o lado da sombra daquilo que consideramos mais sagrado. Alguns podem recusar-se a participar da tradição americana do Dia de Ação de Graças: por que comemorar uma data que significa o genocídio não reconhecido da cultura dos índios americanos? Alguns acham o patriotismo e a fanfarra do Dia da Independência falsos e vazios, dadas as desigualdades econômicas e sociais da nossa cultura. Os protestos políticos dos anos de 1960, incluindo, é claro, as manifestações contra a Guerra do Vietnã, envolveram uma grande concentração de jovens. Os adolescentes não têm medo de desafiar as tradições que nos são caras, questionando por que algo tem que ser daquele jeito, qual é o seu sentido e por que não pode ser diferente. Isso também está evidente no questionamento das doutrinas e autoridades religiosas.

Além disso, a adolescência proporciona experiências da sombra arquetípica. Guggenbühl-Craig amplia o entendimento de Jung da sombra no nível arquetípico como uma força destrutiva independente, cuja existência dentro da psique não é exclusivamente uma questão de repressão individual ou coletiva. Para Jung, o mal é inerente à natureza do ser humano.

O conto de fadas *Os três cabelos de ouro do diabo*, dos irmãos Grimm, é usado por Guggenbühl-Craig para ilustrar a necessidade de um confronto com a sombra arquetípica durante a adolescência. O rei exige que o herói da história, um jovem de 14 anos, obtenha três cabelos de ouro do diabo como um teste de seu valor para se casar com a princesa. Para assumir o *status* adulto, ele deve ter um contato íntimo com o diabo. Portanto, é o contato com a sombra arquetípica que impulsiona o desenvolvimento. Guggenbühl-Craig afirma:

> O jovem está em um estado transicional entre a infância e a vida adulta. É claro que a criança tem destrutividade mais que suficiente; muitas crianças se comportam como demônios encarnados. Mas a situação de uma criança é, em muito grande parte, determinada por seus pais.

> Ao enfrentar seus problemas, ela usa as ferramentas, imagens e atitudes que lhe são dadas pelos pais. O adulto naturalmente também é formado pelos pais; a maioria de suas atitudes foram simplesmente tomadas deles. Mas, para se desenvolver psicologicamente, o adulto deve passar por uma fase de negação e destrutividade para que então possa, voluntariamente, por assim dizer, cultivar os valores dos pais ou encontrar novos valores para si. Portanto, na transição da infância à vida adulta, o jovem deve ter contato com o diabo, com a destrutividade. Para conquistar a liberdade, ele também deve vivenciar a possibilidade de destruir (ibid., p. 117).

Ontologicamente, o elemento de destrutividade que surge na adolescência é inteiramente diferente da experiência da criança. "Como cada um deve lidar com algo que é novo: o poder de destruir e até de matar, um poder que não complicava os sentimentos de ódio vivenciados pela criança" (WINNICOTT, 1963a, p. 146). Há amplas oportunidades durante a adolescência para manifestar essa destrutividade.

Guggenbühl-Craig diz:

> Os jovens devem ter contato com o diabo, mas não devem de forma alguma identificar-se com ele. O ego do jovem deve permanecer afastado e consciente do que está fazendo. Na maioria dos casos, quando jovens saudáveis destroem bens materiais, roubam ou se envolvem em outras atividades destrutivas, geralmente sabem que se trata de um experimento temporário. Eles estão cientes de que todas as suas ações, embora interessantes, são muito ruins (ibid., p. 118).

Vimos isso em Annie John. A relação de Annie com a Menina Vermelha e suas mentiras e roubos tem um fim súbito ao ser descoberta pela mãe. Jung, especialmente em seus escritos alquímicos, fez muitas referências a como os processos da psique se desenrolam na tensão entre os opostos. Esse modelo de entendimento se encaixa bem com a necessidade de encontrar a sombra na adolescência. Quando um lado é excessivamente enfatizado, no caso de Annie a limpeza e a ordem da vida, o polo oposto torna-se numinoso e altamente desejável. A atração pela sombra permite que o sujeito deixe a segurança e a proteção do mundo da criança e explore o outro lado daquilo que é valorizado pelos pais. Vemos isso na empolgação e no entusiasmo de Annie com a liberdade da Menina Vermelha para fazer escolhas radicalmente diferentes quanto ao que vestir, como se comportar e que riscos correr. Portanto, o encontro com a sombra tem um significado teleológico: ele é uma tentativa de reparar um desequilíbrio.

Allan Guggenbühl o compara à atração das crianças e dos adolescentes por histórias assustadoras ou violentas.

> ...paradoxalmente, se a criança escuta histórias que contêm horror e terror, esses lados bons são constelados. O aterrorizante encontrou seu lugar na história, e agora a criança pode estar em paz e livre do fardo de ter que apresentar seus lados horríveis (1966, p. 134).

Uma transformação psicológica ocorre quando imagens de terror e horror podem ser assimiladas no nível da história, ajudando a conter os impulsos agressivos e destrutivos de um jovem. É uma forma de a psique adolescente encontrar e elaborar o material da sombra no campo da imaginação. Esse é exatamente o papel que os contos de fadas têm na psique da criança, segundo Bettelheim em sua clássica obra *O uso do encantamento* (1975). Ele explica a fascinação total do adolescente com os filmes de terror ou violência em que o herói, do lado da justiça, usa força letal para aniquilar sua vítima. Respeitar o desejo do adolescente por um encontro imaginal com a sombra é uma possível saída para reduzir a necessidade de que ele seja vivido literalmente. Grande parte do uso das artes expressivas na terapia é uma tentativa de usar histórias, símbolos e imagens como veículos para conter o material da sombra.

Os adultos não devem abdicar

O que começa como um experimento temporário, desobedecer aos pais, faltar à escola, quebrar janelas, pode tornar-se um padrão sério de delinquência juvenil muito subitamente. Assim como Winnicott, quero enfatizar que é extremamente importante que haja uma resposta do ambiente a essas atitudes. Os escritos de Winnicott sobre a adolescência deixam perfeitamente claro que ele considerava os adultos responsáveis por estarem presentes e agir com firmeza em face de comportamentos desafiadores em adolescentes. Os comportamentos antissociais e destrutivos que fazem parte do encontro com a sombra na juventude exigem uma reação.

> Em suma, é animador que a adolescência se tenha tornado vocal e ativa, mas o grito adolescente que se faz ouvir no mundo todo hoje deve ser respondido; sua realidade deve ser afirmada por um ato de confronto. O confronto deve ser pessoal. Os adultos são necessários para que os adolescentes tenham vida e vitalidade. O confronto deve ser da ordem de uma contenção que não seja retaliatória ou vingativa, mas que tenha sua própria força (1968, p. 150).

Os pais de adolescentes enfrentam a tarefa do confronto diariamente, quando seus filhos voltam tarde para casa, são reprovados na escola, entram em brigas, experimentam drogas e álcool ou têm qualquer outro comportamento que desafie as regras e provoque a autoridade. Por um lado, os adolescentes esperam que seus pais cedam, finjam não notar ou esqueçam a escapada de ontem à noite ou abandonem as consequências prometidas de suas transgressões. Ainda assim, dado tudo isso, estou convencido de que eles também estão buscando contenção e um senso de limites, um espaço seguro no qual possam vivenciar a intensidade desses novos impulsos.

Muitos pais buscam ajuda profissional para seus filhos adolescentes quando não são mais capazes de conter eficazmente esses comportamentos. Eles podem ter se rendido e desistido de estabelecer qualquer limite, o que resulta em um medo real quanto à segurança de seus filhos. A terapia busca reparar as fronteiras rompidas entre os pais e os adolescentes. Esse tipo de problema é visto todos os dias quando o terapeuta trabalha com a família para restabelecer o equilíbrio dentro de casa. Uma ruptura semelhante ocorre na nossa sociedade, em que as respostas ao comportamento delinquente dos adolescentes são vingativas, retaliatórias ou completamente ausentes.

Um exemplo perturbador dessa tendência aparece no livro de Edward Humes *No Matter How Loud I Shout* (Por mais alto que eu grite, em tradução livre) (1996), um relato do ano em que ele passou como professor de escrita criativa no Central Juvenile Hall, em Los Angeles, investigando o funcionamento diário do sistema de justiça juvenil. Como um todo, seu trabalho oferece um retrato vivo do fracasso da nossa cultura em reconhecer que os adolescentes estão tentando instigar uma reação através de comportamentos antissociais, delinquentes e cada vez mais violentos. Sobrecarregado pelo número crescente de menores infratores, o sistema dedica escassa atenção aos comportamentos que caracterizo como experimentos temporários. Os danos devem ser graves para que ele se disponha a agir.

Um profissional envolvido na reinserção social de menores infratores em Los Angeles descreve a progressão dos jovens que acabam presos por crimes violentos:

> Tipicamente, eles começam a exigir muita atenção na escola, com problemas de comportamento, problemas acadêmicos; eles perturbam. Aos poucos, são deixados de lado. Esta é a primeira vez. Depois, dos 9 aos 11 anos, talvez 12, cometem um crime, geralmente uma infração de baixa gravidade. A essa altura, existe uma tendência a se fazer vista grossa. A polícia os adverte e os libera sem detê-los, o juizado analisa o caso e decide dar uma chance ao menor. Essa é a segunda vez que eles são negligenciados, porque isso não é realmente uma chance. Na verdade, esses jovens poderiam beneficiar-se mais de alguma intervenção: supervisão intensiva, educação especial, terapia, qualquer coisa que evitasse que eles se tornassem infratores habituais. Mas o oposto ocorre (HUMES, 1996, p. 176-177).

O que tipicamente acontece quando esses jovens chegam aos 14 anos tendo cometido três ou mais crimes é que o sistema age e aplica uma punição severa, fugindo à responsabilidade da reabilitação.

Testemunhei pessoalmente a arbitrariedade e a falta de responsividade do sistema de justiça juvenil quando trabalhei com um cliente que fora inicialmente detido por pichação. Como era sua primeira infração, o caso foi arquivado, e, meses depois, ele voltou ao juizado após ser detido por furto. Esse caso também foi arquivado, porque o policial que o deteve não compareceu à audiência. Duas semanas depois, ele foi detido novamente por disparar chumbinhos com uma arma de pressão de um telhado em frente a uma parada de metrô movimentada. Esse caso estava em andamento quando ele foi detido pela quarta vez, tentando roubar um carro. Essas duas últimas infrações o obrigaram a comparecer ao juizado várias vezes em um período de três meses. Em uma dessas ocasiões, sentado com amigos em um sofá estragado enquanto esperava para falar com o juiz, ele começou a puxar a espuma do sofá e jogá-la nos amigos. Foi por essa última infração, destruição do patrimônio público, que ele foi finalmente condenado e enviado para uma instituição para menores.

Nós empurramos sem querer os adolescentes para a sombra quando concedemos total imunidade às suas ações destrutivas com nossa falta de reação.

Nos Estados Unidos, cerca de 2,3 milhões de jovens são detidos a cada ano por crimes que vão de furto a assassinato. Menos de um quarto deles acaba por realmente enfrentar consequências significativas, ou seja, quando um menor é detido, a chance de que alguém responda é de menos de 20%. Em três de cada quatro ocorrências, eles são liberados sem qualquer punição (HUMES, 1996).

Geoffrey Canada frisa a importância da autoridade adulta no combate à violência de rua. Muitos jovens com quem Canada trabalhou haviam crescido nas comunidades pobres de Boston e Nova York e "nunca tinham encontrado um adulto que fosse capaz de controlá-los, que não tivesse medo da óbvia ameaça de violência que estava sempre tão próxima da superfície de suas ações" (1995, p. 25). A imprevisibilidade dos jovens que portam armas sobe as apostas nos confrontos entre adolescentes e adultos. Nessas circunstâncias, os adultos se sentem impotentes e imobilizados face à desordem das ruas. O medo dos adultos intensifica diretamente o medo e a insegurança das crianças e adolescentes: eles não se sentem seguros e levam facas e armas de fogo para escola não para provocarem, mas para se protegerem.

A sombra na vida em grupo

Em um grupo de pares com tendências antissociais, pode ocorrer que somente dois ou três indivíduos se envolvam ativamente em atividades ilegais ou destrutivas, enquanto os outros membros do grupo participam vicariamente, simplesmente ficando por perto e ouvindo os relatos do que se passa. Ou um pequeno grupo se envolve intimamente com os sentimentos suicidas de um amigo e, também vicariamente, aborda esses sentimentos em si. Nos dois casos, a vida grupal tem o efeito de dissipar o contato com a sombra. Na psicologia dos grupos de adolescentes, um indivíduo pode dispor-se implicitamente a viver a sombra para o benefício de todos.

Perguntar ao adolescente onde ele passa seu tempo, como são seus amigos e o que fazem juntos é uma parte importante da terapia. Se presumimos que diferentes membros do grupo carregam diferentes partes do *self*, é essencial termos uma noção real do grupo de pares para entendermos como ele o amplia e reflete. Boa parte da terapia com adolescentes gira em torno das complexas narrativas do cliente a respeito dos outros no contexto do *self*. Aspectos ocultos da psique do adolescente são revelados naquilo que ele diz sobre seus amigos mais próximos.

É impressionante observar como a sombra é projetada no contexto dessas amizades. Um membro pode tornar-se subitamente o recipiente das projeções da sombra do grupo, identificado com todas as energias negativas e destrutivas às quais seus amigos estão cegos em si mesmos. Ou podemos ouvir: "Esse meu amigo, ele é que tem um problema de verdade com as drogas, não eu. Ele está fora de controle". O caminho certo aqui não é confrontar abruptamente essa projeção, mas sim ajudar o cliente a explicar o que lhe dá essa impressão do outro e discutir como ele se sente a respeito disso. À medida que o caráter do outro se materializa mais detalhadamente, o adolescente pode, às vezes, ser mais empático e compreensivo quanto ao comportamento do amigo, vendo os motivos por trás dele, do que quanto ao mesmo comportamento em si próprio. O foco no outro é um espaço seguro onde iniciar o processo, especialmente com um cliente resistente. A projeção está lá e está madura, o que também significa que existe uma oportunidade de enxergá-la ou reduzi-la à medida que a terapia progride.

Como exemplo, trabalhei com duas jovens no último ano do ensino médio que tinham sido melhores amigas desde a infância. Dois meses antes da formatura, tiveram uma briga cheia de gritos, empurrões e acusações e, depois de serem separadas pelos professores, recusaram-se a conversar novamente. Em conversas separadas comigo, era incrível como uma acusava a outra de ter os mesmos traços de comportamento: desonestidade, deslealdade, falsidade. Uma era o reflexo perfeito da outra, e estava claro que, para que a amizade fosse reparada e o desenvolvimento prosseguisse, essa projeção mútua da sombra precisava ser elaborada. Elas viam uma na outra as qualidades que eram difíceis de aceitar em si mesmas, e a terapia tornou-se o lugar onde se apropriar desses lados cindidos do *self*. Os adolescentes projetam sua sombra nos pares, pais e figuras de autoridade, por isso uma terapia que busque ajudá-los a desfazer essas projeções deve ter como objetivo integrar a sombra.

A esse respeito, é importante notar o impulso adolescente a culpabilizar o outro de maneiras extremamente cruéis e brutais, uma psicologia que é congruente com a dinâmica da projeção da sombra. O bode expiatório alivia temporariamente o adolescente do fardo emocional das características que ele considera repreensíveis em si mesmo, seja a fraqueza física, a vulnerabilidade emocional ou a sensação de ser tolo. Ele procura uma vítima que suporte essas projeções e ataca tal pessoa com prazer por expressar as mesmas emoções e comportamentos que ele não consegue enfrentar em si próprio. A homofobia e o racismo em adolescentes estão firmemente enraizados nessa dinâmica.

A culpabilização também surge na transferência com adolescentes. Recordo uma menina de 15 anos com quem eu jogava xadrez semanalmente na terapia. Sempre que eu fazia um movimento errado, ela me atacava com insultos de "burro", "idiota", "cuzão". Em vez de me esquivar da agressão, eu tentava intensificar a emoção, pedindo que ela descrevesse em detalhes como eu estava sendo burro e idiota. Esse processo de intensificação e exagero externa a emoção como algo que qualquer um de nós poderia sentir. Encontrando uma forma de reconhecer isso em mim mesmo ("Sim, foi uma jogada muito burra mesmo. Estou me sentindo um idiota."), eu estava modelando a capacidade de relacionar-se com as partes imperfeitas de si mesmo e, ainda assim, seguir em frente. Essa forma de psicologizar o ataque, em vez de negá-lo ou retaliar, ofereceu à adolescente uma chance de reivindicar a projeção para que ela pudesse, por fim, falar sobre como se sentia burra sempre que cometia um erro ou fracassava em alguma coisa. O engajamento com o papel do bode expiatório desacelera o processo projetivo, e cria-se uma oportunidade para trabalhar com as emoções que o adolescente procura dissipar.

Outra maneira de estimular a integração da sombra para que o adolescente aprenda a tolerar e aceitar os lados destrutivos e agressivos de si mesmo é apontar os momentos em que ele se comportou de forma construtiva em uma tentativa de reparação. O movimento na direção da reparação é comum na terapia. Por exemplo, após uma sessão na qual um cliente adolescente trata o terapeuta de um modo particularmente brutal, nota-se, na sessão seguinte, a tentativa de fazer alguma espécie de reparação construtiva pelos seus atos. Ele pode falar de maneira mais suave, perguntar como vai o terapeuta ou lhe dar um presente, mesmo que seja algo simples como dividir algo que trouxe para comer. É importante estar aberto a receber esse gesto para que o adolescente sinta a contrapartida construtiva da sua destrutividade. Winnicott, que foi influenciado pelo trabalho de Melanie Klein, detalhou suas observações sobre esses gestos reparadores em bebês e crianças pequenas. Ele descreve esse fenômeno como "a forma complexa como, sob condições favoráveis do ambiente, um impulso construtivo se relaciona à aceitação crescente da responsabilidade pessoal da criança pelo lado destrutivo de sua natureza" (1939, p. 96).

Em todo o livro, tenho apontado a capacidade excepcional do adolescente de se concentrar nos aspectos menos desenvolvidos e mais conflitantes de nós, adultos. Vimos isso na discussão sobre como o olhar implacável do adolescente penetra e expõe uma *persona* rígida ou frágil. O mesmo se aplica à sombra. Os adolescentes testam a força e a integridade do caráter de um adulto confrontando sua sombra. Eles são capazes de perceber se o adulto possui uma sombra bem integrada, como, por exemplo, um professor que não precisa gritar nem ameaçar puni-los para manter a ordem na sala de aula. Os alunos instintivamente respeitam sua autoridade. Em contraste, professores com sombras cindidas encontram muita dificuldade para afirmar seu poder e controle. Os adolescentes percebem sua vulnerabilidade e os empurram para situações em que sua autoridade é questionada. Nesses casos, é fácil para o professor projetar sua sombra em um aluno específico, vendo-o como a razão por que seu trabalho é tão ruim e sua sala de aula, tão fora de controle. Assim como as crianças, os adolescentes ocupam voluntariamente esse papel, e arma-se o palco para um confronto contínuo, que geralmente não cessa até o aluno ser expulso da escola ou o professor mudar de turma.

Conclusão: Hermes e a adolescência

O arquétipo Hermes/*Trickster* se constela na adolescência e está distintamente relacionado às manifestações da sombra e da *persona* que estamos discutindo. Na mitologia grega, Hermes aparece sempre que uma mudança é iminente. Ele é o elemento móvel e volátil de qualquer transformação (PARIS, 1990). A própria natureza de Hermes é paradoxal: ele é o deus da comunicação, bem como o santo protetor dos mentirosos e o deus dos comerciantes e ladrões. Hermes é um deus malandro, cujo gorro de invisibilidade e sandálias aladas lhe permitem mover-se intempestivamente pelo mundo, levando as mensagens dos deuses e deusas para os seres humanos. Dada sua natureza mutável e instável, Hermes como mercúrio está em consonância com nossa caracterização da adolescência como um tempo de flutuação na identidade e no caráter.

Um dos melhores retratos da qualidade hermética da adolescência está no filme *Kids*, de 1995. Nele, vemos como os limites cotidianos normais da vida adulta não confinam o grupo de adolescentes mostrado no filme. Seus movimentos pelas ruas de Nova York exibem uma graça hermética, que descobre novos caminhos a cada curva das ruas e permite a passagem fácil pelas portas, portões, trancas e barreiras da vida adulta. Por exemplo, em uma noite de verão, eles desejam nadar depois que a piscina pública é oficialmente fechada. Com grande facilidade, escalam uma cerca alta de metal como se, sem dúvida alguma, esta fosse a maneira normal de acessar a piscina. Os dois protagonistas principais, Telly e Casper, andam de metrô de graça, pulando rápida e graciosamente a catraca da estação quando o funcionário da bilheteria está distraído. Mais tarde, os dois meninos querem tomar cerveja, então criam uma distração em um minimercado: enquanto Telly ocupa o dono da loja com uma conversa sem sentido, Casper esconde um litro de cerveja na perna de sua calça solta sem esforço algum. Na rua, eles viram o tabuleiro de frutas de verão que o vendedor organizara à perfeição e, no caos que se segue, roubam um pêssego.

Esse tipo de roubo, sob a tutela de Hermes, é proeminente na adolescência. A fascinação com a malandragem se expressa no impulso a furtar em lojas ou enganar crianças menores. Ao mesmo tempo, os adolescentes muitas vezes são vítimas de golpes, enganados ou explorados devido à ingenuidade da juventude. Na seguinte passagem, Scott oferece uma imagem da vulnerabilidade adolescente a um roubo hermético inesperado:

Hermes é ladrão. Lutamos para ganhar a independência dos pais e, de posse de uma nova autonomia, descobrimos que algo mais foi perdido além da dependência. Talvez tenhamos perdido uma antiga segurança, ou certo charme juvenil ou uma espécie de otimismo. Hermes. E se rimos, assim como choramos, e nos sentimos um pouco enganados e ficamos com um senso de perda ou um vazio inesperado, estamos com Hermes (1982, p. 19).

Essa descrição proporciona outro ângulo de onde abordar a questão que apresentei no capítulo 6 em relação ao luto adolescente pela perda da inocência e a destruição da imagem ideal dos pais. A demanda do adolescente pela independência e a ruptura dos laços familiares são suscetíveis às trapaças de Hermes: a percepção inesperada e dolorosa de que algo foi perdido na busca da liberdade adulta.

Como vimos, os adolescentes possuem fluidez com suas *persona*s e compreendem o poder das máscaras. Eles usam sua habilidade hermética para transitar com destreza entre diferentes estilos de autoapresentação para enganar e confundir os que estão de fora. Os adolescentes podem levar uma vida dupla, aparecendo de uma forma para a família, os professores e os vizinhos, enquanto apresentam uma face radicalmente diferente para seu círculo de amigos íntimos. Eles são mestres do disfarce. Geralmente, é muito fácil para eles enganar um adulto, convencendo-o, por exemplo, de que estão arrependidos quando, na verdade, não sentem remorso por suas ações.

Os adolescentes têm prazer em brincar com a verdade. Eles são difíceis de apanhar, e nada parece aplicar-se a eles quando são acusados de uma transgressão. Eles sabem torcer palavras, tirar vantagem das múltiplas nuances de sentido, encontrar a zona cinza no que parece ser preto no branco. Percebemos uma qualidade mercurial em como os adolescentes argumentam e se defendem, semelhante à do relato sedutor e lúdico de Hermes para Zeus sobre as atividades do seu primeiro dia de vida, que incluíram roubar as vacas de seu irmão, Apolo. Zeus fica tão cativado por essa história que cai na gargalhada e se esquece de puni-lo. Quantas vezes os pais são frustrados em suas tentativas de fazer cumprir as regras e impor punições após ouvirem "o lado da história" do adolescente.

Hermes tinha seu jeito especial de lidar com a autoridade austera, nunca batendo de frente, mas sim usando o humor e o ridículo para acalmar uma situação. Os adolescentes têm prazer com esse tipo de jogo em resposta a figuras enérgicas de autoridade. Quanto mais intenso o encontro, mais motivados eles serão a recorrer ao seu arsenal de artimanhas herméticas e provocar o autoritário com insultos ou ridículo. Ou usam seu charme e astúcia para fechar um acordo que deixa o outro se sentindo enganado, como se tivesse perdido parte do seu poder.

Hermes é o deus das fronteiras. Seus domínios são considerados uma terra de ninguém, um campo indeterminado fora dos limites estabelecidos. Os adolescentes se movimentam pela cidade dessa maneira, encontrando os lugares mais inusitados para se reunirem. O filme *Kids* mostra um grupo de adolescentes caminhando no canteiro central entre duas faixas de trânsito. Enquanto os carros passam em alta velocidade, determinados a alcançar seu destino, o grupo desenha seu próprio percurso em meio ao que é, ostensivamente, uma terra de ninguém. Essa cena retrata de forma contundente a sensação de indeterminação e de movimento contra a corrente coletiva. Os adolescentes chegam a lugares que parecem quase impossíveis de alcançar, como os pontos aparentemente inacessíveis onde descobrimos pichações, a marca do adolescente mercurial!

O contato com Hermes traz o adolescente para o reino da sombra. Embora o tenha conceitualizado em termos diferentes, Winnicott estava bem ciente do aspecto hermético do trabalho com adolescentes, falando da necessidade do jovem em desenvolvimento de "roubar e mentir um pouco" (1963a, p. 149) como meio de desafiar seus instintos e desenvolver seu próprio senso moral.

Winnicott adverte o terapeuta de adolescentes: "Aquele que fizer perguntas deve esperar ouvir mentiras" (ibid., p. 148). Portanto, o terapeuta deve encontrar uma forma de tolerar a mentira hermética, as meias-verdades e as histórias cambiantes que permeiam a terapia. Se um terapeuta conta com a comunicação clara e direta de Apolo, vai frustrar-se imensamente no trabalho com adolescentes. O reconhecimento do hermético também requer a habilidade de diferenciar entre as histórias que devem ser tomadas literalmente e as que não. Escutar a metáfora em uma história, seja literalmente verdadeira ou não, é uma forma de engajar o hermético.

A teoria de Winnicott sobre a tendência antissocial tem seu próprio caráter hermético. O impulso a roubar não é o que parece. A criança não quer realmente o que está roubando, mas quer possuir aquilo a que tem direito *a priori*; isto é, o cuidado adequado por parte da mãe. Quando ela se vê em uma situação em que surge a esperança, há uma compulsão inconsciente a roubar. É por isso que as crianças roubam daqueles que as tratam melhor: elas estão vencendo uma lacuna no desenvolvimento, reivindicando aquilo que já tiveram porque a nova situação carrega a promessa de obtê-lo outra vez. Da perspectiva dessa dinâmica, Winnicott descreve a dificuldade de trabalhar com delinquentes juvenis:

> No período da esperança, a criança manifesta uma tendência antissocial. Isso pode ser desconfortável para a sociedade e para você, se a bicicleta roubada for sua, mas os que não estão envolvidos pessoalmente conseguem ver a esperança que gera a compulsão a roubar. Talvez um dos motivos por que tendemos a deixar para os outros a terapia dos delinquentes seja porque não gostamos de ser roubados? (1956, p. 123).

Assim, nossa resistência a trabalhar com delinquentes juvenis é, em parte, uma resistência à natureza hermética do trabalho. A terapia profunda com adolescentes requer que toleremos ser roubados sem retaliar.

8
O desenvolvimento da consciência

> *Todas as paixões têm um período em que são meramente desastrosas, em que arrastam suas vítimas para baixo com o peso da estupidez, e um período posterior, bem posterior, em que se casam com o espírito, "espiritualizam-se".*
> *Outrora, em razão do elemento de estupidez das paixões, combatiam-se as próprias paixões, conspirava-se para sua aniquilação: todos os velhos monstros morais concordavam que il faut tuer le passions (deve-se matar as paixões).*
> Frederick Nietzsche

Proibição ou inibição?

Agora quero me voltar para um artigo pouco conhecido de James Hillman, incluído em seu livro *Loose Ends* (Pontas soltas, em tradução livre), intitulado *Towards an Archetypal Model for the Masturbation Inhibition* (Um modelo arquetípico para a inibição da masturbação, em tradução livre). Em uma revisão das visões históricas e contemporâneas da masturbação, Hillman observa que há uma censura resultante do sentimento de culpa fundamental que a masturbação evoca. Sobre a origem da culpa da masturbação, Hillman escreve:

Qual é a origem deste desconforto e desaprovação, desta culpa generalizada na consciência? Podemos atribui-la à proibição imposta pelos representantes parentais da cultura? A masturbação teria sido associada a uma autoridade restritiva introjetada de tal modo que ambos – impulso e proibição – aparecem para sempre juntos? Ou teria a masturbação um inibidor *sui generis*, parte do impulso em si? Proibição ou inibição? (1975a, p. 112).

Hillman busca descobrir o conjunto particular de dinâmicas que estão em jogo quando o sujeito tem a consciência culpada em relação à masturbação. Se ampliarmos o referencial, podemos ver que a investigação da inibição da masturbação tem relevância para a questão de como nos reconciliarmos com a vida instintual em si. Tal investigação tem relevância em nosso estudo da psique adolescente. Uma vez que as mudanças púberes que acompanham a adolescência produzem uma explosão de energia instintual, essa questão fundamental – proibição ou inibição – tem ramificações importantes para a compreensão do desenvolvimento adolescente, especialmente em relação à sexualidade, agressividade, abuso de substâncias e formação da identidade.

Se vemos a psique adolescente em guerra consigo mesma (como na visão de Anna Freud do ego adolescente preso em uma batalha defensiva contra os impulsos incompatíveis e incestuosos do id), então nosso objetivo cultural como pais, educadores, conselheiros e juízes será o de ajudar a lutar essa guerra impondo proibições externas cada vez maiores na defesa contra os impulsos adolescentes. Essa é a situação em que nos encontramos hoje, quando as principais vias para lidarmos com adolescentes "problemáticos" são o encarceramento, a hospitalização psiquiátrica e a internação em comunidades terapêuticas.

Na imaginação freudiana, os instintos são cataclismos cegos de energia do *id* em busca de descarga através das zonas libidinais do corpo. Eles não têm consciência nem inteligência, e a tarefa evolutiva da adolescência é empregar as capacidades recém-adquiridas do ego e do superego para mais uma vez confrontar seu poder e suas demandas por satisfação. Portanto, a teoria da recapitulação, de que a adolescência é a segunda vez em nosso desenvolvimento em que precisamos subjugar os poderosos impulsos do id, implicitamente se alinha a uma abordagem proibitiva.

Assim, nosso modelo da psique determina em grande parte nossa ênfase na proibição ou na inibição. Hillman, *vis-à-vis* Jung, vê a psique como um sistema autorregulador:

> Se presumimos que a psique seja um sistema individuante relativamente fechado e voltado para um objetivo, cujo modelo básico é o *self* como um fluxo circulante de vida psíquica dentro da pessoa, então esse sistema também deve ser autoguiado e autodirigido (ibid., p. 112).

Essa ideia da psique homeostática remete ao conflito entre Jung e Freud a respeito da psicologia dos instintos. Segundo Jung, a condição natural da vida instintual sempre encontra oposição em um princípio espiritual que se afirma com força tremenda. Jung critica Freud por negar que o princípio espiritual seja uma contrapartida equivalente ao instinto. Ele diz:

> A teoria freudiana consiste em uma explicação causal da psicologia do instinto. Desse ponto de vista, o princípio espiritual só pode aparecer como um apêndice, um subproduto dos instintos. Como não pode ser negado, seu po-

der inibidor e restritivo é atribuído à influência da educação, das autoridades morais, da convenção e da tradição. Por sua vez, segundo a teoria, essas autoridades derivam seu poder da repressão, na forma de um círculo vicioso. O princípio espiritual não é reconhecido como uma contrapartida equivalente aos instintos (OC 8, § 104).

Todos os teóricos psicanalíticos que revisei, cada um à sua maneira altamente distinta, elucidam os processos instintuais ativados durante a adolescência. O conceito de um princípio espiritual que sirva como uma contrapartida aos instintos não está presente nessas teorias. Sem uma concepção dessa força, uma ênfase maior é dada às múltiplas defesas empregadas pelo adolescente para esse mesmo propósito, qual seja, contrabalançar os poderosos instintos que são ativados na adolescência. Consequentemente, uma psicologia da adolescência que não compreenda o princípio espiritual como equiprimordial aos instintos resulta na visão desta como um período essencialmente defensivo da vida.

Jung (OC 10), em seu ensaio *Uma visão psicológica da consciência*, questiona a afirmação de Freud de que o superego não é uma parte natural e inerente da estrutura da psique, mas sim adquirido conscientemente dos códigos morais de sua época. Jung diz da consciência: "...o fenômeno da consciência não coincide com o código moral, mas o antecede, transcende seus conteúdos..." (ibid., § 840). Na esteira de Jung, Hillman explicita a conexão entre consciência e inibição.

> A consciência é a experiência da função *spiritus rector* do sistema de auto-orientação. A culpa na consciência é a inibição na função: a inibição da função é sentida como culpa na consciência. A

inibição é autoimposta pela atividade autorreguladora da psique (1975a, p. 112).

Portanto, para Freud, desenvolvemos o superego porque fomos capazes de internalizar as proibições parentais, enquanto que, para Jung, essa internalização só é possível porque reflete uma função autorreguladora anterior de inibição que é um componente estrutural da psique.

Nessa linha, Jung concebe os impulsos, desejos e paixões como contendo dentro de si um *telos*, uma inteligência direcionadora, um mecanismo autorregulador que busca não apenas uma descarga física, mas que também tem um objetivo espiritual, moral e estético. Cultivar a capacidade da psique de autorregular-se como uma inteligência direcionadora, um espírito regente, é um aspecto central do processo de individuação. Valendo-se da oposição entre os instintos e o espírito, Jung articula a conexão entre a individuação e a natureza autorreguladora da psique. Ele afirma:

> Contra o polimorfismo da natureza instintual do primitivo, ergue-se o princípio regulador da individuação. Multiplicidade e divisão interna são contrabalançadas por uma unidade integradora cujo poder é tão grande quanto o dos instintos. Juntas, formam um par de opostos necessário para a autorregulação, geralmente referidos como natureza e espírito (OC 8, § 95).

No modelo da psique adolescente proposto pelos teóricos psicanalíticos, os impulsos são refreados por proibições; isto é, autoridades externas (embora tenham potencial para se tornarem internalizadas face ao superego). Em contraste, Hillman oferece uma visão dos impulsos contrabalançados por um mecanismo inibidor autorregulador que faz parte dos próprios impulsos, muito semelhante ao modo como Jung concebe o instinto e o espírito como equiprimordiais. Nessa visão, a natureza autorreguladora da psique é enfatizada, ao contrário das defesas do ego que protegem contra os impulsos do *id*. Hillman afirma:

> Espero que, agora, a diferença entre "proibição" e "inibição" já tenha se tornado clara. A proibição é um comando negativo, um interdito por parte da autoridade. A inibição é a ação de restringir, refrear, prevenir. A proibição requer autoridade... A inibição, por outro lado, pode ser concebida como nativa, como parte integrante, uma função em si mesma, o sistema de freios e contrapesos necessários para a autorregulação (1975a, p. 113-114).

A vivência da inibição de origem interna (em oposição a uma proibição externa) é uma experiência psicológica de grande importância terapêutica. No capítulo 10, vou explorar as implicações dessa abordagem no nível da práxis com adolescentes que abusam de substâncias. Por agora, quero explorar a conexão entre o processo psicológico de experimentar a inibição do impulso e o desenvolvimento da autonomia como constitutiva de uma consciência orientadora inata. Os comentários de Hillman sobre a inibição da masturbação iluminam essa conexão. Ele afirma:

> A masturbação e sua inibição são aspectos da mesma atividade. A extremidade inferior é o impulso à ação, a superior consiste em fantasias e no *spiritus rector* da consciência... O retorno terapêutico da masturbação significa a reunião das duas extremidades do espectro instintual. Também significa o retorno da inibição, na forma de uma vida de fantasia redespertada, e um

senso da própria autonomia, da própria consciência orientadora inata, em vez da moralidade imposta do superego (ibid., p. 114).

A noção de inibição de Hillman tem raiz no fenômeno da masturbação. Talvez em nenhuma outra atividade exista uma conexão tão forte entre fantasia e fisicalidade. Ao explorarmos as ramificações do impulso inibidor na adolescência, a íntima conjunção de imaginação e vida instintual vai tornar-se evidente.

O despertar da consciência na adolescência

A consciência é despertada pelos episódios de conflito entre o que dita o código moral tradicional da cultura e o senso interno de certo e errado do sujeito[15]. Os eventos que ativam e testam a consciência ocorrem com notável frequência durante a adolescência. Uma infinidade de situações surge quando as respostas individuais de um adolescente entram em conflito com o código moral sustentado por pais e professores e imposto pelo governo e pela polícia. Um choque de valores se desenrola. Ao ir de encontro à maré coletiva, o adolescente pode agir de formas consideradas imorais ou ilegais. O despertar para o próprio senso interno de consciência desafia a submissão cega à moralidade e à ética do mundo dos pais. Ocorre uma transição da autoridade coletiva à autoridade individual e à autonomia, a qual Bosnak (1977) caracteriza como uma passagem da moralidade passiva à consciência dinâmica.

É claro que obter um senso pessoal de moralidade e valores é uma tarefa para toda a vida. Winnicott entende a passagem da moralidade passiva à consciência dinâmica como uma parte essencial do processo de desenvolvimento. Para ele, a consciência dinâmica envolve os sentimentos de certo e errado que uma criança tem além da obediência. Ele afirma:

> Gosto de pensar que há um modo de vida que se inicia com a premissa de que a moralidade ligada à obediência tem pouco valor e que é o senso individual de certo e errado de cada criança que esperamos ver desenvolver-se junto a tudo mais que se desenvolve por causa dos processos herdados que levam a todo tipo de crescimento... (1966, p. 107).

Nas crianças, há uma vasta diferença entre aquela que se move precariamente pelo mundo, tentando isso e aquilo, e que só consegue ter um senso de limitação quando obedece a pais que berram comandos proibitivos ("Não, você não pode pegar isso"; "Não, você não pode fazer isso") e a criança cujo senso interno de limites está evidente em sua capacidade de se manter relativamente contida na ausência de forças que a monitorem. Nesse caso, uma advertência gentil dos pais encontra eco no padrão de resposta já presente dentro da criança.

Em termos dos adolescentes, surge a questão do que é necessário no ambiente para ajudar a despertar as funções psíquicas que contribuem para o desenvolvimento da consciência pessoal e da autonomia. Em outras palavras, como ajudar um adolescente a extrair sua consciência pessoal da absorção no e pelo código moral de seu tempo? (Bosnak, 1977). Esse processo de extração é o que possibilita que a moralidade passiva e a obediência cega a preceitos morais sejam transformadas em consciência dinâmica, ou seja, o senso de elaborar e afirmar a própria postura moral.

Uma abordagem puramente proibitiva vai inevitavelmente fracassar, porque uma autoridade externa não pode sempre estar presente para monitorar o comportamento de um adolescente. Winnicott diz:

> A retirada gradual da autoridade é uma parte importante do manejo de adolescentes, e tanto meninos quanto meninas podem ser agrupados de acordo com sua capacidade suportar a retirada da autoridade imposta (1939, p. 91).

O processo de vitalizar o próprio senso de consciência é central para a individuação adolescente. Os adolescentes são inundados por sérias escolhas morais. Os valores neles inculcados pelos pais e a sociedade são testados. É alarmante contemplar a pletora de decisões com que os adolescentes se deparam no mundo de hoje. Eles devem fazer escolhas quanto à sua educação e ao seu futuro profissional; devem decidir se querem se formar no ensino médio e talvez ir à faculdade ou largar a escola e arranjar um emprego; devem decidir se querem beber e usar drogas, se querem roubar, vandalizar ou participar de crimes de rua, se querem entrar em uma gangue, carregar facas ou armas de fogo ou entrar em brigas e outras formas de violência; devem decidir como expressar sua sexualidade e se querem proteger-se da gravidez e das doenças, e, por fim, devem descobrir onde estabelecer o limite entre o que querem para si mesmos e o que estão sendo pressionados a fazer pelos amigos, pais e vozes proibitivas da cultura.

Podemos orientar os adolescentes a filtrar entre essas escolhas o que é importante para o desenvolvimento psicológico, ajudando-os a diferenciar onde seus próprios valores divergem dos valores de seus pais, do grupo de pares e da sociedade? Nesse respeito, uma técnica terapêutica que considero muito útil é a de criar um "Diagrama do Eu"[16]. No eixo horizontal superior são listados todos os dilemas com que o adolescente está lidando no momento; por exemplo, drogas/álcool, escola, sexualidade, furtos, hora de voltar para casa etc. No eixo vertical esquerdo é feita uma lista das influências importantes na sua vida; por exemplo, pais, professores, chefe, grupo de pares e melhor amigo. Por fim, embaixo, é incluída a categoria "Eu". O adolescente preenche o que cada uma dessas figuras pensa sobre os tópicos no alto do quadro e observa as semelhanças e diferenças de opinião. A parte mais interessante do exercício se dá na hora de preencher as linhas do Eu ao pé do diagrama. Muitos adolescentes param aqui, incertos de como se sentem em relação a um tópico e o que os outros estão lhe dizendo para sentir. O esquema visual do diagrama permite a oportunidade de refletir sobre onde sua própria voz é abafada pelas outras vozes ao seu redor.

Como terapeutas, promovemos a individuação auxiliando o adolescente a se conscientizar de suas respostas autênticas ao mundo frente às pressões coletivas para se conformar aos padrões normativos. Essa abordagem está centrada na evolução da consciência das próprias respostas inibidoras em face de uma moralidade superegoica imposta. Existe uma parte do *self* que recua ao contemplar uma ação pretendida ou as repercussões de um evento importante na vida do sujeito? Grande parte da reflexão terapêutica que surge naturalmente com adolescentes segue implicitamente essas linhas. Por exemplo, a abertura de um caminho para que o adolescente sinta remorso, amargura ou tristeza após fazer algo que não lhe pareceu correto: "Eu não quero fazer isso de novo, não porque me dizem que é errado ou porque é contra a lei, mas porque vai contra minha própria essência e não reflete quem eu sou". Em outras palavras, o remorso exprime o senso de ter transgredido uma lei interna. Essa resposta inibidora – sentir a noção de limite ou contenção em relação a um comportamento desde um lugar interno – é crucial para a autorregulação.

A projeção nos pais

Segundo Jung, uma inibição é dada como uma força contrária inata a um impulso. A primeira experiência da criança com essa força inibidora é externa, ou seja, o comportamento limitador do pai e da mãe. Os pais são o gancho para a projeção da inibição. Jung comenta:

> De início, ela (a criança) está consciente apenas dos instintos e do que se opõe a eles; isto é, os pais. Por essa razão, a criança não tem noção de que o que impede seu caminho pode estar dentro de si mesma. Certo ou errado, isso é projetado nos pais. Esse preconceito infantil é tão tenaz que nós, médicos, muitas vezes temos grande dificuldade em convencer nossos pacientes de que o pai cruel que tudo proibia está muito mais dentro do que fora deles mesmos. Tudo o que opera desde o inconsciente aparece projetado no outro (OC 8, § 99).

Comentando essa passagem, Bosnak deixa clara a junção entre a inibição do impulso e o arquétipo parental.

> Jung fala de como é difícil mostrar a um paciente que o pai cruel que tudo proíbe é menos o pai histórico do que o pai interno. Funcionalmente, esse pai interno é a inibição do impulso. É a autoridade interna da pessoa imaginada como Pai, que é o princípio ordenador da psique. Ordenador entendido como, ao mesmo tempo, o que forma as leis e o que dá as ordens (1977, p. 84).

Para alguns adolescentes, a inibição do impulso não pode ser vivenciada em um sentido interno, de modo que um encontro literal com uma força proibitiva se torna uma necessidade psicológica. O sujeito deve passar dos limites externos para descobri-los dentro de si. Um confronto com a polícia serve à função de permitir que um adolescente sinta em primeira mão as restrições proibitivas da sociedade sobre seus atos e comportamentos. O mesmo se aplica aos pais que põem o adolescente de castigo por duas semanas por ter faltado à escola e ficado fora até tarde. O confronto proibitivo é um barômetro de onde o indivíduo está no mundo, uma advertência de que ele passou do limite permissível.

Na psicoterapia com adolescentes, um método para acessar o senso interno de inibição é explorar a voz proibitiva. A voz da proibição entra na sessão de terapia de forma exigente e autoritária, com uma presença inconfundível. Se o adolescente não puder ou não quiser confrontá-la, o terapeuta deve reconhecê-la de modo a garantir a responsabilidade do adolescente pelo próprio comportamento. Em outras palavras, o terapeuta tem que encontrar uma forma de chamar a atenção para o fato de que as ações do adolescente têm consequências reais tanto para ele mesmo quanto para as pessoas que o cercam. Alguns adolescentes forçam o terapeuta a sempre assumir a voz proibitiva enquanto ficam no papel de vítimas inocentes, culpando os outros pelo que vai mal em suas vidas.

Um tema comum que surge repetidamente é a percepção do adolescente de si mesmo como vítima do fracasso dos pais em fazer cumprir as regras de forma consistente e justa. Por exemplo, ele pode sentir que está sendo punido injustamente por violar uma regra arbitrária imposta de maneira obviamente injusta por adultos hipócritas com dois pesos e duas medidas. Ele se sente traído e se recusa a aceitar a autoridade dos pais. O repúdio à autoridade parental pode ser concretizado na adolescência, quando a possibilidade de sair ou fugir de casa e morar com outros familiares ou amigos é uma realidade. Ao se concentrar na inconsistência dos pais como executores das regras, o adolescente deixa de examinar a própria responsabilidade.

Isso nos leva à questão crucial de como trabalhar com um adolescente que abdica da responsabilidade por suas ações e comportamentos. Normalmente, um professor ou os pais enfrentam esse problema exclusivamente pelo lado da proibição: "Jamais me deixe ver você fazendo isso outra vez". Aqui estou sugerindo que, como terapeutas, é um erro tentar repetir essas tentativas fracassadas através de uma identificação completa com a força proibitiva. Acredito que a voz da proibição entre no consultório porque o adolescente está tentando encontrá-la em um nível mais profundo através do processo da reflexão terapêutica. As cenas de raiva, culpa e vitimização representadas repetidamente nas sessões de terapia muitas vezes são uma expressão do desejo inconsciente do adolescente de ouvir a voz da proibição de um modo diferente.

A compulsão a repetir as críticas contra o pai e a mãe, seus fracassos e inconsistências, é, em essência, uma tentativa de ir além dos ressentimentos, restrições e discordâncias com os pais, de modo a entrar em contato com o senso da própria autoridade interna. É a isso que tenho me referido como o senso interno de inibição dos impulsos, o qual Jung, Hillman e Bosnak afirmam ser arquetípico. Ao queixar-se dos pais, o sujeito busca descobrir o princípio ordenador singular da própria psique. A disposição do terapeuta a mobilizar a transferência parental, na qual o cliente o transforma no pai proibitivo, ou a escutar a difamação incessante dos pais está fundamentada na convicção de que o adolescente está buscando localizar essas forças dentro de si mesmo. Por isso, a maneira como o terapeuta responde e encarna a voz proibitiva é uma parte crucial do processo.

Um terapeuta excessivamente empático pode impedir que o adolescente descubra essa voz como força arquetípica dentro de si. Isso resulta de uma identificação forte demais com o adolescente vitimizado e contra os pais e professores corruptos que querem prejudicá-lo. Os adolescentes podem coagir o terapeuta a assumir essa posição pintando um retrato de si mesmos como vítimas inocentes, ou o terapeuta pode ter a necessidade de encontrar salvação para seu próprio adolescente ferido e trazer isso para a terapia. Em ambos os casos, o excesso de empatia deixa o adolescente sem a capacidade de aceitar a voz proibitiva como uma realidade intrapsíquica. Isso desfaz a tensão e respalda a negação do adolescente de que, em algum momento, ele terá que assumir a responsabilidade por suas ações, mantendo-o no papel da criança.

Outros terapeutas reagem a essa dinâmica lutando pela supremacia do superego. Uma abordagem moralista impede que o adolescente faça qualquer tipo de trabalho psicológico além de satisfazer da boca para fora a necessidade do terapeuta de impor seu sistema moral. Na acepção de Winnicott, isso seria um caso de obediência forçada. Além disso, se o terapeuta entra na relação com princípios morais a alardear, uma ideologia a ser adotada, pode influenciar indevidamente o senso de valores do adolescente em desenvolvimento.

Vinhetas clínicas: a "voz do foda-se"

A falta de "controle dos impulsos" na adolescência assume um novo sentido quando entendemos que o impulso em si contém uma força inibidora. Nossa abordagem terapêutica se desloca do fortalecimento das defesas contra a ofensiva dos impulsos para um engajamento com os impulsos adolescentes, personificados e elaborados no nível da imagem. De dentro da imagem do impulso, podemos perguntar o que ele quer, que tipo de expressão está buscando, bem como descobrir sua contrapartida inibidora, que, na adolescência, tem maior probabilidade de estar separada da consciência. Para ilustrar esse método, vou apresentar dois encontros clínicos nos quais usei uma abordagem imaginal.

Kirk, prestes a completar 18 anos, tinha tremenda dificuldade em controlar suas explosões de raiva, que frequentemente resultavam em atos de violência. Desde os 16 anos, ele havia sido detido por desordem, beber em público e ameaçar um policial. Como resultado, foi colocado em liberdade condicional. Quando comecei a acompanhá-lo, ele informou que, se fosse detido mais uma vez nos quatro meses antes de completar 18 anos, seria enviado para uma instituição para menores infratores.

Kirk descreveu como sua mente se desligava quando ele se enfurecia, roubando-lhe a capacidade de elaborar a raiva de qualquer outra forma que não começando uma briga ou quebrando alguma coisa. Uma força irredutível surgia dentro dele, que Kirk descreveu com estas palavras: "Eu não me importo. Foda-se". Essa atitude era mais forte do que qualquer outro sentimento ou resposta.

Uma parte central da terapia estava na reflexão sobre a imagem dessa força que inundava a consciência de Kirk, a qual passamos a chamar de "voz do foda-se". A voz do foda-se personificava o que Kirk sentia como uma presença real em sua psique. Abordei isso no nível da imagem perguntando: se a voz do foda-se fosse uma pessoa, o que ela estaria sentindo? Ela acharia a raiva e a fúria um consolo? O que mais poderia ser feito para acalmá-la?

O ato de personificar, encontrar o nome certo para aquele complexo, foi o primeiro passo para diminuir sua força psicológica. Isso é análogo ao que acontece no conto de fadas de Rumpelstiltskin quando a filha do moleiro descobre o nome do homenzinho. Dizer o nome Rumpelstiltskin em voz alta faz com que ele se enfureça e se parta em dois, perdendo, assim, o poder sobre o bebê da filha do moleiro. Para Kirk, a descoberta do nome correto nos permitiu entrar na imagem. Com os adolescentes, esse método de encontrar um nome para um complexo é uma ferramenta poderosa para diminuir sua intensidade psicológica. A pergunta "Como você chamaria essa parte de si mesmo?" oferece ao adolescente uma imagem tangível, que pode ser percebida como um aspecto da sua experiência e sobre a qual ele pode refletir na terapia.

Interpretei para Kirk que parte de tornar-se adulto era estabelecer uma relação com a voz do foda-se, a parte do *self* que não se importa com nada e que facilmente desconsidera o que uma pessoa se esforçou para alcançar. Kirk reagiu a essa ideia explicando como, para ele, a voz do foda-se também era uma estratégia de sobrevivência. No passado – por exemplo, quando o ameaçavam fisicamente – essa parte dele "entrava em ação" e o preparava para lutar com todas as forças, sem sentir medo. Foi importante para mim compreender essa função positiva e reconhecer seu aspecto adaptativo antes de prosseguirmos explorando seus perigos. Isso nos levou a uma análise das situações específicas que desencadeavam essa resposta, indagando se, a longo prazo, ela seria útil.

Para Kirk, a voz do foda-se interferia na expressão de outras partes da sua personalidade que poderiam ter inibido sua agressividade impulsiva. O poder e a força dessa voz unitária eram absolutamente avassaladores. Um resultado valioso do diálogo com a imagem da voz do foda-se foi que outras atitudes e sentimentos vieram à tona e encontraram expressão. Por exemplo, Kirk aprendeu a se valer de uma parte mais calma e centrada de si mesmo quando começava a sentir que estava perdendo o controle. Quando percebia seu impulso a brigar em resposta a uma provocação, ele passou a ser capaz de argumentar com a voz do foda-se, dizendo: "Se você brigar, vai acabar preso e vai destruir suas chances de se formar na escola. Não é isso que eu quero. Não vale a pena". A terapia permitiu o surgimento de novas atitudes em relação à agressividade para que Kirk tivesse escolha entre agir ou não. Era como se a impulsividade em si se tornasse mais densa e concreta e não tão facilmente subjugada através da ação irada.

Andy, de 16 anos, usuário pesado de maconha, contou como, a poucas semanas da prova da carteira de motorista, decidiu sair no meio da noite com o carro dos pais para dar uma volta com os amigos. Perguntei se alguma parte dele havia hesitado ou tido dúvidas quanto àquela decisão.

– Não – ele disse –, mas minha irmã pequena estava lá e falou: "Não faça isso. Você vai se dar mal".

De início, Andy negou que essa voz fizesse parte dele de alguma forma. Quando insisti nesse ponto, ele repetiu a frase da irmã: "Não faça isso. Você vai se dar mal" em um tom de falsete carregado de desdém.

– E como você chama esse tipo de voz? – perguntei.

– Cagona.

– Mas ela faz parte de você?

– Uma parte muito, muito pequena – ele respondeu. – Lá bem no fundo, como uma folhinha chamuscada de erva que não foi fumada.

Refletindo sobre essa troca, os motivos de Andy para fumar tanta maconha assumiram um novo significado. Vi a "folhinha chamuscada de erva que não foi fumada" como a imagem de um aspecto dele mesmo que sobrevivia à tentativa de sufocar sua vida afetiva por meio do ritual diário de se chapar. Um pedaço minúsculo, comprimido, que sobrevivia ao processo de anestesia, que não se rendia à chama e não se dissipava em fumaça. Trabalhando com essa imagem, eu disse a Andy que me parecia que aquele minúsculo pedaço dele mesmo continha muita sabedoria. Afinal de contas, era a parte capaz de afirmar: "Você gosta de dirigir. Se esperar mais algumas semanas, poderá sair com o carro dos seus pais quando quiser. Uma noite de diversão não compensa perder tudo isso". Andy respondeu à minha tentativa de falar dessa imagem com a palavra: "Foda-se".

Isso nos levou a focar na mesma dinâmica enfrentada por Kirk, ou seja, como a "voz do foda-se" tinha se tornado o único e solitário porta-voz do *self* de Andy, e senti sua forte compulsão a encontrar um meio de entrar nessa imagem. Cada vez que eu apontava as consequências desagradáveis dos seus atos impulsivos, ele dizia em tom de zombaria: "Foda-se, quem se importa". Essa interação em particular se desenrolava como uma pequena performance, na qual Andy me forçava a me submeter ao poder dinâmico de um aspecto dele mesmo que tinha resposta para tudo. "Foda-se, quem se importa" servia para qualquer situação concebível em que ele se sentisse perdido. O uso dessas palavras para me silenciar e me afastar era análogo ao modo como elas silenciavam as outras partes do *self* de Andy que poderiam responder a essa voz. Eu sentia a tristeza, a frustração e a raiva que ele mantinha separadas em sua superidentificação com o poder dessa posição. Dramatizando repetidamente essa cena, Andy estava inconscientemente usando a mim e à nossa relação para obter uma nova posição de onde testemunhar como essa força dominava sua vida. Isso era crítico para Andy, pois era esse aspecto mesmo da sua personalidade que exacerbava intensamente a dor e as dificuldades que ele já estava enfrentando.

Acting out e *acting in*

Agora podemos investigar a caracterização denunciatória da impulsividade adolescente como comportamento de *acting out*. Esse termo, que predomina nos relatos de casos de adolescentes, é conceitualmente problemático por dois motivos principais. Primeiro, porque tem raiz na visão psicanalítica da psique adolescente como de natureza primariamente defensiva. O *acting out* é normalmente entendido como um modo de comportamento que representa uma defesa contra um conflito interno ou uma tentativa de externalizar um afeto doloroso. Nesse modelo, o comportamento é expresso defensivamente para despotencializar sentimentos intoleráveis. A segunda objeção a esse conceito é que ele desvaloriza indiscriminadamente todos os comportamentos externos em favor dos estados mentais internos. Agir passa a ser visto como um modo inferior de expressão.

Na acepção comum, o *acting out* especifica somente dois elementos: afeto e comportamento. Os adolescentes agem de forma a evitar sentimentos; o comportamento externo mascara estados emocionais internos. O que fica de fora dessa equação é um terceiro elemento, o jogo da tensão entre sentir algo e colocá-lo em ação, o que eu tenho chamado de "inibição". E se imaginássemos o *acting out* como um modo de comportamento em que o impulso e a inibição estão cindidos um do outro? Nesse caso, o que é problemático não é o fato de um adolescente agir no mundo, mas sim o colapso prematuro da tensão entre o estado de sentimento e a ação. Em outras palavras, a expressão inconsciente de um comportamento sem uma autorreflexão significativa (BERNSTEIN, 1987, p. 138). O termo usado por alguns junguianos, *acting in*, descreve em um sentido positivo o comportamento que se origina ao longo do eixo ego-*self*. Quero expandir essa ideia afirmando que o *acting in* significa um comportamento que não gera o colapso prematuro da tensão inibidora.

A região intermediária entre o impulso e a ação é demarcada por Hillman (1975a) com sua ideia de que vivenciar a inibição no impulso equivale a tornar psicológico um processo instintivo natural. Essa ideia é intrínseca à noção de Jung da natureza inseparável das imagens e dos instintos. Hillman afirma:

> Jung coloca as imagens e os instintos em um contínuo psicológico, como um espectro (OC 8, p. 397-420). Esse espectro vai de uma extremidade infravermelha, a ação corporal do desejo instintual, ao azul ultravioleta das imagens da fantasia. Segundo o modelo de Jung, essas imagens são o padrão e a forma do desejo. O desejo não é apenas um impulso cego. Ele é formado por um padrão de comportamento, um gesto, uma contorção, uma dança, uma poesia, uma expressão de estilo, e esses padrões também são

fantasias que apresentam imagens como comportamentos instintuais (1995, p. 50).

Na citação que abre este capítulo, Nietzsche (1988) alude ao mesmo fenômeno com sua imagem do casamento entre as paixões e o espírito. A implicação para a psicoterapia de adolescentes é que, trabalhando com a inibição que surge dentro do impulso à ação, permitimos que o adolescente se conecte com o outro lado do espectro instinto-imagem. Ao fazer isso, a atividade natural de fantasia da psique é ativada quando o adolescente mergulha na corrente da sua vida interna.

A inibição da ação produz imaginação. Experimentar a inibição é explorar o padrão imaginativo que contém o impulso à ação. Mobilizar um impulso instintual imaginalmente, sentir onde estão suas raízes no corpo, pode reduzir a necessidade de agir literalmente. Portanto, a imaginação é uma das ferramentas mais eficazes que temos para trabalhar com adolescentes propensos ao comportamento impulsivo. Ajudá-los a expressar a forma imaginativa de seus impulsos reconecta as duas extremidades do espectro instintual[17].

Tomemos a raiva como exemplo. No *acting out*, um adolescente pode expressá-la batendo, empurrando ou gritando palavrões para o objeto da sua ira, ou pode reprimir os sentimentos de raiva e projetá-los no outro. Essa alternativa caracteriza o notório movimento passivo-agressivo dos adolescentes. A passividade extrema é o veículo para cindir a raiva e impô-la inconscientemente a alguém para que o adolescente possa sentar e observar as pessoas ao seu redor se tornarem cada vez mais furiosas. A terceira alternativa é ajudar o adolescente a dar forma à raiva, descobrindo sua forma e seu ritmo e, o mais importante, o que ela busca. Essa abordagem incentiva a capacidade do adolescente de suportar a tensão entre reprimir a raiva e descarregá-la. Portanto, é terapeuticamente eficaz ajudar os adolescentes a encontrar uma forma de expressão que possa conter os impulsos de raiva, seja ela uma expressão artística, como pintar, escrever poesias ou modelar argila, ou uma forma mais visceral, como bater em um tambor, sacudir um pandeiro ou imaginar o objeto da raiva e expressar em palavras exatamente o que o enfurece. Assim, colocamos em prática a ideia de descobrir o padrão ou a forma da emoção, para que ela não exija uma descarga imediata que desfaça a tensão e impeça a possibilidade do engajamento terapêutico.

Seja como caracterizemos as paixões que surgem na adolescência, quer as chamemos de impulso, instinto ou libido etc., está claro que são uma força vital intimamente ligada ao desejo. E, como vimos, o desejo se manifesta de uma maneira nova, com um novo tipo de realidade. Por isso, o trabalho com os impulsos como realidades imaginais permite ao adolescente acessar seu desejo.

No ensaio *Mother and Child: Some Teaching of Desire* (Mãe e filho: ensinando a desejar, em tradução livre), Mary Watkins (1990b) explora a ideia de que um aspecto crucial da tarefa parental é dar espaço à criança e permitir que ela esteja presente com seus próprios desejos, deixando-a vivenciar sua textura de forma corporal e emocional. É crucial para uma criança aprender que ela pode sobreviver à erupção da emoção intensa, pois contido nela há um padrão orientador que permite seu próprio senso orgânico de resolução.

Tratar o comportamento impulsivo reforçando a confiança do adolescente em seu próprio senso de inibição é um método análogo, por meio do qual lhe permitimos conhecer suas respostas de desejo ao mundo. As inibições puxam o sujeito em certa direção: elas servem como guias, afastando-o do que não está de acordo com os ritmos e impulsos do *self*. Tanto a avaliação negativa de Jung de uma *persona* que finge a individualidade quanto a noção de Winnicott do falso *self* dizem respeito a um indivíduo que perdeu o contato com o desejo. A obediência a um papel ou o espelhamento dos desejos do outro tomam o lugar da orientação pelos ajustes sutis de uma resposta inibidora. Dado tudo o que acontece na adolescência com relação ao desenvolvimento da consciência e as dificuldades com a sombra, bem como a pressão para se conformar e se superidentificar com uma *persona*, entender a psique como autorreguladora é de imensa importância para os terapeutas. Quanto mais pudermos ajudar o adolescente a descobrir sua capacidade de auto-orientação interna, menos precisaremos perpetuar ansiosamente intervenções proibitivas para corrigir seu curso.

PARTE IV
Psicoterapia com adolescentes: mudando o paradigma

Introdução à parte IV: adolescência e psicopatologia

A adolescência é um tempo de extrema turbulência e profundo sofrimento emocional. Ao contrário do encontro terapêutico com um cliente adulto, em que existe um senso tangível de distância, os adolescentes costumam apresentar-se no contexto da sua própria crise de uma forma contundente, que vai de encontro aos limites prescritos entre terapeuta e cliente. O que se manifesta é uma torrente de material afetivo altamente carregado e não processado, que deixa o terapeuta se sentindo desorientado e incerto. Na necessidade premente de organizar e estruturar o caos, tentar encontrar um chão seguro onde pisar e continuar o trabalho, nosso foco terapêutico se estreita nas particularidades do caso diante de nós. Assim, nos inclinamos a nos apoiar (em muito maior grau do que no trabalho com outros clientes) em diagnósticos e categorias da psicopatologia como forma de conter o material e restabelecer um senso apropriado de distância. A consequência inevitável é que não conseguimos compreender o sofrimento particular do adolescente à nossa frente no contexto do sofrimento mais universal e existencial que venho explorando nesse livro.

Outra consequência de encaixar muito rapidamente o quadro sintomático de um adolescente em um referencial diagnóstico específico é desconsiderar o sentido teleológico de seus sintomas. Em muitos casos, o que aparece inicialmente como "patológico" na adolescência – certo comportamento ou sintoma – tem uma função prospectiva, ou seja, insinua o crescimento e o desenvolvimento futuros. Quando a patologia domina nossa visão, perdemos a chance de ver que um comportamento ou sintoma sugere um processo mais profundo de mudança. Nesse sentido, a função da terapia pode ser ajudar o adolescente a engajar-se na crise de forma significativa, para que seu potencial inerente de transformação possa desenrolar-se.

Os adolescentes com frequência vêm à terapia como resultado de confrontos com o sistema. Eles se comportaram de maneira inaceitável para a sociedade, seja através de roubos, faltas à escola, brigas ou uso de drogas. Devido à confluência atual entre o tratamento de saúde mental e o sistema judiciário, a psicoterapia é apresentada como a opção menos nociva entre poucas possibilidades. Por exemplo, um adolescente pode ter infringido a lei pela primeira vez e, em vez de enfrentar uma punição na esfera criminal, pode optar por dez sessões de psicoterapia. Outro pode vir a mando de um pai ansioso ou de um diretor exigente, sob ameaça de ser posto de castigo ou expulso da escola. É raro que um adolescente inicie a terapia sem alguma forma de pressão externa.

Consequentemente, os terapeutas se veem presos entre as necessidades conflitantes de seus clientes adolescentes e as forças externas interessadas no resultado do tratamento. Essa situação coloca pressão no terapeuta para "endireitar" o adolescente e erradicar comportamentos "negativos". Em meu próprio consultório, recebi dezenas de telefonemas de professores, diretores e pais exigindo que eu fizesse um adolescente abandonar seus comportamentos intoleráveis. Por causa dessa pressão externa, ficamos vulneráveis a nos lançarmos inconscientemente em um caminho de socialização com o cliente adolescente, usando a terapia como um ensaio de conformidade social.

Quando podemos dizer inequivocamente o que está causando o comportamento aberrante, temos algo definido para fornecer aos que nos pressionam a produzir resultados tangíveis. Nesse caso, a tendência a superpatologizar é resultado da mentalidade da solução rápida. Por exemplo, o diagnóstico de depressão maior não apenas explica uma série de comportamentos e sintomas (para não falar da falta de atenção às dinâmicas da família e da escola), mas também abre caminho para um regime de tratamento medicalizado, que permite a todos ao redor do adolescente estreitar seu foco em uma única questão: se a medicação antidepressiva está ou não sendo tomada regularmente. Essa parece ser uma solução clara e completa em resposta a um conflito tão difícil de suportar.

Quando nós, terapeutas, nos tornamos uma força socializadora a serviço das pressões sociais, nossa capacidade de nos engajarmos terapeuticamente é comprometida. Não podemos escapar totalmente de tal dilema na clínica com adolescentes, porém, a consciência visceral da pressão por ele criada tem efeitos significativos em como enxergamos nosso trabalho. Nesta seção, vou concentrar-me nos lugares em que o conflito entre eliminar comportamentos aberrantes e explorar seu sentido subjacente é mais pronunciado. Minha prática de indagar aberta e pacientemente sobre os paradoxos e dilemas que os adolescentes trazem ao terapeuta vem das ideias desenvolvidas até agora neste livro. De modo geral, quero explorar formas de escutar e responder ao material trazido por um adolescente em crise para que suas implicações para a individuação ganhem valor e voz.

9
A contratransferência no tratamento da adolescência

> *Não revelamos nosso self essencial mais explicitamente no entusiasmo desprotegido dos nossos anos de adolescência? Não é por isso que, mais tarde, as lembranças nos enchem de um senso de vergonha tão aflitivo?*
> Sven Birkerts

Introdução

Na clínica com adolescentes, talvez mais do que com qualquer outra população de clientes, o caminho até o cerne do trabalho, em que novas possibilidades de escuta e compreensão podem surgir, passa por uma análise de nossas próprias respostas contratransferenciais. Não fugir do que pessoalmente nos é mais desconfortável e angustiante, e também mais provocativo e mobilizador, conduz aos dilemas centrais com que cada um de nós se depara na tentativa de estabelecer uma conexão terapêutica. Como equilibramos as demandas de adaptação externa e o impulso à individuação em nossos clientes adolescentes se manifesta nas respostas contratransferenciais que surgem no curso da terapia. A seguir, examino como essas respostas servem para abrir um diálogo mutuamente transformador entre o adolescente e o terapeuta.

A adolescência como modo de experiência

De uma forma peculiar, a adolescência não termina, muito embora já tenhamos atravessado seus enredamentos. Assim como a infância, a adolescência não é superada pelo tempo. Ambas são modos de experiência que perduram na vida adulta. Portanto, é possível entender a adolescência como um universo interior dentro de um adulto. Consideremos por um momento como acusamos um amigo em tom de brincadeira: "Você está agindo como um adolescente" ou, em reação a certos comportamentos juvenis, como dirigir rápido demais e com um tanto de imprudência, exclamamos: "O que você está fazendo, revivendo a adolescência?" Essas geralmente são respostas a uma demonstração de exuberância, uma forma de se mover pelo mundo em que a imersão total em uma atividade ainda é uma possibilidade. As manifestações de modos adolescentes de experiência na vida adulta são rechaçadas com palavras de censura que deixam a vítima constrangida e envergonhada. A intensidade adolescente é uma energia desconfortável em qualquer idade.

Escutando adolescentes em terapia, recuperamos imagens da nossa própria adolescência. A resposta contratransferencial inicial está na percepção súbita e às vezes chocante de que estar terapeuticamente com um adolescente implica estar face a face com histórias e emoções daquele período difícil da nossa própria história. As lembranças muitas vezes trazem uma alta carga afetiva. Uma terapeuta experiente expressou o que sentiu quando começou a atender adolescentes em seu consultório: "Cada problema que eu tive na adolescência voltou e me bateu na cara". Se resistimos a essa onda, lutando contra a vinda das nossas próprias memórias à consciência, provavelmente vamos projetar inconscientemente os aspectos mais crus e perturbadores desse material em nossos clientes. Além disso, excluímos a possibilidade de uma escuta profunda quando fechamos a porta para as lembranças vivas da nossa própria adolescência.

Na disciplina que ministro em um curso de formação em psicoterapia de adolescentes para alunos de pós-graduação, o primeiro trabalho é escrever um relato de uma página sobre a própria adolescência. Essa tarefa geralmente enfrenta resistência, mas, ao final, meus alunos são lançados de modo inspirador no espaço afetivo daquele período da vida. Na interioridade de suas lembranças, peço que imaginem um terapeuta abordando seu próprio *self* adolescente. Depois, prossigo com uma imaginação ativa baseada no que poderia ocorrer entre eles. Pergunto: que tipo de conduta por parte do terapeuta permitiria o estabelecimento de uma conexão? Quais perguntas seriam apropriadas e quais seriam sentidas como violação e intrusão? Que ritmo seria necessário e como esse terapeuta imaginário poderia expressar que está genuinamente escutando e tomando o que está sendo dito sem crítica? A premissa desse exercício é que a sensibilidade ao nosso próprio processo adolescente é a chave que nos permite entrar no mundo interior fortemente protegido do cliente. O contato com a vulnerabilidade que sentimos como adolescentes engendra em nós a sensibilidade terapêutica necessária para fundamentar a terapia.

Uma antiga colega de trabalho que trabalhava com adolescentes usuários de substâncias teve o seguinte sonho:

> Estou sentada em meu consultório falando com um de meus clientes sobre seu uso de maconha. Abro a gaveta para pegar uma caneta para

anotar alguma coisa e, horrorizada, descubro uma trouxinha de maconha no fundo da gaveta. Percebo que ela é minha e me sinto muito envergonhada.

Essa terapeuta em particular, embora muito afetuosa, tinha uma abordagem fria e distante quanto ao uso de drogas e álcool de seus clientes, concentrando-se de uma forma um tanto superficial nos riscos a que eles estavam expondo-se. Ela tinha dificuldade em estabelecer uma conexão forte o bastante para resistir às complexidades do trabalho com usuários de substâncias, e seus clientes não retornavam após algumas sessões. O fato de que, no sonho, ela também tinha uma trouxinha escondida que despertava sentimentos de vergonha e constrangimento parecia ser uma tentativa da sua psique de compensar o afastamento emocional que marcava seu trabalho. O sonho apontava para a ideia de que, em algum lugar secreto, tão próximo quanto a gaveta da escrivaninha, estavam suas próprias experiências e emoções paralelas às que os clientes lhe traziam. Assim, parte da vergonha, um ingrediente-chave que cerca o uso de substâncias pelos adolescentes, era transferida de volta à terapeuta quando o sonho a convocava a levar a sério os próprios atos ilícitos.

Portanto, o trabalho terapêutico com adolescentes nos pede para estarmos atentos aos complexos emocionais despertados em nós quando fazemos contato com a energia turbulenta desses clientes. (Os pais de adolescentes enfrentam uma tarefa semelhante.) Devemos estar atentos às imagens, pensamentos e sentimentos que surgem espontaneamente quando escutamos suas histórias na terapia. Uma reinvestigação da nossa própria adolescência é importante para sentirmos como aquele universo continua a se mover dentro de nós. O trabalho com adolescentes também se torna o trabalho com nós mesmos, e é preciso recordar as coisas tolas e dolorosas que nos aconteceram na juventude. Ao invés de reprimir as emoções cruas dessas memórias, devemos trabalhar ativamente para refiná-las, tendo empatia com nosso próprio sofrimento adolescente para nos podermos abrir para esse sofrimento nos clientes.

Por exemplo, se aos 15 anos éramos tímidos, retraídos e isolados e tínhamos dificuldade em situações sociais, o que aconteceria se um adolescente com um perfil semelhante chegasse ao consultório? O modo como responderíamos depende em grande medida de como respondemos a essa parte de nós mesmos no presente. Tentamos chamar nossa própria adolescência apagada à ação por meio de uma voz interna automotivadora, ou somos dominados por sua depressão? Achamos melhor dar muitos conselhos? A armadilha a evitar é tratar o cliente adolescente da mesma forma que tratamos nosso próprio adolescente marginalizado. Mais do que isso, se esse lugar dentro de nós está separado da consciência, experimentamos nossos clientes como irritantes e afastamos inconscientemente o processo terapêutico do que ameaça tocar em nossas feridas adolescentes.

Reconhecer isso é doloroso, porque nos força a encarar as muitas maneiras como nossos próprios processos adolescentes foram afetados pelas pessoas mais próximas a nós. Winnicott descreve como o envolvimento com adolescentes pode despertar sentimentos de ciúme, inveja e ressentimento em relação aos obstáculos que nos impediram de vivenciar plenamente nossa própria adolescência. Ele afirma:

> A grande ameaça do adolescente é a ameaça àquela parte de nós que não teve realmente uma

adolescência. Isso gera em nós o ressentimento pelas pessoas que são capazes de ter suas fases de calmaria e nos faz querer encontrar uma solução para elas (1963a, p. 155).

Além disso, há grandes vantagens em ajudar os pais a recordar as histórias da própria adolescência. É notável como alguns pais que tiveram uma adolescência difícil tentam manter o passado oculto da família. Em seu papel de pai ou mãe de um adolescente, o sofrimento e a vergonha ressurgem e influenciam inconscientemente suas interações e respostas. Pais que na juventude experimentaram um sofrimento agudo carregam consigo esse sentimento: "Jamais quero que meu filho passe pelo que eu passei". Aqueles que se envolveram em atividades antissociais ou delinquentes temem que, se isso for revelado, seus filhos vão usar essas informações como justificativa para fazer o mesmo.

Em uma família com a qual trabalhei, que consistia em pai, mãe e duas filhas (uma de 11 e a outra de 15 anos), a mais velha tinha um conflito severo com o pai. O fato de ela ficar fora até tarde, ser reprovada em uma disciplina e admitir ter ficado bêbada em duas ocasiões fez o pai adotar um comportamento quase marcial. Quando ela não chegava em casa na hora exigida, ele entrava no carro e a procurava pelas redondezas. Quando a encontrava, revogava seus privilégios e a punha de castigo durante meses. Isso causava uma animosidade crescente por parte da filha, e eles se viam presos em um círculo vicioso de ressentimento e má vontade um com o outro.

Em uma sessão com toda a família, perguntei se alguém poderia me dizer como havia sido a adolescência do pai. As duas filhas ficaram perplexas, mas notei um leve sorriso no rosto da mãe. Ela tinha crescido no mesmo bairro que o marido e começou a falar sobre como ele fora um adolescente rebelde, roubando carros, fugindo de casa e abandonando a escola. Enquanto ela falava, o pai parecia emburrado e retraído, e eu perguntei o que ele estava sentindo. Ele falou sobre o desejo de manter aquelas informações em segredo para não ser um modelo negativo para as filhas. Então, perguntei à filha mais velha como era escutar essas histórias sobre o pai. Ela disse que sentia alívio por ele não ser tão perfeito e que isso diminuía a pressão que ela sentia para sempre fazer tudo certo. A revelação daquelas histórias foi o verdadeiro agente da mudança para a família, permitindo que pai e filha descobrissem um terreno em comum onde podiam encontrar-se.

Quando os pais são capazes de se apropriar das lembranças e emoções da adolescência, isso pode mudar a forma como percebem e interagem com seus filhos e muitas vezes aumenta sua capacidade de empatia. Nesse momento, os sermões e as ameaças dão lugar à possibilidade de um engajamento genuíno. Quando os pais sentem menos necessidade de se defender contra esses afetos em si mesmos, podem expressar sua preocupação legítima de uma forma que tenha mais chance de ser escutada e recebida.

O arquétipo *Puer-Senex*

Outra resposta contratransferencial tem origem no embate inevitável entre adultos e jovens, ao qual Bettelheim (1961) se refere como "o problema das gerações". Obviamente, o confronto entre os jovens de uma sociedade e seus adultos não ocorre apenas na psicoterapia. Nós o vemos repetidamente nos conflitos, nas brigas e na desarmonia que surgem quando os filhos chegam à adolescência. Os pais não conseguem compreender a música, as roupas e a linguagem de seus adolescentes e exigem estabilidade, regularidade e reconhecimento dos limites, enquanto filhos e filhas buscam mudanças e descobertas e rejeitam os padrões conformistas. Batalhas furiosas irrompem quando cada limite concebível é questionado: a escolha dos amigos e da carreira, a hora de voltar para casa, o estilo de vestir, a sexualidade, as drogas e o álcool etc. O *front* se estende muito além do perímetro do lar quando a polícia, a escola, a televisão e a indústria da música se aliam a um lado ou outro na guerra entre duas perspectivas conflitantes de mundo.

O conflito universal entre jovens e adultos se expressa na psicologia junguiana na referência ao arquétipo *puer-senex*. No capítulo 2, usei a psicologia do *puer* para iluminar as inclinações espirituais dos adolescentes e, a partir dessa perspectiva, propus uma abordagem teleológica à sua sintomatologia e comportamento errático. Quero prosseguir nesse caminho, examinando a constelação do arquétipo *puer-senex* na psicoterapia de adolescentes através de mitos, imagens e histórias que nos ajudem a compreender melhor nossas respostas contratransferenciais.

O *puer aeternus* é definido por Jung (OC 5) como o eterno jovem e é personificado em uma miríade de figuras mitológicas, incluindo Faéton, Belerofonte, Narciso e Ícaro. Ele põe em evidência uma imagem da "ausência de defesas e da vulnerabilidade do desenvolvimento incipiente da psique" (MOORE, 1979, p. 190). São necessárias cautela e sensibilidade ao se percorrer a região de uma psique sem defesas. Moore ecoa esse sentimento em sua descrição do *puer*, dizendo:

> Toda vez que novos movimentos da alma tomam vida, despertam e pressionam a consciência, o *puer* pode constelar-se. O sujeito então

se vê próximo a um solo virgem, cheio talvez do espírito de aventura, empolgado, nervoso e incerto: como um potro de pernas trêmulas, ansioso para correr, mas desajeitado e imprevisível (ibid.).

O idealismo elevado e os anseios espirituais que discutimos como parte integrante da psique adolescente são qualidades atribuídas ao *puer*. Hillman argumenta que "as figuras do *puer* podem ser consideradas avatares do aspecto espiritual do *self*, e os impulsos do *puer*, como mensagens do espírito ou chamados a ele" (1967, p. 23). O chamado do espírito desperta o sujeito para o momento presente. O agora tem valor supremo; o passado e o futuro pouco significam. Nesse respeito, o *puer* vivencia o tempo de maneira incomum.

A experiência do agora como eterno alinha-se fortemente ao movimento do *puer* ao longo do eixo vertical. Faéton, o filho de Apolo, tenta dirigir a carruagem do pai até o céu. Ícaro, em seu desespero para escapar do touro de olhos estrelados no centro do labirinto de Minos, voa em direção ao sol com as asas de cera construídas por seu pai. Ambas as figuras despencam para a morte, em uma travessia inversa em direção à terra. O voo vertical e a queda livre caracterizam esse aspecto do espírito do *puer*.

O arquétipo do *senex*, que se origina no deus grego Saturno-Cronos (*cronos* é a palavra grega para o tempo), está em oposição direta ao *puer*. Situado no tempo e na história, avalizando o passado e o futuro, o *senex* está conectado ao eixo horizontal.

Uma imagem comum do *senex* é a do homem idoso. Ele serve como figura paterna, pois proporciona um senso de ordem e autoridade. Muitas vezes, a insistência do *senex* em ordem, história e autoridade se encontra em conflito com o impulso do *puer* de querer a coisa feita agora, imediatamente. Como descreve Moore:

> O *puer* almeja o voo vertical. Seus pés não estão no chão. Ele tem pouca paciência para o desenvolvimento, para elaborar as coisas. O *puer* quer as coisas feitas imediatamente, e seu idealismo impaciente considera os sábios conselhos do *establishment* do *senex* como uma âncora e um peso morto. Como os *pueri* de rua gostam de dizer: "Larga do meu pé!" (1979, p. 191).

Há uma forte propensão em nosso trabalho terapêutico com adolescentes a uma polarização entre as sensibilidades do *puer* e do *senex*. Adolescentes de ambos os sexos com frequência se identificam com o *puer* e inadvertidamente constelam o *senex* em nós. Da mesma forma, nossas austeras respostas senescentes à despreocupação adolescente intensificam no jovem a fixação e a fascinação com um estilo de consciência pueril. O que explico aqui é um arquétipo em parceria, em outras palavras, *puer* e *senex* estão sempre juntos, embora seja muito comum estarem cindidos um do outro. Para compreendermos esse potencial para cisão, vamos olhar mais de perto para a fenomenologia do *senex*.

Em resposta à tirania do pai, Cronos, filho de Urano (o Céu) e Gaia (a Terra), castrou-o e se apossou da sua autoridade. Mas Cronos rapidamente se tornou tão brutal quanto o pai e temia que um de seus filhos o depusesse da mesma forma que ele havia deposto seu pai. Para impedir que isso acontecesse novamente, Cronos engolia seus filhos assim que nasciam. Somente Zeus escapou e, finalmente, por meio de uma guerra com o pai, tomou seu lugar.

Em um comentário sobre essa história clássica, Hillman articula as implicações de um estilo *senex* de consciência para a psicoterapia. Ele afirma:

> Saturno é, ao mesmo tempo, uma imagem arquetípica para o velho sábio, o pensador solitário, o *lapis* como rocha de refúgio, com todas as suas virtudes morais e intelectuais, e, para o Velho Rei, aquele ogro castrado e castrador. Ele é o mundo como construtor de cidades e o não mundo do exílio. Ao mesmo tempo em que é o pai de tudo, ele tudo consome. Vivendo em e de sua paternidade, ele se alimenta insaciavelmente das benesses do seu próprio paternalismo. Saturno é a imagem para o *senex* tanto positivo quanto negativo (1967, p. 16).

Formamos inconscientemente uma identificação com o *senex* no contexto do trabalho terapêutico com adolescentes. Essa é uma resposta contratransferencial primária e inevitável dada a natureza paralela do arquétipo, que tem ramificações tanto positivas quanto negativas.

Um dos traços positivos mais importantes do arquétipo do *senex* é que ele oferece um senso genuíno de ordem e autoridade. Os adolescentes constantemente criam situações em que se colocam na posição de desafio à ordem existente, seja a autoridade de um indivíduo no poder, as regras de uma instituição ou as leis da sociedade. Desestabilizar e se rebelar contra ordens fixas certamente faz parte da paisagem da adolescência e é comumente interpretado como falta de respeito pela autoridade. Porém, em muitos casos, essa recalcitrância é uma reação ao que os adolescentes percebem como uma autoridade ilegítima. A autoridade infundada, baseada na necessidade de poder e controle, é um traço do *senex* negativo.

Tomemos, por exemplo, um adolescente que é obrigado a vir à terapia e chega à primeira sessão apresentando a forma mais inequívoca de resistência: "Eu não queria vir nessa porra e não vou falar nada!" Essa comunicação pode manifestar-se em palavras, na linguagem corporal ou em um olhar fixo e gélido que faz tremer a quem se encontra em seu caminho. Como terapeutas com a intenção sincera de escutar e ajudar, somos pegos com a guarda baixa, e forças arquetípicas maiores entram em jogo. Não consigo imaginar um convite mais claro ao *senex* negativo. O adolescente diante de nós, tendo comunicado sua posição, agora se reclina passivamente e espera para ver que tipo de resposta esse desafio à nossa autoridade vai gerar. Podemos abalar-nos ao perceber o dilema em que somos colocados e os incontáveis erros que podemos cometer.

O que o adolescente realmente espera nesse momento? Existe alguma parte dele que secretamente deseja uma resposta dura e autoritária: "Ou você fala ou nós vamos ficar aqui sentados em silêncio até o fim da sessão"? Essa é exatamente a resposta que permite ao adolescente sentir-se justificado em intensificar a polarização, permanecendo em uma posição fechada e raivosa.

Mas não haveria ao mesmo tempo um anseio por algo diferente? Boss oferece um retrato contrastante do que está em jogo no nível da psique quando os adolescentes questionam e provocam a autoridade. Ele afirma:

> Hoje em dia, ouvimos com frequência que os jovens são hostis à autoridade. Mas, com cada um desses jovens rebeldes (que não sejam constitucionalmente deficientes), o exato oposto acontece assim que encontram alguém em quem podem confiar e com quem podem abrir-se. Eles não querem nada mais do que encontrar uma

autoridade digna desse nome. A palavra em si vem do latim *augere*, que significa "aumentar ou multiplicar". Para o jovem, então, uma autoridade genuína é somente alguém que pode enriquecer existencialmente seu *Da-sein* (ser humano), que sabe como ajudá-lo a se tornar o ser humano que ele pode ser de acordo com seu próprio potencial inato. Os melhores entre os jovens rebeldes se desesperam e se indignam e tornam-se destrutivos somente porque sua busca por tal autoridade é vã, e eles se deparam repetidamente com a realidade de que os adultos em posições de poder atrapalham seus esforços para viver uma vida com significado, em vez de promovê-los (1983, p. 287).

A autoridade infundada do *senex* surge do medo de encontrar um desafio ao próprio poder e superioridade. Os adolescentes são extremamente sensíveis a esse medo e o provocam quase instintivamente. Certa época, eu coordenava um grupo de psicoterapia com cinco meninos adolescentes. Eu estava ansioso quanto ao sucesso do grupo, o que na época eu definia de forma estreita como o meu êxito em manter um certo nível de controle sobre o processo de grupo e ser visto como uma figura de autoridade. Por isso, eu me colocava de alguma forma acima da vulnerabilidade e das atitudes infantis dos membros do grupo. Combatendo o influxo dessas emoções em mim mesmo, era como se eu olhasse para eles de cima. Para me diferenciar e, assim, garantir meu lugar superior, eu me sentava na única cadeira da sala com assento estofado. No início de uma sessão, ocorreu o seguinte diálogo:

Membro 1 do grupo: Por que você ficou com essa cadeira? O que te faz tão especial?

Terapeuta: (*hesitante*) Eu sou o coordenador.

Membro 1 do grupo: O que te qualifica a ser o coordenador? Quer dizer que, se eu me sentar nessa cadeira, posso coordenar o grupo? O que você tem que nós não temos?

Terapeuta: Vamos começar, temos muito trabalho a fazer.

Cinco minutos depois, deu-se a seguinte troca:

Membro 2 do grupo: (*olhando fixamente para os meus pés*) Ei, de onde você tirou esses sapatos? (*O grupo todo ri.*)

Terapeuta: Do que você está falando?

Membro 2 do grupo: São os sapatos mais engraçados que eu já vi.

Terapeuta: Eu não sei o que meus sapatos têm a ver com o que nós viemos fazer aqui. Vamos voltar à discussão.

Membro 2 do grupo: Está bem. Mas eu jamais usaria um sapato como esse. (*O grupo todo passa a insultar meus sapatos e rir incontrolavelmente.*)

Ser atacado dessa forma me obrigou a fazer uma escolha: abrir mão da minha atitude superior e responder de uma forma mais humana ou sair da sala e abandonar o grupo. Aqueles ataques não eram aleatórios. Seu sentido dinâmico era uma súplica para que eu estivesse presente de um modo menos altivo e distante. Fazer troça dos meus sapatos e questionar meu direito à cadeira especial desafiava a barreira que eu havia erguido entre mim mesmo e os membros do grupo. Abandonar a atitude de superioridade não significava abrir mão da autoridade de coordenador do grupo, mas sim permitir que um senso de confiança e liderança existisse lado a lado com a consciência da minha própria vulnerabilidade, ou seja, meus sentimentos de inferioridade, ansiedade e medo. Esse movimento diminuiu a necessidade do grupo de me atacar, e uma conexão mais genuína se desenvolveu entre nós.

Os adolescentes anseiam por uma autoridade relacionada e fundamentada. Recordo um professor de uma escola alternativa que passava a maior parte do dia com um grupo de oito alunos "com problemas graves de comportamento", de acordo com o sistema de ensino. O que mais impressionava em sua sala de aula era a vasta distância entre a grande mesa de ferro do professor e as mesas de madeira menores dos alunos. Um afastamento semelhante era expresso no tom de voz paternalista e na rígida posição autoritária que o professor manifestava sempre que um conflito surgia na classe. Um dia, um dos alunos pôs um microponto de LSD em sua lata de Coca-Cola® e, sob o efeito de uma dose leve dessa droga alucinógena, o professor se levantou da mesa e se acomodou no meio dos alunos. Antes de se dar conta do que havia acontecido, passou duas horas conversando e trabalhando com eles de uma forma casual e relaxada completamente fora do normal para ele. Em meio ao caos que se seguiu à descoberta dessa brincadeira perigosa e à consequente punição, a única coisa que os alunos não deixavam de comentar era a passagem do professor para o espaço deles e a autenticidade da conexão que havia se formado.

Outras duas qualidades do *senex* são a frieza e a distância. Classicamente, acreditava-se que Saturno fosse o planeta mais distante do Sol e, portanto, o mais frio e distante. Como poderiam essas qualidades, aparentemente tão contrárias à terapia, influenciar positivamente nosso trabalho com adolescentes?

Como já observamos, na maioria das vezes, os adolescentes são obrigados a vir ao tratamento e chegam com a ex-

pectativa de serem mal compreendidos e julgados duramente pelo terapeuta. O senso de distância entre terapeuta e cliente desempenha um papel importante nesse respeito. Hillman o descreve da seguinte maneira:

> Mas, acima de tudo, não queremos despertar medo, e sempre há um medo tremendo – fuga ou luta – quando a alma está em jogo. O perigo de que ela seja perdida, prejudicada, enganada, mal orientada, julgada, condenada está sempre presente durante o encontro terapêutico (1967, p. 33).

Hillman prossegue discutindo como o terapeuta que mantém distância, que permanece contido em si mesmo, "constela a outra pessoa como 'o outro', diferente, separado, com a dor de ser ele mesmo, só" (ibid.). Essa postura por parte do terapeuta pode beneficiar um adolescente que vive em um mundo de pares que exigem conformidade e obediência às normas do grupo e, simultaneamente, em um mundo de professores e pais em que há tentativas constantes de interferir, endireitar e educar. Existe algo na psique adolescente, em seu senso de fluxo e desordem, que suscita essas respostas reguladoras. Isso explica em grande parte a resistência dos adolescentes a se revelarem na terapia: autoproteção! Imagine como sua experiência e sua compreensão do mundo são vulneráveis comparadas à força avassaladora da lógica e da clareza dos adultos. Não surpreende que a queixa número um dos pais sobre seus adolescentes seja: "Ela nunca fala de si mesma comigo, nunca compartilha o que está acontecendo na sua vida".

Hillman também observa:

> ...minha distância dá ao outro a chance de se revelar, de construir uma ponte, de trazer seus próprios sentimentos e emoções... constela dig-

nidade e respeito pelos problemas. Nada dá mais chance à alma do que o silêncio. Ela não pode ser ouvida em meio ao ruído (ibid.).

Proporcionar o espaço e a quietude suficientes para que o adolescente se revele e crie uma ponte marca o início de uma conexão genuína. Essa ponte às vezes é buscada ansiosa e prematuramente pelo terapeuta, convencido de que a tarefa de formar uma conexão está primariamente em seus ombros. A frieza do consultório é difícil de suportar, e ele não consegue ficar em silêncio. Sua ansiedade manifesta uma mente acelerada, ansiosa para preencher os espaços de silêncio, ou um interrogador que dispara perguntas com o intuito de descobrir rapidamente o que está errado. Silenciar essa ansiedade e permitir ao outro um espaço no qual se revelar em seu próprio ritmo é um dos aspectos mais exigentes do trabalho. Os adolescentes mobilizam um nível profundo de apreensão, que nos pode inadvertidamente fazer exigir uma conexão, mesmo que isso seja sentido como intrusão e violação pelo cliente.

Já que estamos lidando com energias arquetípicas, devemos estar cientes de que a expressão positiva do *senex* de distância e frieza pode transformar-se em algo destrutivo. Nesse caso, vestimos o distanciamento como uma armadura. A ponte do adolescente só pode-se estender até certo ponto. Podemos nos tornar distantes demais, frios demais, inacessíveis e além do alcance. A relação assume um tom mais formal.

Encontrar o equilíbrio certo entre conter-se e respeitar o adolescente como outro e intervir para criar uma conexão é uma questão complexa. A complexidade vem da combinação paradoxal de desafio e dependência que marca a adolescência. Quando respondemos ao desafio de um adolescente com nosso próprio desafio, abandonamos a possibilidade de fazer contato com seu lado dependente e vulnerável. A abordagem da tela vazia, usando o silêncio e a reserva, pode servir para mascarar nossa raiva pela racionalização de estarmos criando uma tensão dinâmica que fará avançar o tratamento. Um confronto de vontades tem início, e a terapia se transforma em guerra. Quem vai ceder primeiro? Não podemos esquecer que há uma vasta diferença entre a capacidade de criar uma atmosfera de quietude em que o adolescente possa emergir como outro e o silêncio absoluto em nome do poder e do controle.

A noção de Winnicott do ambiente facilitador é útil nesse contexto. Com alguns adolescentes, é necessário que o terapeuta assuma um papel ativo na sessão, conduzindo o processo com perguntas e comentários. Nesse caso, a atividade, o engajamento e o interesse do terapeuta servem ao propósito de criar um ambiente facilitador. A corrente de perguntas envolve delicadamente o cliente e faz com que ele se sinta protegido e possa relaxar e responder em seu próprio ritmo. Ele não precisa sustentar a tensão por tempo demais. É um equívoco sempre tentar tornar o adolescente inteiramente responsável pelo que acontece na sessão. Especialmente nos estágios iniciais do tratamento, ele pode esperar que o terapeuta ajude a estruturar a comunicação para que se crie um sentimento de segurança e contenção.

Como observamos ao longo deste livro, o desafio adolescente pode ser uma máscara para o desejo secreto de uma troca aberta e honesta. August Aichorn capta o momento no início de uma relação de tratamento em que a expectativa da conexão se revela pela primeira vez. Ele afirma:

> Considero o primeiro momento de nossa aproximação da maior importância. Ele é mais do

que "sentir" a situação: deve aparentar certeza e segurança e acontecer o mais rápido possível, pois, na maioria dos casos, forma os alicerces da relação posterior. O adolescente faz a mesma coisa quando entra em contato comigo. Ele quer saber imediatamente com que tipo de pessoa está lidando. As crianças geralmente tentam orientar-se rapidamente, mas, na maioria das vezes, não o fazem com inteligência. Os adolescentes, no entanto, costumam desenvolver uma habilidade espantosa em relação a isso. *Observamos um lampejo momentâneo nos olhos, um movimento quase imperceptível dos lábios, um gesto involuntário, uma atitude de "observação vigilante",* embora eles possam estar em um estado de conflito (1925, p. 128; grifo meu).

Com muita frequência, em nossa ansiedade quanto à resistência do adolescente e nossa necessidade de suportar o fardo de estabelecer a conexão, não percebemos esses sinais sutis que revelam seu interesse em fazer contato.

O *senex* também está associado ao estabelecimento da ordem através de leis e regras. É evidente que, sem alguma estrutura e regras que determinem os limites da relação, é impossível trazer um senso de contenção ao tratamento. Portanto, podemos nos perguntar que tipo de ordem é necessário no trabalho com adolescentes. O arquétipo do *senex* como princípio ordenador poderia fundamentá-lo? Paradoxalmente, é exatamente devido a esse temor das regras e limites que muitos tratamentos erram o alvo. Sem suspeitar, podemos assumir uma posição negativa do *senex*, forçar a questão e romper a conexão. Vamos explorar isso em termos do ritmo em que uma relação de tratamento se desenrola.

Observei que, quanto menos eficaz como terapeuta me sinto em um caso específico, mais rígido me torno quanto à assiduidade e à pontualidade do cliente. Minha sensação de ineficácia – isto é, meu temor de que a mudança terapêutica não esteja ocorrendo com rapidez suficiente – dá lugar a sentimentos de inferioridade terapêutica e constela o *senex* negativo. Não estou defendendo que não cobremos do adolescente o comparecimento às sessões de terapia, mas simplesmente apontando que, quando um tratamento começa a se deteriorar por qualquer motivo, isso pode deslocar-se facilmente para uma batalha em relação ao tempo. Por exemplo, observei uma terapeuta de adolescentes que esperava na porta do consultório com o relógio na mão e, se o cliente chegasse mesmo um minuto mais tarde, a sessão inteira seria dedicada a um confronto hostil a respeito do que ela considerava uma quebra de contrato. Aqui, estou apontando como a constelação do *senex* negativo nos proporciona um ponto focal para reflexão quando subitamente passamos a adotar uma postura rígida com um cliente em particular.

O *senex* negativo encontra expressão em relação a outros aspectos do tempo. Se, por exemplo, vemos nossos esforços terapêuticos continuamente frustrados por um cliente que continua a apresentar comportamentos de risco, podemos ver-nos em tal beco sem saída que passamos a fazer afirmações provocativas sobre o tempo. Por exemplo, uma resposta comum ao *acting out* adolescente é: "O tempo está passando... Você não pode esperar para sempre! Precisa decidir se quer mudar ou não". Devemos ter cuidado com essas falas e lembrar que a parte do adolescente identificada com o *puer* vive uma relação vertical com o tempo, na qual o senso de passado e futuro pode estar ausente. Quando a preocupação do *senex* com o futuro é comunicada tão causticamente, os adolescentes reagem fechando-se e, assim, perdem a capacidade de escutar a preocupação real por baixo do que está sendo expresso.

Isso é evidenciado na observação comum de que os adolescentes se engajam em muitas formas de comportamento de risco sem qualquer preocupação com o futuro. "Não surpreende que a Aids esteja espalhando-se rapidamente na população adolescente! Os jovens vivem para o momento." Como terapeutas, percebemos o quanto as coisas estão ficando perigosas e fora de controle devido a essa falta de consciência do futuro e aos sentimentos de invencibilidade. Expressamos nossos temores e preocupações de maneira acalorada e contundente e vemos que, quanto mais alto falamos, mais fechados os clientes se tornam. Para ajudar um adolescente a se conscientizar dos riscos de seu comportamento, é essencial abordá-lo de outro lugar que não onde o *senex* raivoso e o *puer* temerário se opõem um ao outro. Esse é um momento arquetípico, e todos os terapeutas que trabalham com adolescentes já se viram nesse impasse. Assim como em muitos aspectos do tratamento de adolescentes, o tempo é crucial. Nesse caso, há bons motivos para esperar um momento menos polarizado para fazer uma interpretação ou expressar temor e preocupação, dando tempo para que o impasse arquetípico se resolva. O conselho do *senex* ao *puer* temerário não encontra ouvidos. Ícaro não escutou as advertências de seu pai para não voar perto demais do sol.

A guinada negativa

Estou descrevendo aspectos positivos e negativos do *senex* que se constelam no trabalho com adolescentes. Como vimos, as qualidades positivas do *senex*, que ajudam a estabelecer uma conexão e permitem a contenção e um maior engajamento terapêutico, têm o potencial de se transmutar em seu oposto e criar um efeito profundamente prejudicial ao tratamento. Agora, podemos nos perguntar o que contribui para essa passagem para a rigidez de uma posição negativa do *senex*: regras inflexíveis, uma postura moral intransigente e um senso de autoridade baseado na necessidade de poder e controle. Para Hillman, "a diferença entre as qualidades negativas e positivas do *senex* reflete a cisão ou a conexão dentro do arquétipo *senex-puer*" (1967, p. 23).

Em outras palavras, o arquétipo *puer-senex* é a união da juventude com a velhice, uma combinação em que uma sempre influencia a outra. Como terapeutas, para evitar a queda no *senex* negativo, devemos familiarizar-nos com a juventude e escutar e responder com abertura ao espírito do *puer*. Quando nos identificamos completamente com a autoridade do *senex*, acabamos por constelar o oposto nos clientes adolescentes. Eles se rebelam, e sua identificação com o *puer* se fortalece. Como permitir uma posição em nós mesmos em que a juventude e a maturidade possam interpenetrar-se?

Para Hillman, o *senex* negativo é o *senex* separado de seu próprio aspecto *puer*. Ele perdeu seu senso de juventude. O poder do *senex* negativo está repleto de potencialidades destrutivas. Ele afirma:

> Então, Saturno está associado à viuvez, à ausência de filhos, à orfandade, à exposição da criança, e está presente no parto para devorar o recém-nascido, já que tudo o que é novo e ganha vida pode ser alimento para o *senex*. Velhas atitudes e hábitos assimilam cada novo conteúdo. Eternamente imutável, ele consome

suas próprias possibilidades de mudança (ibid., p. 17-18).

Aqui, Hillman evoca a imagem de Saturno-Cronos devorando os próprios filhos para preservar sua posição de regente/autoridade. Escuto ecos desse estilo de consciência nas reações sarcásticas de Blos e Anna Freud ao idealismo, ao heroísmo e ao despertar de interesses políticos e filosóficos na adolescência. Em certo sentido, o que os adolescentes têm de mais magnífico, sua profunda sensibilidade à beleza e à amizade, seu idealismo luminoso, alimenta interpretações do passado infantil que se encaixem em um sistema psicanalítico coeso. Esse método redutivo de interpretação não poderia ser uma manifestação da voracidade do *senex* pelo que está ganhando vida, vulnerável e incerto, no espírito adolescente? Ele não nos cegaria às tremendas possibilidades de crescimento e ao refinamento das aspirações nascentes da psique adolescente?

Nessa linha, Hillman descreve o que acontece quando o *senex* é completamente separado do *puer*. Ele afirma:

> Sem o entusiasmo e o *eros* do filho, a autoridade perde seu idealismo. Ela não aspira a nada que não sua própria perpetuação, levando apenas à tirania e ao cinismo, pois o sentido não pode ser sustentado somente por estrutura e ordem. Tal espírito é unilateral, e a unilateralidade é incapacitante... A insensatez e a imaturidade são projetadas no outro. Sem insensatez, não há sabedoria, apenas conhecimento: sério, deprimente e trancado em um cofre acadêmico ou usado como poder (ibid., p. 21).

Caímos facilmente na armadilha de pedir aos nossos clientes adolescentes que sustentem as partes pouco desenvolvidas, imaturas e vulneráveis que estão separadas da nossa própria psique. Um exemplo claro desse fenômeno é a teimosa identificação projetiva que ocorre quando os pais veem seus filhos adolescentes como portadores de impulsos agressivos e sexuais sem controle. Infelizmente, como já vimos, os adolescentes são mais do que receptivos a esse tipo de projeção, sabendo que se trata de uma forma eficaz de se conectarem ao mundo adulto.

Minha própria experiência em uma unidade de internação para adolescentes com sérios problemas de *acting out* atesta esse tipo de cisão. Aquele hospital em particular seguia um regime estrito de comportamento, e meus colegas (psicólogos, assistentes sociais, enfermeiros e outros profissionais de saúde mental) eram extremamente sensíveis à menor violação das regras da unidade. O infrator era confrontado perante toda a comunidade e tratado com severo desdém. Em geral, a equipe duvidava que os adolescentes hospitalizados fossem capazes de se abster da atividade sexual e do uso de substâncias dentro da unidade, tampouco confiava na sua sinceridade ao expressar sentimentos e formar relações genuínas. Esses eram os temas principais das fofocas da equipe e o epicentro dos objetivos e expectativas de tratamento.

Uma vez por mês, a equipe se reunia socialmente fora do trabalho. Nessas festas, eu observava uma mudança total de atitude. O que era considerado mais abjeto nos adolescentes e visto como motivo para a hospitalização e a necessidade de um longo tratamento vinha à tona no comportamento dos membros da equipe: abuso generalizado de substâncias, sexo fora de relacionamentos, ruptura na comunicação. Meu intuito não é julgar esse estilo de engajamento social, mas sim observar como ele refletia a profunda cisão que ocorria nos profissionais envolvidos mais diretamente no tratamento dos adolescentes. Tal cisão era aparentemente invisível, o que apenas aumentava a polarização entre os membros da equipe e os pacientes a quem eles deviam servir.

Um dos maiores perigos que o *establishment* terapêutico representa para a psique adolescente, seja na terapia ambulatorial, na hospitalização psiquiátrica, no tratamento para álcool e drogas ou cursos de "amor exigente" para os pais, é quando essa cisão entre o *puer* e o *senex* passa despercebida. Os objetivos do tratamento correm perigo de se degenerar em uma tentativa inconsciente de quebrar o espírito do adolescente e forçar um confronto com as "realidades" cotidianas do mundo adulto. Em meu trabalho na unidade de hospitalização, isso se desenrolava literal e dramaticamente na primeira vez que um paciente transgredia a regra da unidade contra o comportamento agressivo, fosse socando uma parede ou batendo em outro paciente. Quando isso acontecia, um alerta era emitido, os homens da equipe corriam para o local, e o adolescente era jogado no chão, levado a uma cama e amarrado com tiras de couro.

Na linguagem da psicologia arquetípica, a tentativa de quebrar o espírito impetuoso de um adolescente se caracteriza pela tentativa do *senex* negativo de trazer o lado *puer* do adolescente para o mundo temporal. Quando as demandas do coletivo se opõem às tentativas do adolescente de se definir como indivíduo (e certamente é possível interpretar algumas formas de hospitalização psiquiátrica sob esse prisma), o *puer* perde a conexão com sua própria fonte de sentido e se transforma no *puer* negativo. Isso é um sinônimo da noção de Winnicott da falsa solução, na qual o adolescente é obrigado a consentir com uma situação ou padrão que não lhe parece real. Hillman afirma:

> Em tudo isso, o maior estrago é o que se faz ao sentido, distorcido de idealismo em cinismo. O aspecto *puer* do sentido está na busca, como o dínamo do eterno "por que" da criança, no questionar, buscar, aventurar-se que agarra o ego por trás e o empurra para frente. Todas as coisas são incertas, provisórias, sujeitas a questionamento, abrindo, assim, a alma e impelindo-a a prosseguir na busca. No entanto, se trazido para o mundo temporal pelo *senex* negativo, dentro ou fora, o *puer* perde a conexão com seu próprio aspecto de sentido e se transforma no *puer* negativo. Então ele morre e há passividade, retraimento, até mesmo a morte física (1967, p. 27).

Identificados com o *puer*, os adolescentes nos ameaçam com seu espírito desmedido. Eles são a encarnação viva da projeção da cultura das coisas que "foram longe demais", e trazê-los de volta se torna nossa reponsabilidade como adultos éticos e amorosos. Nisso, porém, devemos ser extremamente cautelosos, pois há um grande dano psíquico quando sobrecarregamos prematuramente o espírito do *puer* com uma dose pesada de responsabilidade adulta. Winnicott afirma:

> ...mas a natureza da adolescência é sua imaturidade e o fato de não ser responsável. Isso, seu elemento mais sagrado, dura apenas alguns anos e é um bem que deve ser perdido por cada indivíduo ao alcançar a maturidade (1968, p. 147).

Hillman fala de uma guinada negativa no contexto da psicologia do arquétipo *puer-senex*. Aqui, quero alterar ligeiramente seu uso dessa expressão para indicar o processo por meio do qual a futuridade do espírito do *puer*, sua possibilidade de renovação, é esmagada prematuramente pelo grande peso do *senex*. O *puer* é forçado a virar as costas para o chamado do espírito. Se olharmos para os lugares onde os adolescentes estão em crise (escolas, hospitais psiquiátricos, centros de ressocialização), há evidências de que nós, como cultura, corremos o risco de promover essa guinada negativa. Essa dinâmica é sutil e difícil de observar, por isso vou oferecer vários modos de explicá-la.

Winnicott, em seu próprio dialeto, faz referência à dificuldade da sociedade de evitar a guinada negativa em seus jovens. Ele afirma:

> Mas a juventude não dorme, e a tarefa permanente da sociedade é sustentá-la e contê-la, evitando a falsa solução e a indignação moral que nasce da inveja da juventude. *O potencial infinito é o bem precioso e efêmero da juventude.* Isso gera inveja no adulto, que está descobrindo em sua própria vida as limitações do real (1964, p. 158; grifo meu).

Portanto, para Winnicott, a guinada negativa é resultado da inveja do potencial infinito da juventude. Vemos provas disso em nossa pressa a zombar da *persona* de um adolescente, apontar as inconsistências de sua posição política e aniquilar seu idealismo. A passagem do *senex* positivo ao negativo acontece imperceptivelmente, fora da consciência. Da mesma forma, a ideia de Winnicott de evitar a guinada negativa tem uma qualidade intangível semelhante. Ao descrever o processo de amadurecimento, Winnicott afirma: "O processo não pode ser acelerado, mas certamente pode ser interrompido e prejudicado por intervenções desastrosas" (p. 145).

Proponho que leiamos as "intervenções desastrosas" de Winnicott à luz da relação do adulto com o espírito adolescente. Moore enfatiza a dificuldade e o perigo envolvidos nessa relação. Ele discute *Hipólito*, a peça de Eurípedes que retrata um jovem pisoteado até a morte por seus próprios cavalos, dos quais ele cuidava em total inocência. O nome Hipólito significa cavalo, e o espírito equino é a essência dessa juventude. Ele afirma:

> *Hipólito* é a imagem de um padrão de consciência *puer* no qual essa besta em particular é libertada, um exemplo do resultado patológico da força dos cavalos galopantes. Assim como, na presença de um cavalo real, sentimos o poder excitante e a força ameaçadora que cercam e, portanto, incidem sobre a beleza e a graça do animal, também o cavalo da psique exibe promessa e ameaça (1979, p. 187).

A descrição de Moore pode ser lida metaforicamente como uma explicação da tensão que sentimos na presença dos adolescentes e das complexidades do seu tratamento. A força do espírito adolescente é excitantemente poderosa e, ao mesmo tempo, perigosamente ameaçadora. É exatamente esse aspecto ameaçador que torna tão difícil ficar em contato com sua graça, beleza e poder.

Moore contrasta o caráter e a função do cavalo imaginal que personifica a juventude do *puer* com outro animal presente em *Hipólito*: o touro. Sobre o touro, Moore escreve que ele é o "consorte de tudo o que é material, pragmático, terreno, fixo e natural... a intenção é como o touro: pragmática, sem imaginação, mais preocupada com a sobrevivência do que com as realizações culturais, voltada para a satisfação do instinto e o conforto físico" (ibid., p. 194).

Moore segue dizendo: "Socialmente, a imaginação e as ideias juvenis do *puer* são sacrificadas regularmente a esse pragmatismo, assim como, em Creta, homens e mulheres jovens eram levados ao labirinto do Minotauro para serem consumidos" (ibid.). O sacrifício da beleza e do espírito do cavalo ao pragmatismo e à realidade cotidiana do touro é a caracterização de Moore da guinada negativa. Isso se repete na terapia sempre que respondemos ao adolescente somente em termos de um pragmatismo baseado na realidade, sem dar atenção às imagens e aos sentidos metafóricos do material que ele apresenta. Nossa resposta instintiva, automática ao idealismo e às ideias mirabolantes do cliente é trazê-lo de volta ao chão, à realidade, para ser pragmático como o touro. Não podemos ignorar a questão do que é sacrificado nesse movimento.

Um exemplo disso foi meu trabalho com um cliente de 15 anos, um imigrante russo judeu que chegou ao meu consultório a mando dos pais, que descobriram que ele havia experimentado maconha. Seu pai, um gerente de fábrica trabalhador que estava nos Estados Unidos com a família havia 5 anos, não conseguia aceitar a jaqueta de couro, o cabelo comprido, as camisetas de bandas de rock e o desejo fervente do filho de ter aulas de guitarra. O rapaz, Morris, tinha uma guitarra elétrica, e um dos grandes problemas entre ele e o pai girava em torno da expectativa de que este pagasse pelas aulas. Morris levava muito a sério a intenção de ser um guitarrista melhor.

Após um ano letivo em terapia, Morris revelou a ambição e o sonho de ser um guitarrista de *heavy metal* de fama mundial. Naquela sessão em particular, ele estava usando uma camiseta preta de Ozzy Osbourne.

Morris: Eu quero ser tão bom quanto o Ozzie. Ele é o melhor guitarrista de *heavy metal* de todos.

Terapeuta: Como vão as aulas?

Morris: Bem. Minha mãe está me dando o dinheiro escondida. Eu pratico todos os dias.

Terapeuta: E você acha que vai fazer carreira nisso?

Morris: O Ozzie fez! Por que eu não posso?! Se continuar praticando, posso ser tão bom quanto ele.

Terapeuta: Mas o Ozzie é um em um milhão. Para cada Ozzie, existem milhares de pessoas que não conseguem ganhar a vida tocando guitarra.

Morris: Mas meu professor diz que eu sou muito bom. Que eu demonstro muito talento. Se eu continuar tocando, posso ser tão bom quanto o Ozzie.

Terapeuta: Nesse momento, você tem outras coisas para se concentrar, como passar na escola e procurar um emprego de verão. A guitarra vai ter que esperar. Ser tão bom quanto o Ozzie é só um sonho.

(Longa pausa)

Morris: (*desanimado*) Muito obrigado, Richard.

Recordando essa sessão, percebi que o tom de absoluta tristeza na última resposta de Morris comunicava o seguinte pensamento: "Muito obrigado, Richard, meu terapeuta, em quem eu acreditava que podia confiar, mas que também não consegue escutar meu sonho". Eu o decepcionara. Fui incapaz de escutar metaforicamente sua ambição de ser um guitarrista tão bom quanto Ozzie Osbourne como uma expressão de onde, no coletivo, seu espírito e seu desejo se constelavam. Equivocadamente, com uma forte postura de *senex* negativo, interpretei essa troca como um diálogo sobre o futuro, sobre os objetivos profissionais e a capacidade de Morris de ganhar a vida.

Indo mais longe, traí Morris ao usar esse diálogo para expressar sem qualquer reflexão minha preocupação de que ele fosse reprovado e não terminasse os estudos. Morris estava indo mal na escola, passando tempo demais praticando guitarra e tocando com sua banda. Minha ansiedade com seu fraco desempenho escolar era legítima, mas me aproveitei de sua vulnerabilidade de uma forma um tanto sádica ao tocar nesse assunto naquele ponto específico do diálogo. Era o completo oposto do que Morris estava falando. Se eu tivesse conseguido controlar minha ansiedade e acreditar que teria a oportunidade de falar das minhas preocupações em outro momento, poderia ter engajado a admiração de Morris por Ozzie Osbourne e sua paixão pela guitarra. Assim, eu poderia ter explorado quem Ozzie era para ele e o que significaria ser um guitarrista tão bom quanto seu ídolo. Que tipo de pessoa ele imaginava que seria nessas circunstâncias e o que seu pai pensaria dele e de sua fama? Do que ele gostava tanto na música heavy metal? Como se sentia quanto estava totalmente imerso na música e como aquele sentimento contrastava com o resto da sua vida? Essa linha de questionamento estaria em sintonia com a direção do diálogo e seria fiel ao espírito do material apresentado.

10
Proibição e inibição: considerações clínicas

> *Sempre que é demonizado, o que não é saudável se torna irresistível, com toda a sedução do vício e a atração ardente do que não deve vir à tona. A censura inevitavelmente incita a prática mesmo do que quer inibir e geralmente a torna mais perigosamente compulsiva, justamente por ser ilícita.*
>
> Richard Klein

Introdução

No capítulo 8, discuti as implicações teóricas para nosso estudo da adolescência das ideias de Jung e Hillman sobre a natureza da consciência e o desenvolvimento de um senso interno de autoridade em contraste à obediência às proibições coletivas. Lá, enfatizei a conexão entre a individuação, a natureza autorreguladora da psique e a experiência do mecanismo inibidor do próprio impulso. Neste capítulo, vou descrever um modelo de psicoterapia de adolescentes com base nessas ideias e ilustrar sua relevância para os aspectos práticos do tratamento.

Ao discutir a tendência excessiva a patologizar os clientes adolescentes, refletimos sobre o fato de que estes raramente pedem ajuda e geralmente acabam em tratamento por se terem deparado com algum tipo de obstáculo. Examinamos essa dinâmica do ponto de vista do terapeuta, sugerindo que devemos diferenciar nossos objetivos e expectativas da demanda coletiva para "endireitar" o funcionamento e o *acting out* de nossos clientes. Agora, quero abordar o encontro terapêutico inicial do ponto de vista de quem está na outra cadeira e examinar como o potencial de transformação aparece na sua perspectiva.

Quando um adolescente transgride, pode não encontrar um adulto que estabeleça limites claros e consistentes, mas sim um adulto furioso declarando seu ultraje moral: "Não vou mais tolerar esse comportamento. Eu o proíbo!" O adolescente é enviado a um terapeuta e imediatamente o identifica com a força proibitiva negativa que iniciou o tratamento, seja um juiz, um policial, um professor ou um pai. Assim, arma-se o palco para o antagonismo que permeia os estágios iniciais do tratamento. Essa é mais uma manifestação da "resistência" que surge no trabalho com adolescentes: o terapeuta deve-se diferenciar da projeção de seu cliente da moralidade coletiva.

Um método para diferenciar nossa preocupação como terapeutas dos temores dos adultos que insistiram que o adolescente se tratasse é expressar diretamente nosso interesse e curiosidade sobre o que motivou a situação do seu ponto de vista. Para aplicarmos seriamente à adolescência a ideia de Jung de que a consciência antecede o código moral da época e a noção de Hillman de um inibidor *sui generis* que faz parte do impulso em si, devemos presumir que os adolescentes têm uma capacidade muito maior do que imaginamos de explorar suas próprias respostas internas às atividades em que se envolvem. Portanto, devemos manter uma atitude aberta e receptiva em relação à rede de sentidos que cerca a narrativa com a qual se apresentam.

Um dos princípios orientadores dessa abordagem da terapia com adolescentes é capacitá-los a explorar os problemas que estão enfrentando da perspectiva da inibição e de sua relação com a atividade autorreguladora da psique. Da perspectiva da inibição, a psicoterapia nos compele a repensar as noções tradicionais do que constitui a transformação terapêutica. As aplicações concretas dessa abordagem podem ser claramente demonstradas no tratamento de adolescentes usuários de drogas e álcool.

Proibição/inibição no tratamento do abuso de substâncias na adolescência

A distinção teórica entre proibição e inibição tornou-se clara em meu trabalho como terapeuta em um programa de prevenção do abuso de substâncias no ensino médio. Desde o início, tive dificuldade em determinar como eu poderia beneficiar os alunos encaminhados para aconselhamento compulsório sobre álcool e drogas, meninos e meninas entre 14 e 17 anos que haviam sido pegos comprando, vendendo ou consumindo drogas e álcool na escola. Minha dificuldade advinha do fato de que o programa de prevenção tinha como missão dois objetivos separados, porém relacionados: primeiro e mais importante, prevenir o uso de álcool e drogas e, segundo, oferecer aconselhamento/terapia para os alunos já envolvidos com essas substâncias. Ao tentar integrar esses dois objetivos, eu me via preso no que parecia um conflito impossível de resolver: como assumir uma postura forte contra o abuso de substâncias e, ao mesmo tempo, engajar terapeuticamente, sem julgamentos, os jovens que já fossem usuários.

A sala onde eu atendia os alunos era pequena, com uma janela que dava para um pátio ao lado do departamento de artes, em uma ala obscura da escola. Os alunos se sentavam de frente para uma parede com prateleiras cheias de panfletos e materiais de leitura sobre abuso de álcool e drogas. Um modelo do corpo humano em papelão dominava a peça, com marcas vermelhas indicando como cada órgão era prejudicado pelos efeitos da maconha. Nas paredes, havia cartazes sobre prevenção proclamando os perigos do uso de drogas. Um pôster extremamente macabro mostrava um carro fúnebre com a porta traseira aberta, revelando um caixão. A legenda advertia os alunos de que, se experimentassem cocaína, aquela seria a "carruagem" que os levaria à formatura da escola.

Rapidamente desenvolvi uma forte compaixão pelos alunos encaminhados a mim, especialmente os mais jovens. Sua primeira aventura com a maconha poderia fazer com que eles fossem abordados pelos seguranças da escola, conduzidos a um tribunal de professores, administradores escolares e pais e sentenciados a cinco sessões com o conselheiro da escola.

Inicialmente, abordei o aconselhamento da perspectiva da prevenção, seguindo as orientações do programa. Eu respondia às particularidades do contato de cada aluno com as drogas e/ou o álcool apresentando a literatura psicoeducativa que detalhava os riscos à saúde associados à maconha, cocaína e álcool, as três substâncias mais comuns. Porém, essa abordagem não me levava muito longe. A maioria dos alunos não revelava a verdadeira extensão do seu uso de substâncias e apenas matava tempo até completarem as sessões compulsórias.

Desanimado, comecei a refletir sobre o fato de que eu estava pedindo aos alunos para serem sinceros sobre seu consumo de drogas e álcool em um ambiente extremamente proibitivo. Eles chegavam na defensiva, esperando escutar o mesmo que já diziam seus professores, pais e, ainda mais energicamente, a televisão, pois na época o fervor antidrogas do governo Reagan/Bush varria o país. Muitos pareciam incertos, constrangidos e envergonhados. O choque entre a retórica da prevenção, que ditava que o uso de substâncias na adolescência era um mal social a ser erradicado a qualquer custo, e minha própria intenção de engajar terapeuticamente os alunos, cuja motivação para experimentá-las parecia ser multifacetada e superdeterminada, era profundo e me forçou a repensar minha posição.

Não me surpreendia que muitos alunos se esforçassem para esconder e distorcer seu grau de envolvimento com as drogas e o álcool. A atmosfera de julgamento e desaprovação confirmava suas piores expectativas, reforçando a sensação de vergonha. Não há dúvida de que a negação e a minimização sejam comuns entre as pessoas que abusam de substâncias, especialmente os adolescentes. No entanto, não consigo imaginar uma forma melhor de perpetuar essa negação do que atacar de forma moralista as escolhas dos que precisam de ajuda. Esse moralismo pesado e rígido, no qual certos comportamentos são pecado, é uma atitude prevalente entre profissionais que têm contato com adolescentes.

Abordar a psicoterapia de adolescentes desde uma posição proibitiva é problemático, porque suas experiências têm uma necessidade legítima de serem escutadas. Nessa perspectiva, existe um tabu contra explorar com empatia o lado positivo e vitalizante do uso de drogas. O consumo de substâncias que alteram a consciência, especialmente na adolescência, é uma faca de dois gumes, mas nossa credibilidade como terapeutas se perde ao estabelecermos uma posição que negue *a priori* um lado fundamental dessa experiência. A capacidade de nos engajarmos dialeticamente, que está no cerne da psicoterapia de adolescentes, é diminuída. Os adolescentes anseiam por alguém que proponha uma conversa honesta, na qual não haja sermões, mas respostas sérias e diretas. Acreditando que é preciso recitar roboticamente os perigos do uso de drogas e álcool em nome da prevenção (como os incessantes comerciais da TV), entramos no ringue com uma mão atadas às costas: a derrota é quase certa. Nossa retórica é fraca, e os adolescentes vão identificar as contradições de nossos argumentos e jogá-las na nossa cara. E devemos lembrar que, para os adolescentes que usam álcool e drogas, as mensagens de prevenção fracassaram. Não é realista pensar que mais do mesmo irá ajudá-los. Mais uma vez, nossa tarefa como terapeutas é oferecer um diálogo alternativo sobre essas questões que o adolescente não vai conseguir em outro lugar.

A pergunta mais comum dos adolescentes aos terapeutas no aconselhamento para abuso de substâncias é: "Você já experimentou x, y ou z?" Essa pergunta tem diversas implicações em muitos níveis (e não acredito que devamos respondê-la literalmente), mas certamente um de seus significados reflete o desejo do adolescente de saber se ele é escutado e compreendido no contexto das suas experiências. Será que nós, a quem eles identificam como adultos e outros, *realmente* compreendemos como é? Em algum lugar da nossa resposta, mesmo que a pergunta tenha sido feita com a intenção oculta de encontrar uma forma de racionalizar a relação com a substância, devemos comunicar nossa disposição a escutar e engajar o espectro completo da experiência.

Sem nossa receptividade a reconhecer os aspectos prazerosos de ficar "chapado" ou "alto", o adolescente terá muito mais dificuldade em construir a ponte para uma relação significativa. Por isso as campanhas antidrogas são tão sinistras e ineficazes: os adolescentes sabem por experiência própria que elas são gritantemente unilaterais. Há uma ideia insana de que podemos de alguma forma convencê-los de que existe uma correspondência entre nossa retórica antidrogas e álcool e suas experiências cotidianas com essas substâncias. Isso constitui uma violação da confiança e complica imensamente a intenção de comunicarmos de maneira realista os verdadeiros riscos associados a elas.

Minha abordagem de aconselhamento mudou à medida que comecei a silenciar o clamor da minha própria voz proibitiva, assumindo um interesse maior na gênese do uso de substâncias dos alunos. Por exemplo, pedi aos que haviam se tornado usuários habituais de maconha que recordassem a primeira vez que tinham fumado. Suas descrições estavam cheias do simbolismo da iniciação. Embora cada história fosse única, um cenário típico era mais ou menos assim:

Eu estava com meus amigos mais próximos. Alguém fechou um baseado e passou para a roda. Tive um pouco de medo de como iria me afetar. Dei uma ou duas tragadas e, quando percebi, estava um pouco tonto. Eu nunca tinha sentido aquilo antes. Fiquei tão feliz por estar com meus amigos. Ri mais do que já tinha rido na minha vida toda. Tudo era muito engraçado e tinha um novo sentido. Depois, fomos comer para matar a larica.

As primeiras experiências com a maconha podem ser maravilhosas. A pessoa pode alcançar um estado de relaxamento e alegria diferente de tudo o que já experimentou antes. Preocupações e tensões parecem evaporar-se. Eu achava essencial jamais subestimar o prazer que a maconha traz. Era inútil tentar ignorar a experiência subjetiva de um adolescente inundando-o com evidências médicas de que fumar é perigoso. Era essencial não perder a conexão com a história que estava sendo contada.

Comparando essas experiências iniciais a um evento iniciatório, eu me sintonizava de forma empática com os sentidos mais profundos da narrativa dos alunos. A história começa com um convite a participar de um evento em grupo que é ilegal e, portanto, tem um elemento inconfundível de perigo. Um ritual comunitário se dá quando o baseado é passado de um para o outro. A inalação da fumaça produz uma mudança significativa na consciência. O sujeito se sente uma pessoa diferente.

Eu pedia que os alunos descrevessem esse exato momento. Quem eles se tornaram e que partes de si deixaram para trás? Através da participação nesse ato em comum, o sujeito cruza um limiar e entra em um mundo diferente. Novos laços se formam entre amigos. Eu perguntava sobre a conexão com o grupo da perspectiva de um membro que participara do ritual, não de um *outsider*. Que experiências do passado levaram à sensação de ficar de fora? Como a relação com os pais e a família se alterou quando esse limite foi cruzado? Há um desejo de maior independência? O que aconteceu com os sentimentos de dependência?

Mais detalhes surgiam a respeito do ritual de "arranjar uma erva", ir a um lugar especial para fumá-la e a sensualidade de limpá-la e prepará-la. Escutar a fome de um ritual nessas histórias e falar da busca da iniciação oferece ao adolescente um contexto no qual integrar seus sentidos em um nível mais profundo. Isso dá valor e credibilidade ao evento.

Eu achava terapeuticamente eficaz pedir aos usuários habituais de maconha que refletissem sobre o hábito de fumar no presente, em contraste com as histórias sobre suas experiências de iniciação. Nesse momento, o senso de inibição entrava em ação. Eu escutava coisas como: "Não é mais tão divertido", "Nós não rimos mais como antes", "Eu não consigo fazer as lições de casa", "Se eu fumo depois da aula, fico inútil o resto do dia", "Eu não me comunico mais tão bem com meu namorado", "Eu quero me retrair de todo mundo". A justaposição dessas declarações às memórias do início os motivava a repensar seu uso no presente e revelava a ambivalência no âmago do que já se havia tornado habitual. Deparar-se com esses *insights* dolorosos sobre seu comportamento abria espaço para que eles realizassem mudanças.

As admissões acima, no vernáculo adolescente, falam dos perigos do uso habitual de maconha. No entanto, existe uma diferença crucial entre chegar a esses *insights* por si mesmo e tê-los apontados por outra pessoa. Esse momento de autodescoberta produz um deslocamento em que o adolescente está apto a iniciar uma discussão com o terapeuta sobre os aspectos problemáticos do seu uso de drogas. O que é crucial é que o desejo de mudança surja de dentro, da consciência da dor que o consumo habitual de drogas está causando.

No caso do álcool, o corpo comunica claramente sua resposta inibidora ao consumo excessivo. Os adolescentes geralmente vomitam na primeira experiência com a bebida, jurando na manhã seguinte, em meio a uma ressaca tenebrosa, jamais beber outra vez. Isso tem aplicações terapêuticas valiosas no trabalho com adolescentes que estão bebendo em excesso todos os fins de semana. A primeira coisa a explorar é o sistema que eles criaram para enganar as respostas inibidoras do próprio corpo. Com alguma experiência, talvez seis meses ou um ano de consumo regular de álcool, eles aprendem a beber até o ponto exato antes de vomitar. Eles sabem quando beber, quando não têm responsabilidades no dia seguinte e podem curar a ressaca dormindo. Eles sabem onde beber, na casa de um amigo que more perto, para não terem que dirigir bêbados. Eles voltam para casa quando sabem que não vão dar de cara com os pais após uma noite de bebedeira.

Também podemos perguntar sobre a experiência de beber do ponto de vista do corpo. Aí começa a surgir o lado mais obscuro do álcool. Por exemplo, os adolescentes relatam como é horrível se sentir enjoado por beber demais, como é constrangedor acordar em meio ao próprio vômito, como é angustiante não conseguir chegar em casa na hora certa e ser posto de castigo pelos pais. Além disso, eles podem descrever como é horrível encarar os amigos após uma noite de bebedeira sem saber o que foi dito ou feito: "O monstro se soltou ontem à noite, e agora estou ferrado".

Após se sintonizarem com as inibições do corpo, muito adolescentes reconhecem, de forma mais global, a dor e a dificuldade que a bebida lhes causa. A negação inicial, a convicção de que "Está tudo sob controle, beber não me faz mal, estou só me divertindo" se desfaz. Por exemplo, alunos atletas falam do preço que o álcool cobra do corpo em termos da diminuição das suas habilidades esportivas. Um jovem com quem trabalhei não conseguia mais correr como antes e, para outro, treinar no sábado de manhã após uma noite de bebedeira era quase impossível. Quando surgem esses *insights*, considero especialmente importante escutar sem crítica, deixando o adolescente descobrir por si mesmo que efeitos o álcool está tendo em sua vida. É nesse ponto, somente após descobrirem a verdade de que a bebida é prejudicial por experiência própria, que ele pode começar a pedir ajuda para mudar a relação com o álcool. O potencial para o sucesso nessa mudança aumenta drasticamente quando vem dessa fonte interna.

O abuso de drogas ou álcool causa uma cisão na consciência entre o prazer da experiência e a dor, a dificuldade e o sofrimento que os adolescentes enfrentam como resultado. Nos grupos que coordeno, sempre me espanta a disparidade entre a descrição sensível e tocante dos efeitos negativos do álcool na família e a expectativa para uma festa em que eles planejam beber até desmaiar. Essas perspectivas conflitantes são mantidas separadas. Os adolescentes não estão acostumados a ter ambas em mente ao mesmo tempo.

Desenvolvi um exercício para abordar essa cisão. Começo discutindo com o grupo os aspectos prazerosos e dolorosos do uso de drogas e álcool. Listo cada atributo no quadro para que, ao final da discussão, tenhamos uma lista bastante completa das associações positivas e negativas de todos os participantes. Então, peço que cada um faça um desenho que retrate de alguma forma ambos os lados da experiência, depois pergunto se há uma história que o acompanhe. Descrevendo seu desenho (figura 10.1), uma jovem falou animadamente sobre como gostava de ir à loja de bebidas, comprar cerveja e ficar bêbada. Porém, sua voz e seus gestos mudaram quando ela explicou o outro lado do desenho, que descrevia as consequências de uma noite de festa. A segunda imagem levou-a a relatar a lembrança de encontrar o pai em uma poça de sangue quando ele desmaiou e bateu com a cabeça no meio-fio após uma bebedeira. Ela falou do medo de que ele estivesse morto e começou a chorar enquanto contava como chamou a ambulância e viu o pai ser levado para o hospital. Da mesma forma, um jovem mostrou em seu desenho (figura 10.2) como se sentia um rei, forte e poderoso, com o mundo inteiro nas mãos e, ao mesmo tempo, com pensamentos loucos e apavorantes que lhe vinham à cabeça sempre que ele bebia demais. Ele descreveu um dia em que ficou muito bêbado e participou de um assalto do qual até então se arrependia e no qual jamais se teria envolvido se estivesse sóbrio. Trabalhando com esses desenhos, o grupo pôde falar dos dois lados da experiência. A imagem teve a função de concretizar a justaposição das duas perspectivas, e a tensão entre elas causou a liberação da memória e do afeto.

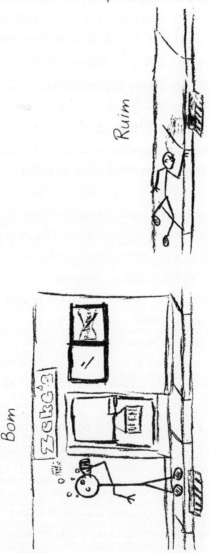

Figura 10.1 Depois de uma noite de festa

Figura 10.2 O mundo inteiro em suas mãos

Conclusão

A abordagem proibitiva da dinâmica do abuso de substâncias na adolescência se baseia em um conjunto de premissas em forte contraste com a abordagem que enfatiza a inibição.

A abordagem proibitiva assume uma postura contrária ao uso de álcool e drogas devido à sua natureza adictiva (e os riscos à saúde envolvidos), bem como à imoralidade inerente que acompanha o ato de consumi-los. A voz da proibição diz algo como: "Nós, adultos que sabemos mais, dizemos que o que você está fazendo é imoral e errado. Não é apenas perigoso para sua saúde e seu bem-estar, mas também há uma boa chance de que você se torne dependente. Portanto você deve praticar a abstinência, não importa o preço".

Em contraste, da perspectiva da inibição, a tarefa terapêutica é despertar a consciência das respostas corporais e emocionais ao uso de substâncias. Essa abordagem tenta encontrar o adolescente onde ele está, perguntando: "Sua experiência atual com as drogas e o álcool está realmente satisfazendo suas expectativas em termos do que você esperava obter quando começou?" A terapia se origina no espaço entre o que um adolescente busca no desejo de usar drogas e álcool e o que realmente está obtendo.

Os anseios do adolescente usuário de substâncias evocam a imagem do *puer*. O uso de álcool e drogas produz um estado mental que liberta o sujeito das responsabilidades terrenas. Ficar chapado, alto, louco, trincado etc. propicia um momento de transcendência da experiência, o *puer* que voa alto no mundo do espírito. O *puer* não conhece outra forma de retornar à terra que não por uma queda súbita. Os adolescentes que abusam de substâncias recriam esse padrão em suas tentativas de ficarem acordados pelo maior tempo possível. Uma forma de avaliar a gravidade do uso de substâncias é investigar o nível de desespero em querer que o estado alterado continue. O quanto um adolescente se torna autodestrutivo para manter o barato? Nos casos mais graves, ele não volta ao chão voluntariamente: é preciso que o corpo não consiga tolerar a infusão maciça do que ele bebe, fuma ou cheira para forçar a queda. Então, o ciclo se repete no desespero renovado pela transcendência e fuga. E se o aconselhamento para abuso de substâncias fosse visto como um método para ajudar o adolescente a sofrer a queda, assisti-lo em encontrar o caminho de volta?

Esse método requer que o terapeuta investigue o que o adolescente acha tão intolerável na experiência cotidiana de viver e o ajude a reconhecer os momentos em que o desejo de alçar voo surge de repente.

Olhar para o abuso de substâncias desde a psicologia do *puer* condiz com a abordagem inibidora. Por exemplo, sem ter que comunicar nada explicitamente a respeito da psicologia do *puer aeternus*, as seguintes perguntas podem estruturar o tratamento de um usuário habitual de maconha: "O que você está buscando quando acende um baseado?", "Que parte de você está desesperada para se chapar?", "Você tem uma experiência semelhante a essa em alguma outra atividade além de ir a festas?", "Existe alguma parte de você que não deseja se chapar quando você toma a decisão de se divertir com os amigos?", "O que diz essa voz de inibição?", "O que a impede de ser ouvida?", "De que sentimentos você consegue escapar quando toma a decisão de fumar?" "Você consegue perceber o que está ocorrendo em sua vida nos momentos em que o desejo de fumar é mais forte?", "O que aconteceria se você não satisfizesse esse desejo imediatamente?"

Tal abordagem parte da premissa de que, dentro do adolescente que abusa de substâncias, existe um senso nascente de contenção e inibição. Psicologicamente, chega-se a esse lugar elaborando o desejo pelas substâncias na imaginação. Isso é o que significa mobilizar imaginativamente o *puer*. A abordagem proibitiva congela a imaginação por uma desconfiança básica quanto à capacidade do adolescente de separar o metafórico do literal. O engajamento imaginativo é perigoso do ponto de vista da proibição porque tem o potencial de abrir as comportas de instintos e impulsos incontroláveis. Isso é exemplificado na retórica sobre a maconha como droga de entrada.

Segundo esse argumento, experimentar maconha, mesmo que só uma vez, vai levar ao uso de drogas cada vez mais fortes, até que só reste um *junkie* caído na sarjeta. Um medo semelhante está presente nos argumentos de que, se educarmos adequadamente os adolescentes sobre a sexualidade humana, esse conhecimento vai atiçar um apetite sexual irrefreável.

11
Proibição e inibição: dimensões culturais

> *De modo geral, era verdade que, na minha vida até então, eu mesmo não fizera nada simplesmente porque minha mãe ou meu padrasto ou os professores que eu havia tido ou qualquer um dos adultos que tiveram poder sobre mim me disseram que era para o meu próprio bem. De jeito nenhum. E sempre que alguém me dizia isso, era como se um alarme disparasse, e só o que eu escutava era uóu-uóu-uóu, alguém está tentando roubar algo valioso, e então fazia o oposto. Na maioria das vezes, o resultado não era muito bom, mas eu nunca o teria feito se alguém não tivesse tentado me obrigar a, para o meu próprio bem, fazer o oposto.*
>
> Russel Banks

Depois de examinar a dinâmica da proibição/inibição da perspectiva do abuso de substâncias na adolescência, quero agora explorar suas implicações psicológicas e filosóficas mais amplas no nível da cultura em termos de nossas respostas contemporâneas à juventude. Como cultura, transmitimos imagens vigorosas, faladas ou não, quanto ao lugar dos adolescentes na sociedade e nossa disposição a tolerar sua luta para desenvolver a identidade. Um equívoco está por trás das recitações proibitivas que buscam prevenir que os adolescentes tenham comportamentos "perigosos", "imorais" e "ilícitos". A ambiguidade e a ambivalência contidas em nossas advertências se devem ao fato de que os adolescentes, por natureza, expõem dramaticamente os lugares em que nós estamos em conflito como cultura. Neste capítulo, vou falar do impacto de nossos conflitos culturais implícitos no adolescente em desenvolvimento. Mais especificamente, vou examinar como as condições culturais estreitam o leque das possibilidades do adolescente de aceitar suas próprias respostas inibidoras.

No ensaio *A ausência de um senso de culpa*, Winnicott (1966) argumenta que um dos resultados mais contundentes da parentagem inconsistente é que a criança não forma uma conexão entre seus impulsos e o *self* e, assim, age sem senso de responsabilidade. Nesses casos, a terapia tem por fim ajudar a criança a se realinhar com o surgimento interno de seus impulsos, incluindo os destrutivos, para que possa começar a experimentá-los como parte integrante de quem ela é como pessoa. Nesse processo, ela também descobre o senso de culpa, o que Winnicott chama de inibição, e o desejo de reparar. Essa nova consciência desfaz a cisão entre o impulso e a ação responsável. Aqui, Winnicott evoca a tensão entre o impulso e a ação que caracterizei no capítulo 8 como uma das dinâmicas centrais da adolescência. A maneira como essa dinâmica se desenrola na adolescência tem implicações significativas para a vida adulta.

A busca por descobrir um senso de *self* que pareça real no mundo está no cerne da formação da identidade. Os adolescentes podem ser "vistos buscando uma forma de identificação que não os decepcione em sua luta, a luta pela identidade, a luta para se sentirem reais, a luta para não assumirem um papel atribuído por adultos, mas sim vivenciar o que deve ser vivenciado" (WINNICOTT, 1963a, p. 152). Portanto, para Winnicott, os adolescentes, de um modo quase instintivo, resistem à opressão prematura de seu espírito, à qual caracterizamos anteriormente como a guinada negativa. Ele denomina esse ato de resistência "uma recusa da falsa solução", em outras palavras, a recusa em agir e participar de eventos desconectados de um senso mais profundo do *self*. E é nessa luta altamente pessoal e individual que encontramos mais uma vez a distinção entre proibição e inibição.

O que chamamos pejorativamente de *acting out* e rebeldia adolescente pode ser reimaginado como um choque proposital contra as proibições ditadas pelos pais e a cultura como um todo. O sentido teleológico da rebeldia adolescente é a busca de uma solução individual para as complexas perguntas coletivas que mobilizam integralmente a psique.

Os adolescentes estão vitalmente engajados nas perguntas que dizem respeito a questões de moralidade, integridade e justiça e relutam em aceitar soluções pré-fabricadas. Desafiar pessoalmente uma proibição desperta a consciência da inibição. O sujeito tem a satisfação palpável de ter elaborado a questão por si mesmo.

Que condições culturais promovem o empenho do adolescente em confrontar a proibição na tentativa de extrair seu sentido pessoal? Como demonstrei, é o encontro mesmo com o desejo e suas limitações que leva a um senso de autonomia e consciência pessoal. Portanto, o que deve ser investigado é a relação entre a inibição inerente ao impulso à ação e os comandos proibitivos da cultura. Existe harmonia suficiente entre eles para que o adolescente não seja completamente dominado pela qualidade restritiva da moralidade coletiva e possa começar a discernir sua própria voz moral? A ideia de harmonizar os limites que estabelecemos para o adolescente e seu próprio senso interno de controle possibilita que eles evitem a falsa solução.

Nós falsificamos a consciência interna da limitação/culpa/inibição do adolescente determinando inequivocamente desde o início, sem consideração pelo contexto, o que é certo e errado. É notável como esse fenômeno está enraizado, como permeia tantos níveis diferentes de nossas instituições educacionais, jurídicas, religiosas e familiares. Existe uma grande ansiedade de que, sem proibições expressas, a criança perderá o controle ao chegar à adolescência. Nesse ponto, Freud sai vitorioso, pois o desenvolvimento da consciência é visto meramente como a internalização das proibições externas.

Encontrei inúmeros exemplos dessa ansiedade em meu trabalho clínico com famílias cujos adolescentes pararam de funcionar de forma previsível. Um deles foi uma menina de 16 anos que estava sendo reprovada em todas as disciplinas, ficando fora o fim de semana inteiro com amigos e prestes a ser expulsa da escola por excesso de faltas. Os pais estavam em tal pânico quanto ao seu comportamento que, todas as noites que ela passava em casa, eles a atormentavam constantemente sobre como ela estava arruinando própria vida. Sem dúvida nenhuma, aquela jovem estava criando caos para si mesma. Somado ao caos que os pais lhe impunham todas as noites, era quase impossível para ela perceber as próprias reações. Por isso, ela era incapaz de determinar o que realmente queria em relação à escola, à família e aos amigos naquele momento crítico. Além disso, os ataques diários dos pais a estimulavam a projetar neles a causa de todos os seus problemas; eles ofereciam um gancho imensamente atrativo. Presa no ciclo familiar de raiva, decepção e arrependimento, a jovem tinha pouca oportunidade de descobrir as próprias respostas emocionais e cognitivas aos eventos de sua vida.

A dificuldade de harmonizar os comandos proibitivos da cultura com o senso interno de autocontrole pode ser vista claramente na delinquência juvenil. Como observamos na discussão da sombra na adolescência, o comportamento delinquente costuma ser ou completamente ignorado, ou reprimido de forma dura e sem compaixão. Outro exemplo dessa discordância pode ser encontrado nas respostas excessivas que às vezes damos a comportamentos adolescentes normais e não violentos, como pichações e pequenos furtos. É como se não houvesse mais espaço na cultura para que os adolescentes entrem em contato com os impulsos destrutivos e rebeldes em si mesmo sem se ferirem seriamente ou pagarem um preço alto. Por exemplo, na minha cidade natal, testemunhei uma menina de 13 anos ser algemada e levada para a delegacia entre três viaturas policiais por roubar um maço de cigarros em um mercadinho. Esse é um exemplo da mentalidade que crê que, se conseguirmos apavorar o adolescente o bastante da primeira vez que violar a lei, evitaremos que ele se torne um criminoso pelo resto da vida. Isso pressupõe que o jovem deve ser obrigado a fazer escolhas morais. A proibição que imagina não existir inibição sempre vai a extremos.

Outro exemplo disso foi em meu trabalho com uma menina de 14 anos a quem chamarei de Kelly. Kelly foi trazida por sua mãe porque estava indo mal na escola, brigando com as outras meninas e flertando com os meninos. A mãe tinha 14 anos quando Kelly nasceu e seu maior medo era que a tragédia da gravidez na adolescência pudesse se repetir com a filha.

Kelly estava debatendo-se com questões de controle e inibição. Durante a terapia, falamos sobre sua sexualidade e o senso de que, se ela e o namorado chegassem ao ponto de fazer sexo, as coisas mudariam drasticamente entre eles. Em seu coração, ela não acreditava no que os meninos diziam a respeito do sexo: "Não é nada de mais, vamos transar", ou nas instruções que ela recebia de algumas amigas: "Você tem que transar para que o cara fique com você". Ela também reconhecia que, no calor do momento, "o que você tinha decidido, que não estava pronta para transar com aquele menino, parecia desaparecer, e você acabava traindo a si mesma".

Enquanto isso era discutido na terapia, a mãe de Kelly, em pânico após encontrar um diário no qual a filha articulava suas fantasias e ideias sobre o sexo, decidiu obrigá-la a tomar a pílula anticoncepcional. Embora a pílula conceda a liberdade sexual, de alguma forma esse ato da mãe parecia ser uma resposta proibitiva à sexualidade adolescente. Não havia confiança de que a filha pudesse descobrir por si própria o que era certo e errado em relação à própria sexualidade, e o controle externo era necessário pra garantir que ela não acabasse grávida. O efeito disso, acredito, foi fazer com que Kelly se tornasse sexualmente ativa mais rapidamente. Tudo foi acelerado. Em um instante, ela estava pensando, imaginando, explorando no papel as ramificações de sua sexualidade e, no próximo, por incentivo da mãe, estava tomando um comprimido com o efeito psicológico de tornar literal algo que ela estava tentando elaborar imaginalmente.

Para Kelly, o sentimento de inibição em resposta à sexualidade trazia uma capacidade maior de reflexão. Isso ficava evidente em sua prática cotidiana da escrita (ironicamente, no diário cuja descoberta resultou na imposição do uso da pílula) e ilustra a conexão entre a experiência da inibição de um impulso e a ativação da imaginação. Essa é uma ligação extremamente valiosa para o psicoterapeuta de adolescentes, pois oferece uma passagem crucial para seu mundo interno. Vou apresentar um último exemplo clínico que deixa clara essa conexão.

Trabalhei com um rapaz de 17 anos, a quem vou chamar de Tommy, que aparentava ser 5 ou 6 anos mais jovem. Ele fora encaminhado para mim pelo diretor da escola devido a suas explosões de raiva e seu comportamento violento com colegas e professores, sob pena de expulsão se não se submetesse ao aconselhamento. Trabalhamos durante muitos meses, falando sobre sua raiva e o tipo de situação que o fazia perder o controle. Nessas discussões iniciais, Tommy se identificava completamente com a raiva assim que nos aproximávamos dela e só conseguia concentrar-se em expressá-la e fazer alguém mais senti-la.

Com o passar do tempo, Tommy tornou-se capaz de sentir um senso de inibição em relação à sua raiva. Agora, quando ele se enfurecia na escola, podia sentir uma parte de si se conter, sem ofender, gritar ou brigar automaticamente. Como resultado, ele não arranjava mais problemas por brigar todos os dias. À medida que falávamos sobre sua consciência crescente de uma força inibidora, dialogando com a parte dele que não estava completamente identificada com a raiva, uma lembrança importante veio à tona. Tommy descreveu um incidente que ocorrera 2 anos antes, quando estava morando em Nova York. Ele estava com o melhor amigo, que entrou em uma cabine telefônica para ligar para alguém. Confundindo o amigo de Tommy com outra pessoa, um membro de uma gangue surgiu do nada e o matou. Tommy nunca tinha falado sobre esse incidente com ninguém além de sua mãe. O luto e a raiva pela morte do melhor amigo encontraram lugar nas nossas conversas e permitiram a Tommy se desidentificar com o enfurecido interno que estava sempre procurando briga. O que me impressionou nessa experiência foi o modo como sentir a inibição do impulso à raiva levou à liberação da lembrança traumática. A inibição nos deu acesso a um sentimento mais profundo, que estava na origem de grande parte do comportamento violento de Tommy.

Rejuvenescimento cultural

As cerimônias que marcam a iniciação adolescente eram altamente valorizadas nas sociedades tradicionais como ritos religiosos significativos. A passagem ritual à vida adulta era celebrada para o benefício de toda a cultura. A cerimônia era entendida como uma forma de regeneração coletiva (ELIADE, 1958). Na mesma linha, Winnicott fala do potencial dos adolescentes para rejuvenescer a sociedade contemporânea. Ele afirma:

> A imaturidade é uma parte preciosa da cena adolescente. Nela estão contidas as características mais empolgantes do pensamento criativo, sentimentos novos, ideias para uma nova forma de viver. A sociedade precisa ser sacudida pelas aspirações dos que não são responsáveis (1968, p. 146).

O elogio de Winnicott às novas ideias que os adolescentes podem trazer à cultura se origina no fato de que eles não precisam fazer uma análise abrangente e de longo prazo dos problemas do mundo. Em outras palavras, os adolescentes possuem a visão das injustiças e desigualdades da sociedade sem o fardo de terem que achar uma solução. Enquanto eu demonstro o valor disso para o desenvolvimento político do adolescente, Winnicott fala de seu benefício para o mundo adulto: é um alarme que nos desperta do habitual e do garantido. Na linguagem da psicologia arquetípica, o *puer* proporciona novos *insights* e perspectivas sobre as questões que o *senex* há muito presume fechadas e resolvidas. O espírito do *puer* toma asas nas certezas do *senex*.

Em nossa cultura, parece que, ao invés de celebrarmos a energia vital e a visão nova que os adolescentes podem trazer, o oposto é verdade. Os jovens são culpados pela degeneração da sociedade, responsabilizados por causar o caos e a destrutividade que caracterizam grande parte da vida moderna. Segundo essa fantasia, tudo estaria bem se os jovens simplesmente se endireitassem e se comportassem. Em vez de permitirmos que sua energia ardente renove a sociedade, os adolescentes e jovens adultos se tornaram seus bodes expiatórios. Em vez de serem acolhidos nas comunidades, criamos novas barricadas para mantê-los de fora.

Talvez parte do nosso desdém contemporâneo pelos adolescentes possa ser atribuído à sua capacidade extraordinária de revelar os aspectos da vida adulta que permanecem ocultos na sombra. Ventura fala da capacidade inerente do adolescente de trazer das profundezas o que nós adultos esperamos ter enterrado:

> Nossos segredos, nossas concessões, nossas necessidades, nossa falta, nossos fracassos e nosso medo de fracassar novamente, tudo isso des-

perta e começa a rugir em algum lugar interno quando os jovens olham intensamente em nossos olhos adultos. É como se, de alguma forma obscura, eles tivessem acesso aos nossos segredos, ao que não sabemos ou não queremos saber sobre nós mesmos, e, quando olham para essas partes de nós ainda que de relance, nosso pânico é ressuscitado, os demônios que pensávamos ter derrotado e transcendido, deixado para trás – só é preciso esse pirralho desgraçado, e as bestas despertam. Como pai, você mede seus medos pelo tamanho da sua distância daquele pirralho (1993, p. 28).

Portanto, nosso ultraje com o adolescente pode ser um deslocamento da raiva pela exposição da nossa sombra. Ao contrário das crianças, os adolescentes são sofisticados o bastante para perceber com exata precisão as inconsistências entre o que dizemos e como agimos. O que Ventura descreve no nível individual entre pais e filhos adolescentes também se dá na cultura. Os adolescentes espelham a sombra da cultura, encarnam e vivem os lugares em que somos mais inconscientes. Por exemplo, discuta com um adolescente sobre seu uso de maconha, e ele vai apontar satisfeito para a contradição entre a quantidade maciça de energia e recursos injetados na guerra contra as drogas ilegais que estão destruindo a sociedade e a preponderância cada vez maior do uso legal de drogas: remédios para dormir, tranquilizantes, álcool, antidepressivos, remédios para emagrecer etc. Muitas drogas prescritas que consideramos seguras e não recreativas, especialmente os medicamentos psiquiátricos, são altamente valorizadas no mercado clandestino adolescente. Isso nos força a reconsiderar a distinção presunçosa e um tanto arbitrária entre as substâncias que as indústrias farmacêutica e psiquiátrica consideram medicinais e aquelas consideradas ilícitas e restritas ao uso recreativo.

Uma adolescente que fumava maconha regularmente para combater a depressão sabe muito bem que a droga legal Prozac, que está tomando agora, tem a mesma função. "Eu fumava maconha, agora meu psiquiatra receitou Prozac. Qual é a diferença? Droga é droga", diz ela. Outro exemplo de comportamento adolescente que revela nossa sombra cultural diz respeito à quantidade absurda de Ritalina que vem sendo receitada nos Estados Unidos para crianças e adolescentes. Nos últimos anos, os jovens descobriram que, triturando as pílulas e cheirando o pó, conseguem obter um forte efeito anfetamínico. Conheci um menino de 14 anos que habitualmente cheirava Ritalina triturada. Como resultado, os professores reclamaram de sua falta de atenção na escola, e sua mãe o levou a um pediatra, que diagnosticou um transtorno de déficit de atenção com hiperatividade, para o qual receitou Ritalina.

À medida que as drogas ilegais se tornam mais difíceis de obter, adolescentes desesperados para alterar seu estado de consciência recorrem a produtos domésticos: cheiram corretivo líquido, cola e solventes e reviram a gaveta de remédios dos pais em busca de tranquilizantes ou analgésicos que só podem ser obtidos com receita médica. Por que nos recusamos a questionar a relação entre o estado atual de nossa cultura e esses padrões preocupantes de comportamento? Nosso foco na prevenção e na proibição inevitavelmente desconsidera o que crianças e adolescentes tanto anseiam encontrar no uso compulsivo de drogas. Como vimos, em sociedades tradicionais, a iniciação introduzia os adolescentes ao mundo do ritual, do mistério, do espírito e da ambiguidade, elementos que não encontram lugar em uma cultura altamente tecnológica e hiper-racional como a nossa. Não seria hora de reconhecermos a ligação entre a crise de sentido em nossa cultura e o desespero com que os jovens buscam fazer contato com esse outro mundo? Nosso entendimento desse fenômeno não deveria ser levado em conta nas atuais discussões sobre as crescentes dificuldades vivenciadas pelos jovens do nosso país?

Demandas conflitantes

A seguinte vinheta clínica explora os fatores que levaram um adolescente a decidir usar drogas e álcool e traz um exemplo das demandas conflitantes ocultas em nossas proibições comuns e cotidianas. A retórica afirma: evite a pressão dos pares, decida por si mesmo. Mas isso seria possível? O que realmente influencia essas decisões que, superficialmente, parecem ser escolhas individuais? A pressão viria apenas dos pares?

Will era um rapaz de 17 anos que tinha abandonado o ensino médio e, em um último esforço para obter um diploma, matriculara-se em um programa de ensino alternativo que oferecia uma abordagem prática à educação, com menos horas de aula e sem lições de casa. Após dois meses de terapia, ficou claro que Will tinha um problema sério de abuso de substâncias. Ele fumava maconha quase diariamente havia 2 anos. Era muito difícil para ele sair da cama de manhã e chegar no horário à escola e, lá, tinha dificuldade em se concentrar. Como resultado da frequência irregular, sua chance de se formar, algo que ele desejava desesperadamente, estava em risco. Percebendo o preço do uso de maconha através do nosso trabalho, Will decidiu ver como sua vida poderia ser diferente sem ela e resolveu parar de fumar por um mês.

Três semanas depois, eu estava participando de uma reunião com professores e, quando o nome de Will surgiu, eles começaram a falar de como, nas últimas semanas, ele havia se tornado intolerável. No passado, antes de iniciar o tratamento comigo, eles nunca haviam tido problemas com ele. Fora sua frequência irregular, ele era um aluno modelo. Agora, era irritável e mal-humorado, desrespeitoso e cruel com os colegas. Segundo os professores, era quase impossível ficar perto dele por mais de cinco minutos.

– O que você está fazendo com esse menino?! – perguntou o diretor. – Eu não sei do que vocês falam nas sessões de terapia, mas posso dizer que não está funcionando. Você não pode fazer alguma coisa? – Fiquei pasmo, sem reação, e, quanto mais mudo eu ficava, mais prazer os professores tinham em descrever como Will estava horrível e, de certa forma, culpar a mim, o terapeuta.

Pensei como Will e eu estávamos trabalhando juntos com o objetivo expresso de ajudá-lo a parar de usar maconha, para que pudesse encontrar outra forma de lidar com emoções que lhe pareciam caóticas e perturbadoras que não se anestesiando. Simultaneamente, ali estavam seus professores, os adultos da sua vida com os quais ele passava a maior parte do dia, essencialmente dizendo que eu deveria fazer com que ele voltasse a ser como era. Recebi claramente a mensagem: apoiamos o que for necessário para que ele não manifeste esses impulsos e explosões de raiva, irritação e emoção, para que possa voltar a ser o tipo de aluno fácil de lidar que gostamos de ter na nossa escola. E, se eles estavam comunicando isso a mim, quais pressões tácitas estariam exercendo sobre Will para subjugar as partes da personalidade dele que achavam tão intoleráveis? Estava claro que Will estava passando pela abstinência, e parte de seu comportamento era sintomático da redução de sua dependência psicológica da maconha. No entanto, o próprio Will havia descrito para mim que, antes de começar a fumar, esses mesmos comportamentos tinham sido os responsáveis pelos conflitos que o fizeram abandonar a escola regular e se envolver em crimes.

Consequentemente, comecei a ver que a decisão de Will de fumar maconha não era inteiramente pessoal. Forças coletivas maiores, nesse caso o sistema escolar, estavam lhe bombardeando com mensagens tácitas e oblíquas de que sua energia jovem, em mutação e em desenvolvimento, não era desejada. "Faça o que quiser, mas por baixo dos panos. Coletivamente, como sistema escolar, não podemos e não queremos tolerar isso." Em outras palavras, "a intensa cacofonia psíquica" que é a adolescência não era bem-vinda (1993, p. 30).

E se a crise atual do uso crescente de substâncias ilícitas entre adolescentes fosse vista sob essa perspectiva? Isso não nos forçaria a reconsiderar a patologização desse comportamento exclusivamente em termos da força de vontade individual e da renúncia às pressões do grupo? Além disso, a explicação de que Will estava meramente se automedicando é falsa pela mesma razão. Ela põe o ônus da responsabilidade totalmente em seus ombros. O que estava por trás do desespero para se automedicar? Por que ele achava tão necessário anestesiar certos aspectos do *self* e de onde vinha o incentivo implícito a essa decisão na cultura que o cercava? A automedicação não seria um caminho que os adolescentes descobriram para transformar/deslocar sua energia caótica em algo mais tolerável, permitindo que eles mantenham uma conexão com os adultos e funcionem mais facilmente na sociedade? Perdi a conta de quantas vezes escutei alguma versão da seguinte afirmativa dos meus clientes adolescentes: "Sim, ele costumava ser muito violento, mas agora ele fuma maconha, e está tudo bem. Ele se acalmou". Eles veem, eles sabem. Estão tão cientes dos efeitos anestesiantes quanto qualquer outra pessoa.

Que mensagem confusa e enlouquecedora acabamos transmitindo. Por um lado, há todo esse clamor para dizer não às drogas e, ao mesmo tempo, a mensagem velada sobre conformar-se a uma certa forma de ser que não deixa espaço para o desespero, a raiva, a sexualidade e o pandemônio da psique adolescente. Quanto mais enfaticamente essa mensagem clandestina é transmitida: "Não podemos tolerar esse tipo de energia e, se ela for manifestada, não poderemos tolerar você", mais as drogas e o álcool se tornam objeto de fascinação e uso abusivo. Isso nos leva de volta a Winnicott e à dificuldade de permitir que os adolescentes tenham sua fase de calmaria. O que significaria acolher e engajar esses estados de ser culturalmente? Como isso poderia influenciar a estruturação das instituições nas quais os adolescentes passam a maior parte do tempo? E, para retornar ao início desta seção, como podemos rever nossa concepção da psicopatologia adolescente e seguir o fio das origens não apenas até a infância, mas para nossas respostas culturais e institucionais àquilo que nos parece mais sinistro e abominável na passagem pela adolescência?

Epílogo

Em nossa prática clínica, é crucial suplementar e ampliar os modelos psicodinâmicos e do desenvolvimento para incluir o impacto da cultura nos adolescentes. Entender como o estado atual da cultura ao mesmo tempo promove e nega a vivência das possibilidades inerentes à adolescência requer um olhar psicológico sobre os livros, programas de televisão, filmes e músicas que os adolescentes acham tão interessantes. Tal investigação busca compreender de que componentes da cultura popular um adolescente extrai poder vital e quais têm um papel de negação da vida. Ao atentarmos às poderosas forças culturais que impactam a adolescência, podemos recontextualizar o que, à primeira vista, parece ser uma patologia individual.

Gentry (1989) e Ventura (1993) afirmam que estamos vivendo em uma cultura adolescente. Eles apontam a congruência entre os lugares em que a cultura está desagregando-se e os problemas dos adolescentes contemporâneos: adicção, fracasso escolar, aumento da criminalidade e da violência nas ruas. De certo, há uma simetria inquietante entre o que consideramos as características mais desagradáveis dos adolescentes contemporâneos e as patologias da cultura. Por exemplo, nossa economia de consumo reflete as piores tendências da adolescência, seu hedonismo e autoindulgência. Nossa compulsão atual a possuir formas cada vez mais poderosas de tecnologia (mais memória, mais velocidade) para expandir nosso campo de autonomia e controle espelha as tentativas desesperadas do ego empobrecido do adolescente para se manter à tona por qualquer meio disponível. Nosso fracasso em levar em conta o impacto de longo prazo das nossas políticas ambientais no destino do planeta reflete as consequências patológicas da incapacidade do *puer* de considerar o futuro, vivendo apenas no agora. Nosso foco individualista no *self* à custa da comunidade é paralelo à tendência ao narcisismo e ao egocentrismo da adolescência. E, por fim, a regulamentação governamental e corporativa de mais e mais campos da vida contemporânea dá eco à alienação adolescente de uma força autorreguladora, tornando necessários o monitoramento e a vigilância constantes.

Outra manifestação da natureza adolescente da cultura está em nossa relação com o arquétipo *puer-senex*. Projetamos o *puer* nos adolescentes, insistindo que eles carreguem essa energia, e então os culpamos por isso. Nesse processo, identificamos injustamente o adolescente com uma série de características negativas: eles são loucos, egocêntricos, burros, rebeldes, ignorantes, imorais, destrutivos e perigosos. Em nossa pressa para demonizar a adolescência, não percebemos o quanto nossas projeções estreitaram e distorceram nossa visão. Em uma cultura adolescente, os jovens são a tela ideal para a projeção. Vemos um microcosmo disso nas famílias. O que é representado inconscientemente pelos pais, cindido e não reconhecido, subitamente se enraíza no comportamento, nas ações e nos pensamentos dos filhos. Conhecemos os efeitos devastadores dessa forma de identificação projetiva para o adolescente. No entanto, é importante reconhecermos que um processo paralelo se desenrola quando os conflitos não resolvidos da cultura se impõem dramaticamente à vida adolescente.

Como ilustração, nosso desconforto com a complexidade moral está cristalizado nas mensagens discordantes e unilaterais que transmitimos aos adolescentes sobre os comportamentos que consideramos permissíveis e impermissíveis. Proibimos que os adolescentes se envolvam em certas atividades em um contexto, mas os mesmos comportamentos são promovidos e incentivados em outros. Por exemplo, as drogas de rua são consideradas inegavelmente ruins, mas o uso de medicamentos psiquiátricos para controlar o humor, a atenção e a ansiedade é inquestionavelmente benéfico. Os adolescentes são instruídos a não resolver conflitos por meio da agressão física, enquanto a cultura os fascina com imagens violentas em filmes, programas de televisão e videogames. Eles são advertidos a controlar seus impulsos sexuais e, ao mesmo tempo, estimulados a participar livremente como consumidores da obsessão e da saturação da sociedade com imagens sexuais e apelos eróticos. Nossa dificuldade como cultura de suportar a tensão criada por esses complexos dilemas morais e éticos se revela nas posturas radicais e inflexíveis que assumimos com os adolescentes.

A psique adolescente é bombardeada com julgamentos de valor veementes e conflitantes, uma agressão que se origina na infância; por exemplo, nas advertências constantes sobre os perigos do cigarro, das drogas e do álcool, que agora têm início até mesmo na pré-escola. Já paramos para considerar os efeitos psicológicos de longo prazo dessas práticas preventivas? O que significa para uma criança/adolescente escutar, ano após ano, essas denúncias dos males de substâncias que podem desempenhar um papel central na vida de seus familiares e que são promovidas pela mídia e pela publicidade? Isso não criaria uma confusão quanto a quem está falando a verdade que, por sua vez, poderia levar à curiosidade e à experimentação, comportamentos que nossas próprias práticas preventivas tentam erradicar? Ou não criaria a atitude de intolerância zelosa testemunhada pelas crianças que são o alvo da atual campanha antitabagismo? A mensagem que acaba sendo transmitida é de que os fumantes são cúmplices do demônio. Podemos nos perguntar se eles são os verdadeiros inimigos sobre os quais devemos advertir nossas crianças.

O olhar sobre a cultura para aprofundar nossa análise do que parece ser um problema individual ou familiar abre espaço para considerarmos o impacto da dificuldade da cultura em aceitar a realidade do envelhecimento e da morte nos adolescentes. Como podemos acolher a adolescência como um tempo de morte e renascimento simbólicos se, como cultura, veneramos a aparência de juventude e cultivamos a fantasia de que, com a tecnologia médica moderna, podemos viver para sempre? A mentalidade de uma cultura que nega a morte não impediria a possibilidade de aceitarmos as imagens e sentimentos relacionados à morte e ao morrer que determinamos ser parte integrante da adolescência?

Do ponto de vista dos adolescentes como indivíduos, examinamos o sentido prospectivo de seus sintomas e patologias como tentativas de estabelecer uma ligação com uma ordem transcendente de sentido. Isso ficou evidente em nossa leitura dos ritos tradicionais de iniciação e na interpretação da adolescência como um tempo de individuação. Coletivamente, a sintomatologia da adolescência revela os lugares em que a sociedade está em conflito. Dada a vulnerabilidade que acompanha esse estado transicional do desenvolvimento e a necessidade profunda do adolescente de se conectar com um círculo maior de sentido, a cultura tem potencial para ser transformada satisfazendo essa necessidade arquetípica. Sem isso, corre o risco de ser destroçada pelos impulsos conflitantes corporificados na adolescência.

O contato com o sofrimento dos adolescentes contemporâneos nos força a encarar as patologias culturais atuais que nos afetam a todos. Devemos ampliar nosso campo de visão se quisermos compreender o que hoje se afirma nitidamente nas estatísticas alarmantes de suicídios, Aids, gravidez, uso de drogas, violência e assassinatos entre adolescentes. Limitar nossa visão da adolescência a uma recapitulação da infância não nos permite perceber quem o adolescente é como indivíduo e, assim, perdemos a oportunidade de aprender com ele. É importante questionar o hábito mental tradicional que lê a adolescência redutivamente. Isso nos dá oportunidade de perceber a ligação muito importante, e ainda assim negligenciada, entre o sofrimento do adolescente e o sofrimento da cultura, a ligação entre a psique adolescente e a alma do mundo. Com essa ligação em mente, podemos detectar o que está dissimulado quando apontamos para o adolescente como causa de nossos males culturais e também escutar o menosprezo dos adolescentes com outros ouvidos, como uma revelação sobre o nosso próprio sofrimento.

Notas

1. Cf. MILLER, J.B. *Toward a New Psychology of Women*. Boston: Beacon Press, 1986. • BENJAMIN, J. *Bonds of Love*. Pantheon Books, 1988. • CHODOROW, N. *The Reproduction of Mothering*. Berkeley: University of California Press, 1978. • BELENKY, M.; CLICHY, B.; GOLDBERGER, N. & TARULE, J. *Women's ways of Knowing*. Nova York: Basic Books, 1986.

2. John Allan ilustra o impacto que a escrita e a narração de histórias podem ter no trabalho terapêutico com um adolescente abusado sexualmente no livro *Inscapes of the Child's World* (1988). Para exercícios de escrita para adolescentes, cf. tb. *Written Paths to Healing* (1992), do mesmo autor (coautoria de J. Bertoia). Para um panorama do uso das artes criativas na terapia, cf. *Rosegarden and Labyrinth: A Study in Art Education* (1982), de Seonaid M. Robertson.

3. Robert Stein adverte contra a interpretação do arquétipo do incesto (a necessidade da psique de se perder na fusão com o outro) como um desejo literal de reunir-se regressivamente à mãe, afirmando: "A psicanálise contemporânea deslocou seu foco teórico da fantasia edípica para a fantasia pré-edípica, em que prejuízos ao desenvolvimento ocorrem no processo de separação da criança de sua união simbiótica original com a mãe. A transferência, segundo essa fantasia, recria a fusão simbiótica entre a mãe e a criança, oferecendo a possibilidade de uma reconstrução da personalidade. Uma consequência importante de igualarmos as origens da experiência de unificação e plenitude à simbiose literal entre a mãe e a criança é que tais experiências tendem a ser vistas como regressão. Ver a transferência/contratransferência primariamente dessa perspectiva mergulha o analista em uma identificação com o arquétipo da mãe contenedora, e o paciente na identificação com o arquétipo da criança inocente, carente, abandonada, impotente, dependente. Isso não apenas perpetua uma cisão no arquétipo Mãe-Criança, mas também inflaciona o analista por meio da identificação com a Grande Mãe nutridora e todo-poderosa" (1984, p. ii). Em um afastamento intencional do arquétipo pais-criança, ele apresenta a imagem do Casamento Sagrado (*hieros gamos*), do par divino irmão-irmã, como modelo para o arquétipo do incesto. As implicações desse afastamento para a compreensão da ferida do incesto e de uma visão arquetípica da transferência são elaboradas em seu livro *Incest and Human Love*.

4. Cf. o ensaio de Gilligan "Woman's Place in Man's Life Cycle" (1982). In: *In a Different Voice*: Psychological Theory and Women's Development. • STIVER

(1986). "Beyond the Oedipus Complex: Mothers and Daughters". • GILLIGAN et al. (1990) *Making Connections*: The Relational Worlds of Adolescent Girls at Emma Willard School. Para uma abordagem psicoterapêutica que enfatiza a perspectiva relacional com adolescentes do sexo feminino, cf. GILLIGAN et al. (1991). *Women, Girls and Psychotherapy:* Reframing Resistance.

5. *Reviving Ophelia*: Saving the Selves of Adolescent Girls (1994), de Mary Pipher, figurou na lista dos mais vendidos do *The New York Times* em brochura. Quanto ao cinema, cf. o artigo de Peggy Orenstein, "The Movies Discover the Teen-Age Girl" (1996). Em literatura, cf. as obras recentes de Mary Kerr, Dorothy Allison, Maya Angelou, Alice Munro, Alice McDermott, Bobbie Ann Mason, Julie Edelson e Jamaica Kincaid.

6. Cf. "The Archetypal Masculine: Its Manifestation in Myth, and Its Significance For Women", de Barbara Greenfield. In: *The Father*: Contemporary Jungian Perspectives. Org. por Samuels (1986).

7. Winnicott chama esta abordagem de consultas terapêuticas, dizendo: "Tento demonstrar que, em um tipo muito comum de caso psiquiátrico infantil, existe a possibilidade de realizar uma psicoterapia eficaz e profunda por meio de uma única entrevista ou de um número limitado delas" (1965, p. 137). Cf. tb. *The Piggle* – Relato do tratamento psicanalítico de uma menina (1977). • *Consultas terapêuticas em psiquiatria infantil* (1971). Em ambos, Winnicott fala da duração intrinsecamente limitada da psicoterapia de crianças e adolescentes.

8. Para uma descrição das tentativas atuais de reviver esses ritos, cf. MAHDI; FOSTER & LITTLE (orgs.). *Betwixt and Between*: Patterns of Masculine and Feminine Initiation (1987). • MAHDI et al. (orgs.). *Crossroads*: The Quest For Contemporary Rites of Passage (1996). Para um exemplo da criação desses rituais no contexto da psicoterapia, cf. o artigo de Quinn, Newfield e Protinsky: "Rites of Passage in Families with Adolescents" (1985).

9. Para mais reflexões sobre a conexão entre a iniciação feminina e Artêmis, cf. "A Mythological Image of Girlhood", de Karl Kerenyi. In: *Facing the Gods* (1980). Org. por James Hillman. • *Pagan Meditations*: The Worlds of Aphrodite, Artemis and Hestia (1986), de Ginette Paris.

10. Para uma nova concepção dos contornos do amor homossexual de uma perspectiva junguiana, cf. HOPCKE et al. (orgs.). *Same-Sex Love and the Path to Wholeness* (1993).

11. Esta orientação é descrita por Hillman em "Anima Mundi: The Return of the Soul to the World". In: *Spring*: A Journal of Archetype and Culture (1982).

12. Comunicação pessoal de Dr. Joseph Cambray.

13. As viagens de Mahdi e Bosnak pela Rússia, Japão e Suíça, entrevistando adolescentes sobre seus sonhos a respeito da vida na era nuclear e da possibilidade de um apocalipse, estão documentadas em um filme de Mark Whitney, 1998, pela Mystic Fire Video.

14. Para uma descrição interessante de como a multiplicidade do *self* é mobilizada na psicoterapia de adultos, cf. o cap. 12, "The Fish Lady and the Little Girl: Case History Told From the Points of View of the Characters". In: WATKINS, M. (1990a). *Invisible Guests*: The Development of Imaginal Dialogues.

15. Aqui, faço uso da tese de diplomação de Robert Bosnak (1977) no C.G. Jung Institute for Analytical Psychology de Zurique, intitulada *The Cooking-Pot of Conscience*: On Emancipation, Ethics and Marriage (inédita).

16. A técnica do "Diagrama do Eu" foi criada por Jackie Schectman, uma analista junguiana de Boston cujo trabalho inclui crianças e adolescentes.

17. Sobre esta conexão, Hillman escreve: "A ambivalência compulsão-inibição se revela no ritual, no jogo e nos padrões de acasalamento, alimentação e luta, nos quais, para cada passo à frente sob a urgência da compulsão, existe uma elaboração lateral de dança, de jogo, de ornamentação – um 'descanso' que retarda, aumenta a tensão e expande a possibilidade imaginativa e a forma estética, formando padrões deliciosos e desviantes, esfriando a compulsão de mecanismos natos de liberação pela satisfação direta em relação ao objeto do estímulo – seja ele copular, ser devorado ou ser morto. O *opus* é elaborado em uma *Gestalt*, enquanto esta mesma está sendo fechada pela elaboração. O movimento indireto não é um padrão de fuga, embora possa estar interligado com o reflexivo. Ele não é, essencialmente, um recuo ou afastamento do objeto, mas um avanço contínuo sobre ele, apenas indiretamente e com outro *timing*, e supera a compulsão ao mesmo tempo em que satisfaz sua necessidade de outra forma" (1972, p. 75-76). Para uma elaboração desse processo como um aspecto inerente do Eros, cf. STEIN. *Incest and Human Love* (1984), esp. o cap. 11: "The Transformation of Eros".

Referências

AICHORN, A. (1925). *Wayward Youth*. Nova York: Viking Press.

ALLAN, J. (1988). *Inscapes of the Child's World*: Jungian Counseling in Schools and Clinics. Dalas: Spring Publications.

ALLAN, J. & BERTOIA, J. (1992). *Written Paths to Healing*: Education and Jungian Child Counseling. Dalas: Spring Publications.

BANKS, R. (1995). *Rule of the Bone*. Nova York: Harper Perennial.

BERNSTEIN, J.S. (1987). "The Decline of Rites of Passage in our Culture: The Impact of Masculine Individuation". In: MAHDI, L.C.; FOSTER, s. & LITTLE, M. (orgs.). *Betwixt and Between*: Patterns of Masculine and Feminine Initiation, La Salle: Open Court.

BETTELHEIM, B. (1975). *The Uses of Enchantment*: The Meaning and Importance of Fairy Tales. Nova York: Vintage Books.

_____ (1962). *Symbolic Wounds*: Puberty Rites and the Envious Male. Nova York: Collier Books.

_____ (1961). "The Problem of Generations". In: ERICKSON, E. (org.) *Youth*: Change and Challenge. Nova York: Basic Books.

BIRKERTS, S. (1994). *The Gutenberg Elegies*. Boston: Faber and Faber.

BLOCH, H. & NIEDERHOFFER, A. (1958) *The Gang*: A Study in Adolescent Behavior. Nova York: Philosophical Library.

BLOS, P. (1967). "The Second Individuation Process of Adolescence". *The Psychoanalytic Study of the Child*, 22, p. 162-186.

_____. (1962). *On Adolescence*: A Psychoanalytic Interpretation. Nova York: The Free Press.

BOSNAK, R. (1977). *The Cooking-Pot of Conscience*: On Emancipation, Ethics and Marriage. Zurique: C.G. Jung Institute for Analytical Psychology [Tese de diplomação inédita].

BOSS, M. (1983). *Existential Foundations of Medicine and Psychology*. Nova York: Jason Aronson.

CANADA, G. (1995). *Fist Stick Knife Gun*: A Personal History of Violence in America. Boston: Beacon Press.

DOSTOEVSKY, F. (1874). *The Adolescent*. Nova York: W.W. Norton, 1971.

ELIADE, M. (1958). *Rites and Symbols of Initiation*: The Mysteries of Birth and Rebirth. Nova York: Harper and Row.

FORDHAM, M. (1994). *Children as Individuals*. Londres: Free Association Books.

_____ (1957). *New Developments in Analytical Psychology*. Londres: Routledge and Kegan Paul.

FRANK, A. (1952). *The Diary of a Young Girl*. Nova York: Simon and Schuster.

FREUD, A. (1966). *The Writings of Anna Freud* – Vol. II: The Ego and the Mechanisms of Defense. Ed. rev. Nova York: International Universities Press.

_____ (1958). "Adolescence". *The Psychoanalytic Study of the Child*, 13, p. 255-278.

FREUD, S. (1923). "Two Encyclopaedia Articles". In: *The Standard Edition of the Complete Psychological Works of Sigmund Freud*. Vol. XVIII. Trad. J. Strachey. Londres: Hogarth Press, 1953-1974, p. 235-259.

_____ (1905). "Three Essays on the Theory of Sexuality". In: *The Standard Edition of the Complete Psychological Works of Sigmund Freud*. Vol. VII. Trad. J. Strachey. Londres: Hogarth Press, 1953-1974, p. 125-245.

GENTRY, D. (1989). *Adolescence in a Post-Adolescent World*. Gravação de uma palestra de David Gentry apresentada em uma conferência no Dallas Institute of the Humanities and Culture: Cultural Psychology: Healing the World Soul. Dalas, Texas.

GIEGERICH, W. (1991). "The Advent of the Guest: Shadow Integration and the Rise of Psychology". *Spring*: A Journal of Archetype and Culture, 51, p. 86-106.

GILLIGAN, C. (1982). *In a Different Voice*: Psychological Theory and Women's Development. Cambridge: Harvard University Press.

GILLIGAN, C.; LYONS, N.P. & HANMER, T.J. (orgs.) (1990). *Making Connections*: The Relational Worlds of Adolescent Girls at Emma Willard School. Cambridge: Harvard University Press.

GILLIGAN, C.; ROGERS, A.G. & TOLMAN, D.L. (orgs.) (1991). *Women, Girls and Psychotherapy*: Reframing Resistance. Nova York: Haworth Press.

GREENFIELD, B. (1986). "The Archetypal Masculine: Its Manifestation in Myth, and Its Significance For Women". In: SAMUELS, A. (org.). *The Father*: Contemporary Jungian Perspectives. Nova York: New York University Press.

GUGGENBÜHL, A. (1996). *The Incredible Fascination of Violence*: Dealing with Aggression and Brutality among Children. Woodstock: Spring Publications.

GUGGENBÜHL-CRAIG, A. (1980). *Eros on Crutches*: On the Nature of the Psychopath. Dallas: Spring Publications.

_____ (1971). *Power in the Helping Professions*. Dalas: Spring Publications.

HALL, G.S. (1904). *Adolescence*. Nova York: D. Appleton and Company.

HALL, N. (1989). *Broodmales*. Dallas: Spring Publications.

HENDERSON, J.L. (1967). *Thresholds of Initiation*. Middletown: Wesleyan University Press.

HILLMAN, J. (1995). "Pink Madness, or, Why does Aphrodite Drive Men Crazy with Pornography". *Spring*: A Journal of Archetype and Culture, 57, p. 39-72.

_____ (1992). *Emotion*: A Comprehensive Phenomenology of Theories and Their Meanings for Therapy. Evanston: Northwestern University Press.

_____ (1990). "The Great Mother, Her Son, Her Hero, and the Puer". In: BERRY, P. (org.). *Fathers and Mothers*. Dalas: Spring Publications.

_____ (1982). "Anima Mundi: The Return of the Soul to the World". *Spring*: A Journal of Archetype and Culture, p. 71-94.

_____ (1977). "Puer Wounds and Ulysses' Scar". In: *Puer Papers*. Dallas: Spring Publications, 1979.

_____ (1975a). *Loose Ends*. Dalas: Spring Publications.

_____ (1975b). *Revisioning Psychology*. Nova York: Harper and Row.

_____ (1972). *The Myth of Analysis*. Nova York: Harper and Row.

_____ (1967). "Senex and Puer". In: *Puer Papers*. Dalas: Spring Publications, 1979.

_____ (1964). *Suicide and the Soul*. Dalas: Spring Publications.

HILLMAN, J. (org.) (1980). *Facing the Gods*. Dalas: Spring Publications.

HILLMAN, J. & VENTURA, M. (1992). *We've Had a Hundred Years of Psychotherapy and the World's Getting Worse*. São Francisco: Harper.

HOPCKE, R.H.; CARRINGTON, K.L. & WIRTH, S. (orgs.) (1993). *Same-Sex Love and the Path to Wholeness*. Boston: Shambhala.

HUME, E. (1996). *No Matter How Loud I Shout*: A Year in the Life of Juvenile Court. Nova York: Simon and Schuster.

ILLICH, I. (1982). *Medical Nemesis*: The Expropriation of Health. Nova York: Pantheon Books.

JACOBI, J. (1965). *The Way of Individuation*. Nova York: New American Library.

JONES, E. (1922). "Some Problems of Adolescence". *British Journal of Psychoanalysis*, 13, p. 39-45.

JUNG, C.G. *Collected Works* (CW), por número de volume e parágrafo. Org. Read, H., Fordham, M., Adler, G. e McGuire, W. Traduzido na maior parte por R. Hull. Londres: Routledge and Kegan Paul/ Princeton University Press.

KAPLAN, L.J. (1986). *Adolescence*: The Farewell to Childhood. Northvale: Jason Aronson, Inc.

KEGAN, R. (1982). *The Evolving Self*. Cambridge: Harvard University Press.

KETT, J.F. (1977). *Rites of Passage*: Adolescence in America: 1790's to the Present. Nova York: Basic Books.

KINCAID, J. (1983). *Annie John*. Nova York: Farrar, Straus and Giroux, Inc.

KLEIN, R. (1993). *Cigarettes are Sublime*. Durham/London: Duke University Press.

LAUFER, M. & LAUFER, M.E. (1984). *Adolescence and Developmental Breakdown*: A Psychoanalytic View. New Haven: Yale University Press.

LIFTON, R.J. (1979). *The Broken Connection*. Nova York: Simon and Schuster.

MAHDI, L.C.; CHRISTOPHER, N.G. & MEADE, M. (orgs.) (1996). *Crossroads*: The Quest for Contemporary Rites of Passage. La Salle: Open Court.

MAHDI, L.C.; FOSTER, S. & LITTLE, M. (orgs.) (1987). *Betwixt and Between*: Patterns of Masculine and Feminine Initiation. La Salle: Open Court.

MAHLER, M.S. (1963). "Thoughts About Development and Individuation". *Psychoanalytic Study of the Child*, 18, p. 307-324.

MARIN, P. (1974). "The Open Truth and Fiery Vehemence of Youth". In: SHRODES, C.; FINESTONE, H. & SHUGRUE, M. (orgs.). *The Conscious Reader*. Nova York: Macmillan Publishing Co.

MEADE, M. (1974). "Rites of Passage at the End of the Millennium". In: MAHDI, L.C.; CHRISTOPHER, N.G. & MEADE, M. (orgs.). *Crossroads*: The Quest for Contemporary Rites of Passage. La Salle: Open Court.

MISHIMA, Y. (1965). *The Sailor Who Fell From Grace with the Sea*. Nova York: Alfred Knopf.

MILOSZ, C. (1988). *The Collected Poems*. Nova Jersey: Ecco Press.

MOORE, T. (1979). "Artemis and the Puer". In: *Puer Papers*. Dalas: Spring Publications.

NIETZSCHE, F. (1888). "Twilight of the Idols". In: KAUFMANN, W. (org.). *The Portable Nietzsche*. Nova York: Penguin Books.

ORENSTEIN, P. (1996). "The Movies Discover the Teen-Age Girl". *New York Times*, 11/08.

PARIS, G. (1990). *Pagan Grace*: Dionysos, Hermes, and Goddess Memory in Daily Life. Dalas: Spring Publications.

_____ (1986). *Pagan Meditations*: The Worlds of Aphrodite, Artemis and Hestia. Dalas: Spring Publications.

PIPHER, M. (1994). *Reviving Ophelia*: Saving the Selves of Adolescent Girls. Nova York: Ballantine Books.

POLLACK, R. (1996). "Breaking the Will of Heaven: The Abduction/Marriage of Hades and Persephone". *Spring*: A Journal of Archetype and Culture, 60, p. 55-74.

QUINN, W.H.; NEWFIELD, N.A. & PROTINSKY, H.O. (orgs.) (1985). "Rites of Passage in Families with Adolescents". *Family Process*, 24, p. 101-111.

RACKER, H. (1968). *Transference and Countertransference*. Nova York: International Universities Press.

RILKE, R.M. (1949). *The Notebooks of Malte Laurids Brigge*. Nova York: W.W. Norton.

ROBERTSON, S.M. (1982). *Rosegarden and Labyrinth*: A Study in Art Education. Dalas: Spring Publications.

RYCHLAK, J.F. (1991). "Jung as Dialectician and Teleologist". In: PAPADOPOULOS, R. & SAAYMAN, G. (orgs.). *Jung in Modern Perspective*. Bridport: Prism Press.

SALINGER, J.D. (1955). *Franny and Zooey*. Boston: Little Brown and Company.

_____ (1945). *The Catcher in the Rye*. Nova York: Bantam Books.

SAMUELS, A. (1993). *The Political Psyche*. Londres: Routledge.

_____ (1985). *Jung and the Post-Jungians*. Londres: Routledge and Kegan Paul.

SAMUELS, A. (org.) (1991). *Psychopathology*: Contemporary Jungian Perspectives. Nova York: Guilford.

_____ (org.) (1986). *The Father*: Contemporary Jungian Perspectives. Nova York: New York University Press.

SAMUELS, A.; SHORTER, B. & PLAUT, B. (orgs.) (1986). *A Critical Dictionary of Jungian Analysis*. Londres/Nova York: Routledge.

SCOTT, C.E. (1982). *Boundaries In Mind*: A Study of Immediate Awareness Based on Psychotherapy. Nova York: Scholars Press.

SIDOLI, M. (1989). *The Unfolding Self*. Boston: Sigo Press.

SIDOLI, M. & BOVENSIEPEN, G. (orgs.) (1995). *Incest Fantasies and Self-Destructive Acts*: Jungian and Post-Jungian Psychotherapy in Adolescence. Londres: Transaction Publishers.

SPENCER, S. (1979). *Endless Love*. Nova York: Alfred Knopf.

STEIN, R. (1984). *Incest and Human Love*. Dallas: Spring Publications.

STIVER, I. (1986). "Beyond the Oedipus Complex: Mothers and Daughters". *Work in Progress*. Wellesley: Stone Center Working Papers Series.

SULLWOLD, E. (1987). "The Ritual-Maker Within at Adolescence". In: MAHDI, L.C.; FOSTER, S. & LITTLE, M. (orgs.). *Betwixt and Between*: Patterns of Masculine and Feminine Initiation. La Salle: Open Court.

SURREY, J. (1984). "The Self-in-Relation: A Theory of Women's Development". *Work in Progress*, n. 13. Wellesley: Stone Center Working Papers Series.

VAN GENNEP, A. (1960). *The Rites of Passage*. Chicago: University of Chicago Press.

VENTURA, M. (1993). *Letters at 3AM*: Reports on Endarkenment. Dalas: Spring Publications.

VON FRANZ, M.L. (1970). *The Problem of the Puer Aeternus*. Nova York: Spring Publications.

WATKINS, M. (1990a). *Invisible Guests*: The Development of Imaginal Dialogues. Boston: Sigo Press.

_____ (1990b). "Mother and Child: Some Teachings of Desire". In: BERRY, P. (org.). *Fathers and Mothers*. Dalas: Spring Publications.

WICKES, F. (1927). *The Inner World of Childhood*. Nova York: Signet.

WINNICOTT, D.W. (1977). *The Piggle*: An Account of the Psychoanalytic Treatment of a Little Girl. Madison: International Universities Press.

_____ (1971). *Therapeutic Consultations in Child Psychiatry*. Nova York: Basic Books.

_____ (1968). "Contemporary Concepts of Adolescent Development and their Implications for Higher Education". In: WINNICOTT, D.W. *Playing and Reality*. Londres: Routledge, 1991.

_____ (1966). "The Absence of a Sense of Guilt". In: WINNICOTT, C.; SHEPHERD, R. & DAVIS, M. (orgs.). *Deprivation and Delinquency*. Londres: Routledge, 1990.

_____ (1965). "The Concept of Trauma in Relation to the Development of the Individual within the Family". In: WINNICOTT, C.; SHEPHERD, R. & DAVIS, M. (orgs.). *Psycho-Analytical Explorations*. Cambridge: Harvard University Press, 1989.

_____ (1964). "Youth Will Not Sleep". In: WINNICOTT, C.; SHEPHERD, R. & DAVIS, M. (orgs.). *Deprivation and Delinquency*. Londres: Routledge, 1990.

_____ (1963a). "Struggling Through the Doldrums". In: WINNICOTT, C.; SHEPHERD, R. & DAVIS, M. (orgs.). *Deprivation and Delinquency*. Londres: Routledge, 1990.

_____ (1963b). "Communicating and Not Communicating Leading to a Study of Certain Opposites". In: *The Maturational Processes and the Facilitating Environment*. Madison: International Universities Press, 1965.

_____ (1956). "The Anti-Social Tendency". In: WINNICOTT, C.; SHEPHERD, R. & DAVIS, M. (orgs.). *Deprivation and Delinquency*. Londres: Routledge, 1990.

_____ (1939). "Aggression and its Roots". In: WINNICOTT, C. & DAVIS, M. (orgs.). *Deprivation and Delinquency*. Londres: Routledge, 1990.

ZINNER, J. & SHAPIRO, R. (1972). "Projective Identification as a Mode of Perception and Behavior in Families of Adolescents". *International Journal of Psycho-Analysis*, 53, p. 523-530.

ZOJA, L. (1989). *Drugs, Addiction and Initiation*: The Modern Search for Ritual. Boston: Sigo Press.

Índice remissivo

Abordagem teleológica 25-28, 98-101, 147-151, 304-305
Abordagens psicanalíticas 35-36
   contínuo separação-conexão 114-119
Abuso de substâncias 167-168
   álcool 97-101, 118-120, 157-160
   atitude do terapeuta 258-260
   demandas conflitantes 312-317
   diferentes perspectivas sobre 311-314
   drogas 97-102, 118-120, 157-160
   e iniciação 97-102
   grupos de pares 118-120
   objetivos teleológicos do 99-102, 157-159, 300-301, 314-317
   proibição/inibição 288-302
Acting in 247-250
Acting out 22-24, 245-250, 278-279, 304-305
Adolescência feminina
   desenvolvimento feminino 72-75
   espírito do *puer* 73-75
   separação 112-115
Agressão 47, 213-218, 242-245, 307-308
Aichorn, A. 272-274
Aids 99-101, 160, 275-276, 323

Allan, J. 78-79
Altruísmo 43-44
Amizades 175-178, 218-220
Ansiedade de objeto 47-48
Ansiedade
   desintegrativa 135-136
   na terapia 271-272
   objetiva 47-48
   parental 305-307
Apaixonar-se 176-178
Apego 112-116
Armas 157-160
Arquétipo do *puer-senex* 104-105, 261-286, 320-321
Artimanhas 221-227
Atividade de produção de sentido 60-63
Autoerotismo 37-39, 40-41, 44-45
Autoiniciação 97-102
Autonegação 98-101
Autoridade 27-28
   confrontos com 197-199, 214-216, 221-223, 238-240
   desafio a 265-271
   retirada da 234-237

Banks, R. 303-304
Bernstein, J.S. 245-247
Bettelheim, B. 92-93, 213-214, 261-262

Birkerts, S. 256-257
Bloch, H. 93-95
Blos, P.
  individuação 51-58, 69-71
  regressão do ego 68-69, 82-83, 146-148
  separação 114-115
  sexualidade 138-142
Bosnak, R. 186-187, 234-236, 237-241
Boss, M. 156-157, 267-268
Bovensiepen, G. 67-68, 72-73

Calmaria 124-130
Canada, G. 159-160
Ceder 153-154
Chamado 75-77, 79-83
Circuncisão 93-94, 120-122
  feminina 89-90, 120-122
Clark, L. 99-101
Clitoridectomia (circuncisão feminina) 89-90, 120-122
Coletivo 171-172
  e *persona* 197-201
Complexo
  de Édipo 37-39, 41-45, 56-62
  de Electra 37-39
Comportamento
  antissocial 221-227
  autodestrutivo 97-106, 157-160, 173-175, 204-206, 211-213
  criminoso (delinquência) 47-48, 213-218, 221-227, 307-308
  de risco 275-276
  heroico 72-73, 75-76
  obsessivo 183-187
Conexão 112-122
Conflito geracional 261-276

Confrontação 197-199, 214-216, 221-223, 238-240
Conhecimento
  aspecto erótico do 151-153, 154-156
  vitalizante 146-156
Consciência 228-250, 287-289, 305-307
  estética 183-187
  de si 192-193
  política 186-189
  social 186-189
Constrangimento 192-193
Consumismo 156-157
Contenção 116-118, 120-122
Contos de fadas 210-214
Contratransferência 256-286
  ansiedade desintegrativa 135-136
  arquétipo *puer-senex* 261-286
  complementar 78-80
  recordar a adolescência 256-262
Culpa 228-234, 303-305
Culpabilização 218-221, 323
Cultura
  proibição/inibição 303-317
  século XX 154-160

Decisões 236-237
Deintegração
  processo de deintegração/integração 68-71, 78-79
  vs. desintegração 68-71, 131-132
Delinquência 47-48, 213-218, 221-227, 307-308
  juvenil 47-48, 213-218, 221-227, 307-308
Depressão 104-105
Desejo 248-250

Desesperança 156-157
Desespero 25-28
Desintegração 68-71, 108-111, 120-124, 131-132, 135-136
Devaneios 52-54
Diários 63-64
Dostoevsky, F. 185-187, 192-193

Ego
  corpo 59-60
  desenvolvimento 45-51, 51-58, 64-66
  desintegração; cf. Deintegração
  regressão 52-55, 68-69, 82-83, 146-148
Egocentrismo 319-321
Eliade, M. 90-91, 95-97, 112-114, 130-131, 310-311
Emergência do espírito 76-85
Emoções 150-153, 185-186
Erickson, E. 108-109, 112-114
Erotismo anal 44-45
Escolha de objeto 139-141
Estabelecimento de limites 76-77
Estase 108-111, 124-130
Estupro 94-97
Eu
  descoberta do 187-190
  diagrama do 236-237
  e individuação 172-175
  e grupos de pares 217-220
  falso 248-250
  isolamento 187-190
  persona como face exterior 199-200
  primário 68-69
  processo deintegrativo/ integrativo 68-69
  proteger/preservar 178-179, 189-190, 193-196
  self-em-relação 72-75
Experimentação com drogas; cf. Abuso de substâncias
Explorações filosóficas 182-185
Exposição 192-193, 196-197

Falta de sentido 156-157
Fantasias
  com ídolos 199-201
  de suicídio 132-134, 199-201
  masturbatória 58-62
  sexual 307-310
Fenomenologia 21-24
  da individuação adolescente 173-190
Feridas 101-106, 120-123
Fixação 60-62
Fordham, M. 68-69, 71-72, 78-79, 131-132, 172-173
Frank, A. 63-64, 122-123
Freud, A.
  conexão 114-116
  idealismo 149-153, 276-278
  mecanismos de defesa 45-51, 51-52, 55-59, 62-63, 64-66, 229-230
  paradoxos 134-135
Freud, S.
  consciência 305-307
  ego corporal 59-60
  instinto 229-233
  libido 64-66, 141-142
  recapitulação 48-49
  sexo e morte 108-109
  sexualidade infantil 45-47, 54-55, 56-58

transformações da puberdade 35-36, 36-43
Função prospectiva; cf. Abordagem teleológica
Fusão 52-54

Gangues 93-95, 157-160
  de rua 93-95, 157-160
Gentry, D. 98-99, 115-116, 319-320
Giegerich, W. 203-204
Gilligan, C. 112-115
Gratificação instintiva 47-48
Grupos de pares 20-21, 118-120
  lealdade 175-178
  sombra 217-223
Guggenbühl-Craig, A. 172-175, 204-206, 210-214
Guinada negativa 276-286

Hall, G.S. 35-36, 182-183
Hall, N. 119-122
Henderson, J.L. 97-98
Hermes 221-227
Hillman, J. 29-31, 35-36, 92-93
  ansiedade desintegrativa 135-136
  consciência 228-234, 287-289
  distância na terapia 269-272
  e instinto 247-248
  emoção 185-186
  espírito 83-84
  figuras do *puer* 73-75, 75-77, 262-264
  figuras do *senex* 265-267, 279-282
  inibição dos impulsos 240-241
  ritos de iniciação 101-102, 104-105
  senex negativo 276-282

suicídio 130-131, 179-180
Hipocrisia 196-197
Hitler, A. 209-211
Homossexualidade
  isolamento 119-120
  fase no desenvolvimento sexual 44-45
  orientação 142-143
Humes, E. 157-160, 214-218

Ícaro 264-265, 275-276
Ideação 149-153
Idealismo 52-54, 82-83, 137-138, 146-156, 199-201, 276-279
Ideias religiosas 151-153, 182-185, 210-211
Identidade heterossexual 138-142
Identificação
  primária 49-51
  projetiva 104-105, 167-168, 278-179
Illich, I. 157-159
Imagens 241-245
  ritos de iniciação 108-112, 141-142
  suicídio 130-134
  vida e morte 69-71, 107-136, 151-153
Imaginação 63-64, 185-186, 247-248, 300-302
  do futuro 80-82
Impulso
  controle 241-247
  desenvolvimento 51-52, 138-141
  e ação 303-305
  id 45-51, 64-66
  inibição; cf. Inibição
  proibições culturais 305-307
  regressão 52-54

Incesto 40-43, 60-62, 71-73, 127-130
Individuação 51-58, 69-72, 163-190, 321-323
  consciência 236-237
  fenomenologia 173-190
  persona 191-204
  promover 237-238
  sombra 203-223
Inibição 228-234, 287-302
  abuso de substâncias 288-302
  dimensões culturais 303-317
  projeção nos pais 237-242
  raiva 308-311
Instinto 229-233, 247-248
Intolerância ao que não tem forma 83-84
Inversão do afeto 49-51
Ira; cf. Raiva
Isolamento 118-120, 157-159, 187-190

Jacobi, J. 171-172
Jones, E. 41-47, 48-49, 51-52, 54-55
Jung, C.G. 19-20, 35-36
  adolescente do sonho 31-32
  consciência 287-288, 288-289
  desenvolvimento psicológico da criança 71-72, 163-165, 168-172
  estados pré-edípicos 69-71, 75-76
  imagens 108-109, 247-248
  incesto 71-72
  individuação 171-176
  inibição 237-241
  - dos impulsos 240-241
  instinto, 229-233, 247-248
  libido 141-143
  modelo do *self* 67-68, 68-69
  natureza psique 79-80
  noção de terapia 79-80
  persona 24-25, 191-192, 197-200, 248-250
  puer eterno 73-77, 262-264
  regressão da libido 69-71, 71-72, 127-130
  separação 112-114, 114-115
  sombra 203-204

Kaplan, L.J. 35-36
Kegan, R. 60-64, 80-82
Kett, J.F. 35-36
Kincaid, J. 107-108, 204-210
Klein, M. 69-71, 220-221
Klein, R. 287-288
Kohlberg, L. 112-114

Latência 47-49, 62-63
Laufer, M.E. 55-56, 56-62
Lealdade 175-178
Libido
  como energia vital 142-143
  concepções de 51-52, 141-143
  deslocamento 49-51
  imagens de vida e morte 69-71, 107-136, 151-153
  poder vital 137-139, 142-143
  regressão da 69-73, 127-130
  retirada para o *self* 49-51
  transições do ciclo da vida 107-109
Lifton, R.J.
  aspecto erótico do conhecimento 151-154
  equivalentes da morte 108-111, 111-130, 132-135

341

fragmentação 156-157
imagens de vida e morte 69-71, 107-136, 151-153
poder vital 137-138
sexualidade 141-143, 145-147
tinkering adolescente 151-153
LSD 99-101, 269-271

Mahdi, L.C. 97-98, 186-187
Mahler, M.S. 51-52
Marin, P. 98-99, 157-159
Máscaras 193-196, 197-199
Masturbação
 culpa 228-234
 fantasia 58-62
 fase masturbatória 44-45
Meade, M. 89-90
Mecanismos de defesa 45-51, 51-52, 54-59, 60-62, 64-66, 229-230
Menstruação
 como desintegração 122-123
Mentores 79-80
 vs. role models 147-150
Milosz, C. 203-204
Mishima, Y. 137-138
Mitos de criação 154-156
Moda 185-186, 200-201
Modelo evolutivo 62-63
Moore, T. 262-264, 264-265, 282-285
Moralidade 153-154
 desenvolvimento da 233-238
 natureza complexa da 320-321
Morte
 equivalentes 108-111, 111-130, 132-135
 imagens 69-71, 107-136, 151-153
 metafórica *vs.* literal 128-134

pensamentos de no adolescente 178-183
ritualizada 128-131
suicídio 94-95, 130-134, 178-183, 199-201
Mudanças cognitivas 63-64
Multiplicidade 201-204, 224-226
Mutilação 101-106, 120-123

Narcissism 44-45
Neonazistas 210-211
Niederhoffer, A. 93-95
Nietzsche, F. 52-54, 183-185, 228-229, 247-248

Ocultação 64-66, 175-176, 187-190

Pais
 ansiedade 305-307
 influência no filho adolescente 164-169
 jogo de poder 165-166
 projeção da inibição 237-242
 recordar a adolescência 256-262
 resposta à delinquência 213-216
Paradoxos 132-136, 272-274
Paris, G. 221-223
Peiote 99-101
Persona 24-25, 191-204, 248-250
Personificar 24-25, 241-244
Piaget, J. 63-64, 112-114
Poder/impotência 137-139, 159-160, 165-166
Pollack, R. 199-200
Pré-adolescência 138-141
Proibição 228-234, 238-242, 287-302, 320-321
 abuso de substâncias 288-302

demandas conflitantes 312-317
dimensões culturais 303-317
Psicologia do *puer* 27-28, 73-77,
  262-265, 310-311
  e uso de drogas 300-302
Psicopatologia 253-255
Psicoterapia de grupo 80-82,
  122-124, 267-271, 296-300
Psique 24-25, 28-29
  como sistema autorregulador
  229-233, 250
  emergência do espírito 83-85
  natureza compensatória da
  79-80
Puberdade, transformações da
  Blos, P. 51-58
  Freud, A. 45-51
  Freud, S. 35-36, 36-43
  Jones, E. 41-47
  Laufer e Laufer 56-62

Raciocínio abstrato 63-64
Racker, H. 78-79
Raiva 94-97
  acting out da 247-250
  em relação aos pais 167-169,
  179-180
  inibição da 308-311
Rebeldia 168-169
Recapitulação 36-66, 69-71,
  83-84, 115-116, 229-230
Regressão 49-51, 51-58
  da libido 69-73, 127-130
  do ego 52-55, 68-69, 82-83,
  149-148
  dos impulsos 52-54
Rejuvenescimento cultural
  310-314
Relações

contínuo separação-conexão
  115-116
desenvolvimento 72-75
pais/adolescentes 164-169,
  178-179, 180-183
terapêutica 201-204
Reparação 220-223
Repressão 43-44
Resistência 189-190, 271-272,
  274-275, 288-289, 304-305
Rilke, R.M. 191-192
Ritos 92-93
Ritos de iniciação
  arquétipos 89-106
  autoiniciação 97-102
  como morte ritualizada 128-131
  feridas 101-106, 120-123
  imagens 108-112, 141-142
  mutilação 101-106
  sexualidade 141-142
  tradicionais 89-93, 109-112,
  120-123, 124-126, 154-156
Rituais 183-185
Role models 147-150
Roubos 223-224, 226-227
Rousseau, J-J. 35-36
Ruptura do desenvolvimento
  56-62
Rychlak, J.F. 24-25

Sadismo anal 44-45
Sair de casa 102-104
Salinger, J.D. 183-197
Samuels, A. 24-25, 67-68, 71-72,
  163-164, 171-172, 186-187,
  191-192
Scott, C.E. 130-131, 134-135,
  223-224
Self primário 68-69

343

Senex 261-276
  negativo 274-286
Separação 108-111, 111-122
  adolescência feminina 112-115
  contínuo separação-conexão 114-119
  dos pais 180-183
  processo de separação-individuação 51-52, 62-63
Sexualidade
  adolescente 137-138, 138-174, 278-279
  e morte 108-109
  heterossexualidade 138-142
  homossexual; cf. Homossexualidade
  identidade sexual 56-62
  infantil 36-43, 43-47, 48-49, 54-55, 56-58
  inibição 307-310
  ritos de iniciação 141-142
Shapiro, R. 167-168
Sidoli, M. 67-68, 69-71, 71-72, 72-73
Sistema de justiça juvenil 214-218
Sombra 203-223
Sonhos
  adolescentes 186-187
  do terapeuta 258-260
  sonhar com a adolescência 31-32, 64-66
Spencer, S. 176-178
Suicídio 94-95, 130-134, 178-183, 199-201
Sullwold, E. 93-94
Superego 47-48, 64-66, 232-233
Surrey, J. 72-73

Tecnologia 156-157, 157-159
Teoria construtivista do desenvolvimento 62-64
Teoria do desenvolvimento 19-21
  processo de individuação 172-173
  psicologia analítica 67-85
Terapia 241-262, 253-255
  abuso de substâncias 288-302
  ansiedade 271-272
  com limite de tempo 78-79
  conexão-separação 116-118
  contenção 116-118, 120-122
  contratransferência; cf. Contratransferência
  curandeiros feridos 135-136
  de família 80-82, 102-104, 167-168, 214-216, 260-262
  distância 269-274
  e as artes 63-64, 248-250
  em grupo 80-82, 122-124
  estase 126-130
  feridas transicionais 104-106
  multiplicidade 201-204
  nível ideacional da 150-153
  pressões sobre o terapeuta 253-255
  processo de tratamento 22-24
  promover a individuação 237-238
  reparação 220-223
  resistência 271-272, 274-275, 288-289, 304-305
  rompimento 78-80
The Stone Center 72-73, 112-114
Traição 176-179
Transcendência sexual 145-147
Transferência
  culpabilização 220-221

múltipla 201-204
parental 240-241
Transição
   iniciação como 104-105

Valores 233-238, 320-323
Van Gennep, A. 90-91
Ventura, M. 109-111, 153-154, 178-180, 311-312, 319-320
Vergonha 192-193, 196-197, 201-203, 258-260
Visão (chamado) 75-77, 79-83
Viver na rua 210-211
Von Franz, M.L. 73-75

Watkins, M. 248-250
Wickes, F. 164-166
Winnicott, D.W. 19-20, 29-31, 31-32
   ameaça da adolescência 260-261
   autodestruição 204-206, 211-213
   comportamento antissocial 226-227
   culpa 303-305
   destrutividade 204-206
   espírito 83-84
   estase 124-127
   falso *self* 248-250
   guinada negativa 281-283
   impulso e ação 303-305
   individuação 175-176
   isolamento 118-120, 187-190
   mecanismos de defesa 64-66
   natureza limitada da terapia 78-79
   obediência forçada 241-242
   raciocínio em preto e branco 153-154
   rejuvenescimento cultural 310-314
   reparação 220-223
   resistência 304-305
   resposta à delinquência 213-216
   retirada da autoridade 234-237

Zinner, J. 167-168
Zoja, L. 97-98

LEIA TAMBÉM:

Psicanálise junguiana

Trabalhando no espírito de C.G. Jung

Editado por Murray Stein

Jung se distinguiu de Freud e Adler, os outros dois pioneiros da psicanálise, e fundou um ramo distinto da psicologia profunda (ou psicologia médica, como era chamada nos seus primeiros tempos), chamado de psicologia analítica. O lar físico e espiritual dessa escola era Zurique, Suíça. Os pontos teóricos e clínicos de diferença entre os três fundadores, especialmente as diferenças entre Jung e Freud, foram amplamente discutidos em muitas publicações e biografias. O autor lembra que, na primeira e na segunda gerações, os junguianos carregaram nas tintas usadas para demarcar as linhas de separação entre eles e os outros, sendo enfatizadas as diferenças nas perspectivas e práticas fundamentais, para que o campo fosse diferenciado do meio circundante. Mais recentemente, a ênfase entre autores junguianos contemporâneos se deslocou para perspectivas de convergência e diálogo. Isso pode ser considerado um sinal de maturidade no campo. Há menos ansiedade acerca da identidade.

Os capítulos do presente volume refletem as mudanças que ocorreram na última década e meia e após a passagem da segunda geração, que em grande parte tinha conhecido e trabalhado com Jung pessoalmente durante os anos de 1930 e 1940. Como uma afirmação do campo, esse livro é muito representativo quanto às várias correntes de pensamento e à rica diversidade de abordagens e de pensamentos que constituem hoje a complexa tapeçaria da escrita e do pensamento analíticos junguianos.

O leitor encontrará um entrelaçamento que talvez hoje chegue ao ponto de uma perfeita integração, dos bem-conhecidos ramos clássico, desenvolvimentista e arquetípico da psicologia analítica, bem como uma gama impressionante de empréstimos de pensadores psicanalíticos modernos, para além das fronteiras da psicologia analítica, e cujas ideias e *insights* não são de modo algum inspiradas por fontes junguianas, mas cujas visões são crescentemente vistas como convergentes e compatíveis.

Os praticantes clínicos na escola que se formou em torno de Jung variadamente se autodesignaram como psicólogos analíticos, analistas junguianos e psicoterapeutas junguianos. Em anos mais recentes, eles cada vez mais reconheceram o parentesco histórico, se não inabalável, com a família maior da psicanálise, e passaram a se denominar psicanalistas junguianos. Daí o título desse livro. Psicanálise junguiana é o nome contemporâneo da aplicação clínica da psicologia analítica.

Murray Stein é analista na International School for Analytical Psychology, em Zurique, na Suíça. Palestrante em diversos países sobre psicologia analítica e suas aplicações no mundo moderno.

LEIA TAMBÉM:

Avaliação psicológica

Aspectos teóricos e práticos

Manuela Ramos Caldas Lins e Juliane Callegaro Borsa
(Organizadoras)

O livro *Avaliação psicológica: aspectos teóricos e práticos* visa discutir questões básicas que permeiam o processo de avaliação psicológica de maneira simples, direta e com linguagem acessível. Foi escrito por renomados autores brasileiros e apresenta informações condizentes com a realidade da área no país, podendo ser usado integralmente em sala de aula, tanto na graduação como na pós-graduação. Com esta obra pretende-se auxiliar psicólogos e estudantes de Psicologia no desenvolvimento das competências e habilidades que caracterizam a formação do profissional que deseja atuar nessa área, minimizando as dúvidas e tornando clara a aplicabilidade da avaliação psicológica em diferentes contextos e campos de inserção.

Conecte-se conosco:

 facebook.com/editoravozes

 @editoravozes

 @editora_vozes

 youtube.com/editoravozes

 +55 24 2233-9033

www.vozes.com.br

Conheça nossas lojas:
www.livrariavozes.com.br

Belo Horizonte – Brasília – Campinas – Cuiabá – Curitiba
Fortaleza – Juiz de Fora – Petrópolis – Recife – São Paulo

  Vozes de Bolso

EDITORA VOZES LTDA.
Rua Frei Luís, 100 – Centro – Cep 25689-900 – Petrópolis, RJ
Tel.: (24) 2233-9000 – E-mail: vendas@vozes.com.br